岩波文庫

33-639-5

善悪の彼岸

ニーチェ著
木場深定訳

GW01607717

JENSEITS VON GUT UND BÖSE

1885 — 86

Friedrich Nietzsche

目　次

善悪の彼岸（一八八五—八六）

——未来の哲学の序曲——

序言

真理が女である、と仮定すれば――、どうであろうか。すべての哲学者は、彼らが独断家であったかぎり、女たちを理解することにかけては拙かったのではないか、という疑念はもっともなことではあるまいか。彼らはこれまで真理を手に入れる際に、いつも恐るべき真面目さと不器用な厚かましさをもってしたが、これこそは女っ子に取り入るには全く拙劣で下手くそな遣り口ではなかったか。女たちが籠絡されなかったのは確かなことだ。――そこであらゆる種類の独断は、今日では悄然として意気沮喪した恰好で立ちつくしている。それがなお立っているとすればだ！というのは、それは倒れた、すべての独断は大地に仆れ、それどころか、あらゆる独断は臨終の相を示している、などと言い張って揶揄する手合いがいるからである。真面目に言って、哲学におけるあらゆる独断化は、どれほど荘重に振る舞い、どれほど決定的で究極的であるような振りをしても、やはりほんの気取った児戯や新米の仕料にすぎなかったろうという希望をもってよい十分の理由がある。そして、独断家たちがこれまでに築き上げたような崇高で無条件的な哲学的構築物に礎石を据えるには、もともと何があれば事足りたかということを重ねて再び理解し直す時が恐らく近づいているのだ。――その礎石は、考えも及ばない太古から何か或る民俗的迷信

(主観の迷信や自我の迷信として今日もなお不当な事柄を仕出かすのを熄めないあの霊魂の迷信の如き)とか、恐らくは文法の方から来た何か或る語呂合わせや駄洒落、または極めて狭く、極めて個人的な、極めて人間的・余りに人間的な事実を盲滅法に一般化したものなどである。独断家たちの哲学は、せめて数千年も先のことの約束であってほしかった。ずっと以前の時代に占星術の仕事のために、これまでのどんな実際科学のためによりも恐らく更に多くの労力・金銭・烱眼・忍耐が費されたようにだ。——占星術とその「超地上的な」要求のおかげで、アジアやエジプトにおいてあの偉大な様式の建築術が生まれた。すべての偉大な事物は、人類の心のうちに永遠の要求をもって書き留められるためには、まず巨怪で恐怖を喚び起こすような戯画として地上を彷徨しなければならないように見える。独断的な哲学、例えばアジアにおけるヴェーダーンタ説、ヨーロッパにおけるプラトーン主義は、そのような戯画であった。われわれはそれらの哲学に対して忘恩であってはなるまい。これまでにおけるあらゆる誤謬のうちで最も悪質で、最も退屈で、最も危険なものが独断家の誤謬であったこと、すなわちプラトーンによる純粋精神と善それ自体の発案がそれであったことを確かに認容しなければならないにしてもそうである。しかし今にして、この誤謬が克服され、ヨーロッパがこの夢魔から解放されて息をつき、少なくとも健康な——眠りを享しみうる今にして、われわれは——われわれの課題は目覚めていることにほかならないが——われわれはこの誤謬に対する戦いが大きく育成したすべての力の相続者なのである。言うまでもなく、プラトーンがなしたように精神と善について語ることは、真理を逆立ちさせ、すべての生の根本条件である見通しを自ら否認することを意味する。然り、人々は医者としてこう問うべきである。「古代の最も立派な奴、プラトーンに、どこからあんな病気が取り憑いたのか。やはりあの悪いソークラテースが彼を堕落させたのか。ソークラテースはやはり青年を堕落に導いたのではあるまいか。だから自ら毒杯を飲まされるに値したのではなかろうか」と。——しかしプラトーンに対する戦いは、或いは、これをもっと分かり易く、かつ「大衆」向きに言えば、幾千年に及ぶキリスト教的・教会的圧迫に対する戦いは——キリスト教は「大衆」向きのプラトーン主義だから——、ヨーロッパにおいて、かつて地上に現存しなかったような華麗な精神の緊張を創り出した。これほど張り切った弓をもってすれば、いまや最も遙かな標的をも射当てることができる。論じるまでもなく、ヨーロッパ人はこの緊張を緊急事態と感じている。そして、この弓の張りを弛めようとする試みがすでに二度も大規模に行なわれた。一度目はジェスイット主義によって、二度目は民主主義的啓蒙によって。——この後者は出版の自由と新聞の購読との助けで実際に、精神が自らをもはやそう易々とは「緊急」と感じないところまで到達させたのだった！（ドイツ人は火薬を発明した。——まことに注目に値することだ！しかし彼らはそれを帳消しにしてしまった——彼らは新聞を発明したのだ。）しかしわれわれは、ジェスイットでもなく、民主主義者でもなく、また十分にドイツ人ですらないわれわれは、よきヨーロッパ人にして、かつ自由な、甚だ自由な精神であるわれわれは——そのわれわれは、いまだにあれを、あの精神の全き緊急とその弓の全き張りをもっているのだ！

　というのは

の矢をも、その課題をも！　誰か知る？　その標的をも……

オーバーエンガディーン、シルス・マリーア

一八八五年六月

第一章　哲学者たちの先入見について

一

真理への意志、これはわれわれをなお幾多の冒険へ誘惑するであろうし、あの有名な誠実、これについてはすべての哲学者がこれまで尊敬の念をもって語って来た。この真理への意志はどのような問いをわれわれにすでに提示したことか！　それはもう一つの長い歴史物である。　何という奇異な、悪質な、疑わしい問いを提示したことか！　それはもう一つの長い歴史物である。――それにしても、それはやっといましも始まったばかりのように見えるではないか。われわれがついにはいつか不信を抱き、忍耐を失い、耐えられずに身を背けるにしても、何の不思議があろうか。われわれもこのスフィンクスからわれわれなりの問いを学ぶということに何の不思議があろうか。われわれにここで問いかけるのは、そもそも誰であるか。われわれのうちにあって「真理へ」意志しているのは、果して何であるか。――事実、われわれはこの意志の原因への問いの前に長らく立ち停っていた。――その挙句ついにわれわれは、結局、一つの更に根本的な問いの前に全く立ちつくしていたのだ。われわれはこの意志の価値を問うた。われわれが真理を意志するとすれば、何故にむしろ非真理を意志しないのか。また不確実を意志しないのか。――無知をすら意志しないのか。――真理の価値についての問題がわれわれの前に歩み出て来たのだ。――それとも、この問題の前に歩み出たのは、われわれの方であったのか。この場合、われわれのうちの誰がオイディプースであるのか。誰がスフィンクスであるのか。* 見かけるところ、それは疑問と疑問符との逢い引きであるらしい。――そこで結局、問題はまだ決してこれまでに提起されなかったかの如くに――問題はわれわれによって始めて見られ、眼にとめられ、敢えて提起されたかの如くにわれわれには思われると言いたいのだが、そう信じてもらってよかろうか。というのは、ここには一つの冒険があり、そして恐らくはこれ以上に大きな冒険は存しないからだ。

* オイディプースは、ギリシア神話によれば、始めコリント王ポリュスの王子として養育されたが、後にスフィンクスの謎を解いてテーバイ市を救ったので、その王となって、母とは知らずにイオカステーと結婚した。スフィンクスはギリシア神話に現われる怪物で、テーバイ市附近の丘に坐して、人々に「朝には四足、昼には二足、夕には三足で歩む動物は何か」という謎をかけ、それを解くことのできない者を食い殺したが、オイディプースがそれは「人間」だと答えて謎を解いたので、岩から身を投げて死んだ。

二

「いかにして或るものがその反対のものから発生することができようか。例えば、真理が誤謬(ごびゅう)から？　或いは、真理への意志が迷妄への意志から？　或いは、無私の行為が私欲から？　或いは、賢者の純粋な明々白々な観照が欲情から？　このような発生は不可能である。そんなことを夢みる者は阿呆であり、いな、もっとひどい馬鹿者だ。最高の価値をもつ事物は別の、固有の起源をもたなければならない。——それらの事物は、移ろい易く惑わしがちな欺瞞的で劣等な世界から、妄想と欲望とのこの紛糾からは導き出されえないのだ！　却って、存在の胎内に、移ろわない不朽のものの内に、隠れた神の内に、「物自体」の内に存する。——そこにこそその根拠が存し、しかもそれ以外のどこにも存しないのだ！」——この種の判断があの典型的な先入見を、あらゆる時代の形而上学者たちがそこにその正体を再認されうる先入見を形づくっている。この種の評価がすべての彼らの論理的な処理方法の背後に存している。こうした彼らの「信仰」からして、彼らはその「知識」を求めようと努め、勿体ぶってついに「真理」として命名式を挙げられる或るものを求めようと努力する。形而上学者たちの根本信仰は諸価値の反対物を信仰することである。彼らのうちの最も用心深い連中でさえも、是非ともそこで疑うことが最も必要であったその敷居のところですでに疑ってかかるということに思いつかなかった。彼らが「すべてについて疑う」（デカルト哲学の出発点をなす言葉）ことを賞揚したときですらも、そうであった。すなわち、第一に、およそ反対物があるかどうか、を疑うことができ、また第二に、形而上学者たちが太鼓判を押したあの俗受けのする評価と価値対立は、もしかすると単に前景的評価にすぎないのではなかろうか、ほんの当座の見通しでしかなく、事によるとそれに加えて一角から見た見通し、恐らくは下から見た見通し、つまり画家たちがよく用いる表現を借りるならば、いわば蛙の見方ではなかろうか、と疑うことができる。真実なもの、誠実なもの、無私なものにどれほど価値が帰せられようと、仮象、欺瞞や我欲や欲望への意志に一切の生にとってのより高く、かつより原則的な価値が帰属させられなければならないだろうことは、ありうべきことであろう。のみならず更に、あの善き崇めれた事物の価値を成すところのもの実態は、一見してそれと反対のあの悪しき事物と淫猥な仕方で相通じ、相結び、相鈎がれ、もしかしたら本質的に同じでさえあるというまさにその点に存することさえも、ありうべきことであろう。恐らくはそうだ！——しかし誰がそのような危険な「恐らくは」に関わろうと欲しよう！ そのためにはすでに、新しい種類の哲学者たちの到来を待たなければならない。これまでの哲学者連中とは何かしら別の、逆の趣味と性向とをもつような哲学者たちの到来を、——あらゆる意味で危険な「恐らくは」の哲学者たちの到来をだ。——そこで全く真面目に言って、私にはそうした新しい哲学者たちの昇進して来るのが見えるのだ。

三

十分に長い間、虱つぶしに監視して来た挙句、私は自分に言うのだが、意識的な思惟の大部分をなお本能活動のうちに数えなければならない。しかも哲学的な思索の場合でさえもそうなのである。遺伝や「生得性」に関して学び直したように、ここでも再び学び直さなければならない。分娩の作用が遺伝の進行や継続の全過程において問題とならないように、「意識している」ということも何か決定的な意味で本能的なものと対立したものではない。——或る哲学者の大概の意識的な思惟は、その本能によって秘(ひそ)かに導かれ、一定の軌道を進むように強いられている。あらゆる論理とその運動の外見上の自主性の背後にも、評価が、もっと明瞭に言えば、或る一定の生の保持のための生理的な要求が存している。例えば、確定したものは不確定なものより以上の価値があり、仮象は「真理」より以下の価値をもつ。このような評価は、われわれにとってどれほど重要な規制力をもっていようとも、やはり単に前景的な評価にすぎないもので、われわれの如き生物の保持のためにこそ必要なような一定の《愚かしさ》でしかない。もっともこれは、格別に人間が「事物の尺度」なのではない、と仮定してのことであるが……

四

或る判断の誤りは、われわれにとってなお判断に対する抗議ではない。こう言えば、われわれの新しい言い方は恐らく極めて異様に響くかもしれない。問題になるのは、それがどれほど生を促進し、生を保持し、種属を保存し、のみならず恐らくは種属を訓育しさえするか、ということである。そこで、われわれは原則的にこう主張したいのだ。すなわち、最も誤った判断(それには《先天的》綜合判断も属する)は、われわれにとって最も不可欠のものであり、論理的な虚構を承認することなしには、無条件的なもの・自己自らに等しいものという純然たる仮構の世界に照らして現実を測ることなしには、また数によって世界を絶えず偽造することなしには、人間は生きることができないであろう、——つまり誤った判断を放棄することは、生を断念することであり、生を否認することになるだろう、と。非真理を生の条件として容認すること、これはもとより危険な仕方で通常の価値感情に反抗することである。そこでこれを敢えてする哲学は、それだけですでに善悪の彼岸に立つことになるわけだ。

五

あらゆる哲学者を半ば不信の、半ば嘲笑の眼で眺めたいという誘惑を感じさせるものは、彼らがいかに無邪気であるかを幾度となく背後から覗くからではない。——いかにしばしば、またいかにたやすく彼らが仕損じ、道に迷うかを、要するに、彼らの児戯と幼稚を窺知するからではない。——むしろ、事に当たって彼らに正直さが足りないからである。ところが、誠実という問題がほんの少しでも触れられたとなると、忽ち彼らは挙って大変な道徳上の空騒ぎをやらかすのだ。彼らは総じて、自分たちの本来の意見を冷静で、純粋で、神々しく超然たる弁証法の自己展開によって発見し、また獲得したかのような振りをする(これとは違って、どのような等級の神秘家たちもあの手合いよりは立派であり、しかも無骨であって、——「霊感」ということを口にする——)。ところが、本当は或る先取的な命題、或る思いつき、或る「徠想」、大概は抽象化され篩にかけられた彼らの心願が、後から求められた理由によって弁護されるのだ。——彼らは揃いも揃って、そう呼ばれることを望まない弁護人であり、しかも大抵は、彼らが「真理」の名で洗礼を施す自分たちの先入見の狡猾な代弁人でさえある。——そして、このことを、ほかならぬこのことをこそ告白する良心の勇気などはいささかも持ち合わせず、敵方を警告するためにせよ、味方を警告するためにせよ、また不遜からにせよ、自分たち自身を嘲笑するためにせよ、ともかくも上のことを他人に分からせる勇気という良き趣味などは少しも持ち合わせていない。あの老カントの頑なであるとともに慎み深い偽善沙汰、それでもって彼はわれわれを弁証論の忍び路へ誘い、この路が彼の「定言命法」へと導き、もっと正しく言えば、誘惑するのであるが、――この芝居はわれわれ如き悪習に染んだ徒輩を微笑させる。このわれわれときたら、老いぼれ道学者や道訓家の手の込んだ奸計を監視することに少なからぬ愉悦を見いだすのだ。――或いは更に、スピノーザが彼の哲学――その言葉を正当かつ至当に解釈すれば、つまりは「彼の知恵への愛」となる――を青銅の甲冑と覆面で装備させた数学的形式の手品とても、全く同様である。彼はそれによってこの克服しがたい処女神、パラス・アテーナー*に敢えて瞥見を投げようとする攻撃者の勇気を始めっから尻込みさせるのだ。――この隠遁的な病人のこの仮装の裏に、何と多くの固有の臆病と衰弱とが馬脚を露わしていることか！

* ホメーロスに見えるアテーナー(またはアテーネー)の呼び名。アテーナーはオリュンポス十二神の一、処女神で知識・芸術を司り、アテーナイ市で殊に盛んに祭られた。ローマの「ミネルヴァ」に該当する。

六

これまでのあらゆる偉大な哲学は、次第に私にその正体を明らかにした。すなわち、それはその創説者の自己告白であり、欲せず気づかれないままに誌された一種の《覚え書き》なのだ。同様に、道徳的な(または不道徳的な)意図があらゆる哲学において本来の生命の胚子をなすものであり、これからいつも植物の全体が成長したのだ。事実、或る哲学者の極めて遠く離れた形而上学的主張が本来どうして成立したかを解明するためには、常にまずもって、それが(彼が)いかなる道徳を志向しているか、を尋ねてみるのはよいことだ(そして悧巧なことだ)。それ故に私は、「認識への衝動」というようなものが哲学の父である、とは信じない。むしろ、他の場合と同じくここでも、或る別の衝動が認識を(そして誤認を!)ただ道具みたいに用いたのだ、と信じる。しかし人間の根本衝動があたかもこの場合にこそ霊感を吹き込む精霊として(或いは魔霊や妖魔として)——どこまでその技倆を振るったろうか、ということに注目する者は、それらの根本衝動がすべてすでに一度は哲学をやったことを見いだすのだ。——また、それらの根本衝動の一つ一つがそれぞれ自分こそは生存の究極目的であり、あらゆる爾余の衝動の正当な主人公であることを示そうとしたがっているのを発見するのだ。というのも、あらゆる衝動が支配欲に燃え、かつこのようなものとして哲学することを試みるからである。——もとより、学者の場合には、すなわち本当に学問的な人間の場合には、事情は異なるかもしれない。——お望みならば、事情は「もっとよい」と言ってよかろう。——そこには実際に認識活動というようなものがあるかもしれない。それは何か一つの小さな独立の時計仕掛けのようなもので、よく巻き上げておけば、こつこつと働いて、学者たちの爾余の衝動が総じて本質的にそれに参与しなくてもよいであろう。それ故に、学者の本来の「関心」は通常は全く別のところに、家庭や金儲けや政治などにある。それどころか、彼の小さな機械が学問のどんな所に置かれようと、また「有望な」若い研究者が立派な文献学者になろうが、菌学者になろうが、化学者になろうが、そんなことは殆んどどうでもよいことだ。――彼がこれになるかあれになるかということは、彼の特色を示すものではない。逆に、哲学者にあっては非個人的なものは全く一つもない。そして特に彼の道徳は、彼が誰であるか、ということに対する決定した、かつ決定する証言を与える。――換言すれば、彼の本性の最も内奥の諸衝動がどのような序列に置かれているか、ということについての決定的な証拠を提示する。

七

哲学者というものは何と意地の悪いものでありうることか！　エピクーロス*がプラトーンおよびプラトーン学徒に対して浴せることを敢えてした諧謔にもまして毒々しいものを、私は知らない。エピクーロスは彼らを《ディオニュシオラケース》と呼んだ。これは文言の上から、また字面から見れば、「ディオニュシオスの阿諛者」**すなわち僭王の聴従者、従っておべっか屋という意味である。しかも更にそれに加えて、「あいつらはすべて役者だ、あいつらには何も純正なものがない」という意味を籠めようとする（というのは、《ディオニュソコラクス》は役者の俗称であったからだ）。そして、この後の意味こそは、元来、エピクーロスがプラトーンを狙って発した悪口だったのだ。エピクーロスには、プラトーンがその学徒とともに会得していたあの大袈裟な遣り口、あの舞台上の演出が癪に障った。――そういうことはエピクーロスには苦手だったのだ! 彼はサモス出の老田舎教師で、アテーナイにある自分の小苑に隠れ棲み、三百冊もの書物を書いたが、もしかするとプラトーンに対する忿懣と野心からそうしたのではなかったろうか。そんなことを誰が知ろうか。――この小苑の神、エピクーロスが何者であったか、ということをギリシアが見届けるまでには百年を要した。――とはいえ、果たして見届けられたであろうか――

* 前三四一頃―二七〇頃、ギリシアの哲学者で、その倫理説は消極的快楽、すなわち「静かな快」または「アタラクシア」を目標とする。普通に「エピクーロス主義」と言えば快楽主義の意。

** ディオニュシオス父子はシュラクサイの僭王。プラトーンはディオニュシオス二世(前三九五―四三以後)を教育して自分の哲人政治の理想を実現しようとしたが、これは失敗に帰した。これを指してエピクーロスはプラトーンおよびその学徒を「ディオニュシオスの阿諛者」と言ったものと思われる。

*** エーゲ海にある島。エピクーロスはこの島に育ち、後にアテーナイに学問所を開き、いわゆるエピクーロス学派の祖となった。

八

あらゆる哲学にはそれぞれ、哲学者の「確信」が舞台に登って来る一点があるものだ。すなわち、古代の密儀の言葉を借りるならば、

《美しく　いと逞しき

驢馬ぞ　近づき来つる。》

九

おお、諸君、高貴なストア派の人々よ、諸君は「自然に従って」生きようと欲するのであるか。それは何という言葉の欺瞞であろう！　自然というものの本性を考えてみたまえ。節度もなく浪費し、限度もなく無頓着で、意図もなければ顧慮もなく、憐情もなければ正義もなく、豊饒で、不毛で、かつ同時に不確かなものだ。諸君はその無関心そのものが力としてであることを考えてみるがよい。――諸君はこの無関心に従って生きることがどうしてできようか。生きること、それはまさしくこの自然とは別様に存在しようと欲することではないのか。生きるとは評価すること、選び取ること、不正であり、制限されてあり、差別的(関心的)であろうと欲することではないのか。そして、「自然に従って生きる」という諸君の命法が根本において「生に従って生きる」というのと同じほどの意味であるとしたら、――諸君は一体どうしてそうでなくありうるというのか。諸君自らがそれであり、かつあらざるをえないものから、何のために一つの原理を作るのであるか。――実を言えば、事情は全く別なのだ。というのは、諸君は我を忘れて自分たちの掟の規準を自然から読み取ると称しているが、実は或る逆のことを欲しているのだ。つまり、諸君は奇妙な役者で、自己欺瞞者なのだ！　諸君の誇負は自然に対して、自然に対してすらも、諸君の道徳、諸君の理想を指定し、呑み込ませようと欲している。諸君は自然が「ストアに従って」

自然であるように求め、そして一切の現存をただ諸君自身の姿に準じて現存させようと望んでいる。――しかもストア主義の巨怪な永遠の讃美と普遍化としてなのだ！ 諸君の愛を悉く真理に捧げつつ、諸君はあれほど長く、あれほど執拗に、あれほど催眠術で動けなくされて、自然を誤って、すなわち自然をストア的に見るように自分たちに強いたので、ついに諸君は自然をもはや別様に見ることが不可能になった。――そして結局は、何か或る底無しの高慢が諸君になおもあの癲狂者的な希望を服用させ、自分たちは自分たち自身に暴圧を加えるすべを心得ているが故に――ストア主義は自己暴圧である――、自然に対しても暴圧を加えてよいのだと思い込ませる。だが一体、ストア学徒も――一片の自然ではないのか……しかしこれは一つの古い永遠の歴史物である。あの当時にストア学徒がやったことは、今日なお、一つの哲学が自己自らを信じ始めると忽ちにして行なうことなのである。哲学はいつも世界を自らの姿に擬して創造する。それよりほかの遣り方を知らない。哲学はこうした僭王的な衝動そのものにほかならず、力への、「世界の創造」への、《第一原因》への最も精神的な意志なのだ。

一〇

今日ヨーロッパの到る所で「現実の世界と仮象の世界について」の問題に身をもって迫る人々の熱心と精緻、更にそれに加えて、言うべくんば狡猾には、考えるべきもの、また聴くべきものがある。そしてここでその背後にただ「真理への意志」のみを聞き、それ以上のものを聞かない者は、確かに極めて鋭い耳を享有してはいないのだ。個々の、また稀有な場合には、実際、そうした真理への意志が、何か奔放な冒険的な勇気が、最前哨にいる形而上学者の功名心がそれに関与しているかもしれない。そのようなものも結局は、常にやはり車一杯に充ちた美しい可能性よりも一握りの「確実性」の方を選ぶのである。のみならず、不確かな何ものかのためよりは確かな無のために――死んだ方がまだしもましだとする良心の清教徒的な狂信者すらもいるのだ。しかしこれはニヒリスムスであり、絶望して死ぬほど疲れた魂の徴候である。このような徳行の身振りがどれほど勇敢に見えようともだ。ところが、より強く、より生命に充ちた、生を更に渇望する思想家たちにあっては、事情は別であるように見える。というのは、彼らは仮象に対抗する党派をなし、「見通し」という言葉をすでに傲然と口に出しているし、「地球は静止している」という外見に信を置かないと同じほどに、自分の肉体もおおよそ信じるに値しないと考え、従って見たところ気前よく最も確かな所有物をも手放すからだ(だって今日、自分の肉体より以上に確かだと信じられる何ものがあるか)。――彼らは根本において、かつてはなおより確実に所有していた何か或るものを奪い返そうと欲しているのでないかどうか、を誰が知ろうか。その或るものとは、以前の信仰の古い所有地の多少のものであり、恐らくは「不死の霊魂」であり、恐らくは「古き神」であって、要するに「近代的理念」なんかのためよりももっと良く、すなわち、もっと力強く、もっと明朗に生きて行けるための理念である。そこにはこの近代的理念に対する不信頼がある。昨今に築かれた一切のものに対する不信仰がある。それには恐らく、今日いわゆる実証主義が市場に現われる際にそういう姿を取る頗る様々の由来をもつ諸概念の《がらくた》にもはや耐えられないという軽微な嫌悪と嘲侮が混じていよう。また、すべてこれらの似而非現実哲学者たちの歳の市みたいな雑駁な襤褸切れに対する、肥えた趣味の吐き気も混じているだろう。そうした連中には、このような雑駁さよりほかに何も新しく本当のものは持ち合わせがないのだ。この点では現今の懐疑的な反現実主義者と認識の顕微鏡主義者らを正当と見なすべきだ、と私は思う。彼らを近代の現実から逐い出す彼らの衝動には反駁しえないものがある。——彼らがこっそり抜け道を後戻りしようとも、そんなことはわれわれに関わりのないことだ！ 彼らについて重大な点は、彼らが「後戻り」しようとしていることではなく、むしろ彼らが——離れ去ろうとしていることである。加うるに多少の力、飛力、勇気、芸術家肌のところをもってするならば、彼らは「脱出」しようと欲するであろう。——そして後戻りなどはしないのだ！——

一一

いまや到る所で、カントがドイツ哲学に及ぼした本来の影響から眼を逸し、殊に彼が自分自らに認めた価値を巧みに滑り越えようと努めているように私には思われる。カントは何よりもまず自分の範疇表を誇りとした。彼はこの表を手にして言った。「これこそはかつて形而上学のために企てられえた最も困難なものである。」——どうか、この「られえた」という言葉を理解してもらいたい！ 彼は人間のうちに一つの新しい能力、《先天的》綜合判断の能力を発見したことを誇りとした。彼がこの点で自ら誤っていたとしても、やはりドイツ哲学の発展と急激な開花は、この誇りに負うものであり、また、できうべくんば更により誇らしいものを——とにもかくにも「新しい能力」を発見しようというすべての後学の競争心に基づくのだ！　しかしよく考えてみると、今がその時である。「いかにして《先天的》綜合判断は可能であるか」とカントは自問した。——そして彼は果たして何と答えたか。一つの能力によって、と。しかし残念ながら、この簡潔な言葉をもってではなく、むしろあんなに廻りくどく、勿体らしく、かつドイツ的な深意と虚飾癖とをもってしたので、そういう答えのうちに潜む愉しい《ドイツ風の愚かさ》は聞き洩らされてしまった。それればかりか、この新しい能力のために我を忘れ、しかもカントが更になお加えて人間のうちにある道徳的能力をも発見したとき、歓呼の叫びは頂点に達した。——当時ドイツはなお道徳的であって、全然まだ「現実的・政治的」ではなかったからだ。——ドイツ哲学の蜜月が到来した。テューービンゲンの神学校の若い神学者たち（若いシェリングやヘーゲルを指す）はすべて直ちにその藪の中へ入り込んだ。——皆の者が「能力」を探し求めた。そして見つけ出さぬものとてはなかった。——ドイツ精神のあの無邪気で、豊かで、なお若々しい時代においては、浪漫主義という意地悪い妖精が当てもなく笛を吹いたり、歌いまくったりしていて、当時は「発見」と「発明」との分け隔てもまだつけられなかったのだ！　なかんずく「超感性的なもの」に対する能力が発見された。シェリングはそれに知的直観という名で洗礼を施し、それによって根っから信心を求めてやまぬドイツ人の衷心からの欲情に迎合した。この全く思いあがり逆せあがった運動は、灰色の年寄りじみた諸概念の衣で思い切った装いをしていたにもせよ青春であったのだから、これを真面目に受け取り、まして道徳的な憤激なんかで遇するのは、全くこの上もない不当の処遇と言わなければならない。それはとにかくとして、人々は老いた、——夢は飛び去った。額を撫でて考え込む時がやって来た。人々は今日といえどもなお額を撫でている。夢を見ていたのだ。それは誰よりもまず——老カントだった。「一つの能力によって」——とカントは言った。少なくともそう思った。しかし一体これは答えであるか。説明であるか。或いは、却って問いの繰り返しにすぎないのではないか。果たして阿片はいかにして眠らせるのか。「一つの能力によって」、すなわち《催眠力》によって、——とモリエール*の作中の医者は答える。

《そのゆえは、それに催眠の力ありて、
その力に感官をまどろます性あれば。》

しかしこのような答えは喜劇に属する。それで結局、「いかにして《先天的》綜合判断は可能であるか」というカントの問いを、「何故にかような判断に対する信仰が必要であるか」という他の問いによって補充すべき時である。——すなわち、われわれの如き種類の生物を保存する目的のためには、このような判断が真理として信じられなければならないことを理解すべき時である。それ故にこの判断はもとよりなお誤った判断であってもよいのだ！ 或いは、もっと判明に、粗っぽく、かつ徹底的に言えば、《先天的》綜合判断は全く「可能である」はずがない。われわれにはそんなものを立てる何の権利もなく、われわれの口からすれば、それは真赤な嘘の判断である。

ただし言うまでもなく、その真理性に対する信仰は必要であるが、それも生の配景的光学に属する一つの前景的信仰であり、外観である。――そこで最後になお「ドイツ哲学」――望むらくは、これが引用符を要求する権利をもつことを分かってもらえようか――が全ヨーロッパに及ぼした巨怪な影響を思えば、或る種の《催眠力》がそこに関与していたことを疑うわけには行くまい。あらゆる国々の高貴な有閑者・有徳者・神秘家・芸術家・四分の三キリスト者および政治的非開化者たちの間では、ドイツ哲学のおかげで、前世紀から今世紀へ溢(あふ)れ込んだなお優力な感覚論に対する解毒剤、要するに――《感覚をまどろませるもの》を手に入れて、我を忘れて喜ばれたのであった……

＊　一八四七―八九、フランスの喜劇作家で俳優、ルイ十四世の絶対王制下の貴族・僧侶の腐敗を批判した。

一二

唯物論的原子論に関して言えば、これはあらゆるもののうちで最も完全に論駁されたものの一つである。そして恐らく今日ヨーロッパでは、それに便利な日常茶飯の用語、すなわち一つの簡略な表現手段より以外に更に真面目(まじめ)な意義を当てがうほどの無学な学者などは一人として存在しないであろう。――これは何よりもまずダルマティア人、ボスコヴィッチ＊のおかげであるが、彼はポーランド人、コペルニクスと併せて、これまで外見の最大の反対者として最も圧倒的な勝利を収めた人物である。すなわち、コペルニクスはわれわれを説き伏せて、あらゆる感覚に逆(さか)らって地球が静止していないことを信じさせたが、ボスコヴィッチは地上のもののうち「静止していた」最後のものに対する信仰、「質料」に対する、「物質」に対する信仰、地球の残滓で微粒である原子に対する信仰と誓絶することを教えた。それはこれまで地上において勝ち得られた感覚に対する最大の勝利であった。――しかし更に歩武を進めて、あの有名な「形而上学的要求**」と等しく、誰も予感しない領域で常になお危険な生き残りを続けている「原子論的要求」に対しても――戦いを宣しなければならない。しかも容赦のない白兵戦をだ。――差し当たりまた、キリスト教が最も旨く、かつ最も長い間に亘って教えて来たもう一つ別の、そして宿命的な原子論、すなわち霊魂の原子論にも止めを刺さなければならない。この言葉でもって、霊魂を何か不滅なもの、永遠なもの、不可分なものとして、すなわち一個の単子として、一個の原子と見なすあの信仰を指すことにしたい。この信仰を科学から放逐すべきだ！ 内密の話だが、その際に「霊魂」そのものを棄て去って、この最も古く最も尊重すべき仮説の一つを断念する必要は毛頭ない。自然主義者たちが「霊魂」に手を触れるや否や、いつもこれを失ってしまうという不手際をやらかすにしてもだ。しかし霊魂の仮説を新しく理解して醇化する途は開かれている。そうすると、「死すべき霊魂」とか「主観の多数としての霊魂」とか「衝動と情念の社会的構造としての霊魂」などという概念は、これからも科学のうちで市民権をもてそうである。新しい心理学者は、これまで霊魂という観念の周りに熱帯のジャングルさながらに繁茂していた迷信をすでに芟除したが、――恐らこれによって彼はもとよりいわば新しい荒野と新しい不信のうちへ突き込まれたのだ。――恐らくは、古い心理学者たちはもっと気楽に、もっと愉快にやっていたことであろう。——しかし結局、新しい心理学者はまさにこれによってまた自分が発明すべく宣告されていることを知るのだ。——そして、誰が知ろう、恐らくは発見すべく宣告されていることを。——

* 一七一一—八九、イタリアの数学者・天文学者・物理学者で、イェズス会士、ニュートンの諸理論を普及し、物質分子説を説く。

** ショーペンハウァーの言葉、宇宙・人生の根本原理を追求する衝動を言う。

一三

生理学者たちは、自己保存の衝動を有機体の根本衝動として設定することについて熟慮すべきであろう。なかんずく、生物はその力を放出しようと欲する。——生そのものが力への意志なのである、——自己保存は単にそれの間接的で最も頻繁な帰結の一つにすぎない。——要するに、どこでもここでも、余計な目的論的諸原理が持ち込まれないように用心すべきだ！——自己保存の衝動の如きもそうしたものである（この衝動はスピノーザの不徹底から来たものであるが——）。だからつまり、方法は、本質的に原理の節約を旨としなければならないことを命じるわけになる。

一四

物理学もまた世界の解釈や整理であって（失礼な言い方だが、われわれの見るところによれば！）、世界の説明ではない、ということがいまやどうも五、六人の頭に次第に明らかになって来ているようだ。しかし、物理学は感覚への信仰に立っているから、それはより以上のものと見なされ、また長い間のうちには更により以上のものとして、すなわち説明と見なされるに違いない。物理学はそれなりに眼と指とをもち、それなりに明白さと平易さとをもっている。このことは賤民的な根本趣味をもつ時代に対して魅惑的に、説得的に作用する。――それは全くのところ本能的に、永遠に大衆的な感覚論の真理規準に従っている。何が明瞭であり、何が「説明」せられるのか。やっと見られ、また触られうるものだけだ、――そこのところまではあらゆる問題は進められなければならない。逆に、まさしく感覚に帰属するものに対する反抗のうちにこそプラトーン的な考え方の魅力が存した。これは一つの高貴な考え方であった。――恐らくそれも、全くわれわれ同時代人がもつよりももっと強く気むずかしい感覚を喜び、しかも一方、この感覚を支配する主であることにより高い勝利を見いだすことを知っていた人々の間におけるものであった。そしてこの支配は、彼らが多彩な感覚の渦巻き――プラトーン流に言えば、感覚の賤民――の上に投げかけられた蒼ざめた冷たい灰色の概念の網によって行なわれたのである。プラトーンの手法による世界制圧と世界解釈のうちには、今日の物理学者がわれわれに提供するそれとは別種の享楽があった。ダーヴィン主義者らや生理学研究者たちのうちの反目的論者らが、彼らの「最小限の力」と最大限の愚鈍の原理をもってするものもまた同様である。「人間がもはや見るべく摑むべき何ものもないところ、そこにはまたもはや求むべきものもない」――これはもとよりプラトーンのそれとは別の命法である。しかし、全く粗っぽい仕事を片づけなければならない未来の機械工や架橋工といった粗朴で勤勉な種族にとっては、まさに打ってつけの命法であるかもしれない。

一五

生理学を良心に恥じるところなく研究するためには、感覚器官は観念論哲学の意味において現象ではない、ということを心に堅持しなければならない。そうした現象であるとすれば、感覚器官は全く何らの原因でもありえないことになろう！　してみると、感覚論は発見的原理*とは言えないまでも、少なくとも規制的仮説である。——どうしてだろうか、他の人々がなお、外界はわれわれの器官の製作である、と言うのは？　しかしそれならば、われわれの肉体すらも、この外界の一片として、われわれの器官の製作だということになろう！　またそれならば、われわれの器官そのものすらも——われわれの器官の製作だということになろう！　思うに、これは一つの徹底した《帰謬法》である。もとより、《自己原因（カウサ・スイ）》という概念が根本的に背理であると仮定してのことだが。従って外界はわれわれの器官の製作ではない——？

* もとカントの用語で、経験の構成に関するものではなく、経験構成の原理を指導し、これを発見させる原理、「規制的原理」とも言う。

一六

いつでもなお無害な自己観察者がいて、「直接的確実性」が存する、と信じている。例えば、「われは思う」だの、或いは、ショーペンハウァーの迷信だった「われは欲する」だのがそれである。いわば、ここでは認識が純粋に、赤裸々にその対象を「物自体」として把握しえられ、主観の側からも対象の側からも偽造が生じないかのようである。しかし「直接的確実性」も、「絶対的認識」や「物自体」も、同様にそれ自身のうちに《形容矛盾》(コントラディクティオ・イン・アドイエクトー)(例えば「延長ある点」など)を含んでいる。このことを私は百遍でも繰り返すが、——何とかしてついにはこれらの言葉の誘惑から解放されなくてはならないのだ！ 認識とは究極まで知ることだ、と民衆は信じていようとも、哲学者は自らにこう言わなければならない。「われは思う」という命題に言い表わされている過程を分析すれば、私は基礎づけることが困難な、恐らくは不可能な一連の大胆な主張に到達する。——例えば、われは思う者である。思うところの或るものが一般になければならない。思うとは原因と考えられる一つの存在体の側での一つの活動であり作用である。一つの「われ」なるものが存在する。最後に、思うと呼ばれるものはすでに確立している。——思うとは何であるかを私は知っている。というのは、私がそれについてすでに私において決定ずみでないとしたら、いましも起こることがもしかすると「欲する」や「感じる」でないかどうかを何によって測るべきだろうか、などというような主張がそれである。ともかくも、あの「われは思う」は、私が私の現下の状態を、私が私において知る他の状態と比較して確定する、ということを前提にしているのである。このように現下の状態は他の時・所の「知識」と溯って関係づけられるから、それは私にとってとにかく直接的な確実性をもたない。——このようにして、民衆が与えられた場合に信じるかもしれないあの「直接的確実性」の代わりに、哲学者は一連の形而上学的な問いを手に入れることになる。これらの問いこそはまさに知性の本来の良心的な問いであって、それは次のように問うのである。すなわち、「どこから私は思うという概念を得るのであるか。何故に私は原因および結果を信じるのであるか。何が私に一個のわれについて、しかも原因としての一個のわれについて、そしてついにはなお思想の原因としての一個のわれについて云々する権利を私に与えるのであるか」と。認識の一種の直覚に訴えて、あの形而上学的な問いに直ちに答え、「われは思う、そして少なくとも真であり、現実であり、確実であることを知る」と言う者のするように、認識の一種の直覚に訴えてあの形而上学的な問いに直ちに答えようとする者、——そういう者は、今日の哲学者たちのうちでは早くも一つの微笑と二つの疑問符とをもって迎えられるであろう。「貴君！」と哲学者は恐らく彼に仄めかすであろう、「貴君が誤っていないとも限るまい。しかし何故にまたあくまで真理がなければならないというのか」と。——

一七

論理学者たちの迷信に関して言えば、私はこれらの迷信家たちが承認したがらない一つの小さな簡短な事実を幾度となく繰り返して倦まないつもりだ。――すなわち、一つの思想というものは、「それ」が欲するときにやって来るもので、「われ」が欲するときにやって来るのではない。従って、主語「われ」が述語「思う」の条件である、と言うのは事態の一つの偽造である、と。それは思う、と言っても、しかしこの「それ」こそはまさにあの古く有名な「われ」にほかならないとするのは、穏当な言い方をしても、単に一つの仮説、一つの主張にすぎず、いわんや「直接的確実性」などではないのだ。結局のところ、この「それは思う」と言うのさえすでに言い過ぎである。この「それ」がすでに事の成り行きの解釈を含んでおり、この成り行きそのものには属しない。ここでは文法上の習慣に従って「思うとは一つの活動であり、あらゆる活動には活動している者が属する、従って――」という風に推論されるのである。ほぼ同様の図式に従って、更に昔の原子論は、作用する「力」に対してなおあの微粒子的物質、そのうちに力が存し、そこから力が作用する物質、つまり原子を求めた。より厳密な頭脳の持ち主たちがついにこの「地球の残渣」なしにやって行くことを知った。そして恐らくいつかはこれに慣れるであろうし、また論理学者たちの側でもあの小さな「それ」(あの名誉ある古い「われ」の揮発であるところの)なしにやって行けるようになるであろう。

一八

一つの理論において、それが反駁されうるということは真にその魅力を最も減じるものではない。これによってこそ、その理論は繊細な頭脳の人々を惹きつけるのだ。百遍も反駁された「自由意志」の理論がその存続を保っているのも、やはりただこの魅力に負うもののように見える。——繰り返し誰かがやって来て、この理論を反駁するに足る自分の強さに満足を感じるのだ。

一九

哲学者たちは、意志が世界のうちで最も熟知の事柄であるかのように、それについて語るのを常とする。然り、ショーペンハウァーでさえ、意志のみがわれわれに本当に熟知のもの、全く熟知のもの、値引きも掛け値もなしに熟知のものである、と仄めかした。しかし私には一再ならず思われるのだが、ショーペンハウァーもまたこの場合、哲学者たちがまさにいつもやっていることをやったにすぎない。すなわち、彼は民衆の先入見を受け取って、これを誇張したまでである。意欲とは私には何よりもまず或る複合的なもので、ただ言葉としてのみ単純であるように思われる。——そしてまさにこの一語のうちに民衆の先入見が潜んでいて、これが哲学者たちのいつもながらの僅かな用心を支配して来たのだ。だからわれわれは、いよいよ用心深くなり、「非哲学的」になろうではないか。——われわれに言わせるならば、あらゆる意欲のうちには第一に感情の多様がある。すなわち、疎ましい状態の感情、好ましい状態の感情、こうした好悪それ自体についての感情があり、更になお附随的な筋肉感情——これは、われわれが「腕や脚」を動かさなくても、一種の習慣によって、われわれが「欲する」やいなや発動する——がある。従って、感じるとということ、しかも多様に感じるということが意志の成素として認められなくてはならない。それと同じく、第二に思惟もまた意志の成素と見なされなければならない。あらゆる意志作用のうちには一つの司令的な思想が存する。——そこで、この思想を「意欲」から分離しても、なお意志が残りうるなどとは夢にも信じてはならない。第三に、意志は単に感情と思惟との複合であるばかりでなく、何よりもまず一つの情念であり、しかもあの司令部的な情念である。「意志の自由」と名づけられるものは、本質的に、服従しなければならない者に関する優越の情念である。——「私は自由である。『彼』は服従しなければならない」——こうした意識があらゆる意志のうちに潜んでいる。そして同様に、あの注意の緊張、専ら一つのものだけに固着するあの直視、「今はこれが必須で、他に何も必要でない」というあの無条件な評価、服従されるであろうということについてのあの内的な確信、そして更に命令するものの状態に属する一切のものもそこに潜んでいるのだ。意欲する人間は——、自己のうちにある或るもの、服従し、もしくは服従すると信じる或るものに命令する。さてしかし、意志における最も奇妙なもの——民衆がただの一語をもって表わしているあの甚だ多様なものに注意してもらいたい。われわれは任意の場合において同時に命令者であり、かつ服従者であって、服従者としては強制・切迫・圧迫・抵抗・運動の感情を知っており、これらの感情は意志の作用の後に直ちに起こるのが常だからである。われわれは他面、この二重性を「われ」という綜合概念によって遠ざけ、誤魔化し去るという習慣をもっているかぎり、意欲にはなお誤謬推論の全連鎖と、従って意志そのものの誤った評価が取り憑いて来た。

──しかも意欲する者は、行為には意欲だけで十分だ、と信じ切るに至った。大概の場合、実に命令の効果、すなわち服従が、従って行為が期待されてよいときにのみ意欲されるので、この外観が転じてそこには効果の必然性が存在するかの如き感情に変った。とにかく、意欲する者は、かなりの程度の確実さをもって、意志と行為とは何らかの仕方で一つである、と信じている。──彼は成効を、意欲の遂行をなお意志そのものに帰し、そこにおいてすべての成効をもたらすあの力の感情の増長を享しむ。「意志の自由」──それは、命令し、また同時に自らをその遂行者と同一視する意欲者のあの多様な愉悦状態を表わす言葉である。──意欲者はこのような遂行者として抵抗に対する勝利を共に享しむが、しかしもともと抵抗に打ち克つのは自己の意志そのものであると自ら判断する。このようにして意欲する者は、命令者としての自己の愉悦感情に加えて、遂行し効果を挙げる道具の愉悦感情、隷属的な「下層意志」または「下属霊魂」──われわれの肉体は実に多数の霊魂の共同体にすぎない──の愉悦感情を享しむ。《その成果は私だ》。ここで起ることはあらゆるよく構成された幸福な共同体に起ることで、すなわち支配階級が共同体の諸成果と同一視されるわけである。すべての意欲において、すでに言ったように、多くの「霊魂」の共同体を基礎とした命令と服従ということが絶対に重要なことである。それ故に、哲学者は意欲それ自体をすでに道徳の視野のもとに捉える権利をもっていなくてはなるまい。すなわち、道徳は「生」という現象が成り立つための支配関係についての教説であると解される。──

二〇

個々の哲学的概念は何ら任意なもの、それだけで生育したものではなく、むしろ互いに関係し類縁を持ち合って伸長するものであり、それらはどんなに唐突に、勝手次第に思惟の歴史のうちに出現するように見えても、やはり或る大陸の動物のすべての成員が一つの系統に属するように、一つの体系に属している。このことは結局、極めて様々の哲学者たちもいかに確実に可能な諸哲学の根本図式を繰り返し充たすか、という事実のうちにも窺われる。彼らは或る眼に見えない呪縛のもとに、常にまたしても新しく同一の円軌道を廻るのである。彼らはその批判的または体系的な意志をもって、なお互いに大いに独立的であると自ら感じているであろう。彼らのうちにある何ものかが彼らを導き、何ものかが一定の秩序において次々と彼らを駆り立てる。それはまさしく概念のあの生得的な体系性と類縁性とにほかならない。彼らの思惟は実は発見ではなく、むしろ再認であり、想起であり、かつてあの諸概念が発生して来た遙遠な大昔の魂の全世帯への還帰であり帰郷である。——そのかぎりにおいて、哲学することは一種の高級な先祖返りである。すべてのインドの、ギリシアの、ドイツの哲学の不思議な家族的類縁性は、申し分なく簡単に説明される。言語上の類縁性の存するところ、まさにそこでは文法の共通な哲学のおかげで——思うに、同様な文法的機能による支配と指導とのおかげで——始めから一切が哲学体系の同種の展開と順序とに対して準備されていることは、全く避けがたいところである。同様にまた、世界解釈の或る別の可能性への道が塞がれていることも避けがたい。ウラル・アルタイ言語圏の哲学者たち（そこにおいては、主語概念が甚だしく発達していない）が、インド・ゲルマン族や回教徒とは異なった風に「世界を」眺め、異なった道を歩んでいることは、多分にありうべきことであろう。特定の文法的機能の呪縛は究極のところ生理学的価値判断と種属的条件の呪縛である。――以上は、観念の由来に関するロックの浅薄さを斥けるためである。

二一

《自己原因》は、これまでに考え出されたもののうちで最も甚だしい自己矛盾であり、一種の論理的な強姦であり、不自然である。しかし人間の常軌を逸した誇負は、事もあろうにこのノンセンスに深く恐るべく巻き込まれてしまった。遺憾ながらなお依然としてなお半可通の人々の頭を支配しているあの形而上学的な最上級の意味における「意志の自由」への要望、自己の行為そのものに対する全体的かつ究極的な責任を負い、また神・世界・祖先・偶然・社会をその責任から放免しようとする要望、けだしこのような要望は、まさにあの《自己原因》であろうとすること以外の何ものでもなく、ミュンヒハウゼン*そこのけの無鉄砲さをもって、虚無の泥沼からわれとわが身の髪の毛を摑んで助け出そうとするのと同じである。誰かがこのように「自由意志」というこの有名な概念の百姓じみた素朴さの裏側に廻って、この概念を頭から一掃するとしたら、私はその人に今度は、彼の「啓蒙」を更に一歩進めて、あの「自由意志」の概念の逆転したものをも頭から払拭してくれることを願いたい。逆転したものというのは、原因と結果の濫用に走る「不自由意志」のことだ。自然科学者たちがやっているように(また彼らと同じく、今日その思惟において自然化をやっている者のように——)「原因」および「結果」を誤って本物化してはならない。自然科学者たちは一般に行なわれている機械論的不作法に従って、「結果が現われる」までは原因を圧し潰し、押し退けておく。「原因」と「結果」はまさにただ純粋な概念としてのみ、換言すれば、それは記載や理解の目的のための便宜的な仮構として用うべきもので、説明のために用うべきものではない。「それ自体」のうちには「因果の結合」とか「必然性」とか「心理的不自由」などといったものは何一つ存在しない。そこでは「結果が原因に」継起するということはなく、また何らの「法則」も支配しない。われわれのみが原因・継起・相互・相対・強制・数・法則・自由・根拠・目的などというものを捏造したのだ。そして、われわれがこれらの記号世界を「それ自体」として、本物のうちへ考え入れ、混ぜ込んでいるとすれば、われわれのやっていることは、またもやいつもやっている通りのことであり、すなわち神話的である。「不自由意志」は神話である。現実の生において問題なのは、ただ強い意志と弱い意志ということだけである。——或る思想家が「因果連結」とか「心理的必然性」とか言われると、もうすでに強制・必迫・帰結必至・圧迫・不自由というようなものを感じ取るとすれば、それはもう殆んど常に彼自身にどこか欠陥があることの一つの徴候である。そのように感じるということこそは馬脚の現われであり、——その人物が正体を顕わしているのだ。そして一般に、もし私の観察にして正しければ、「意志の不自由」が問題として取り上げられるのは二つの側面からであり、しかも常に深く個人的な仕方においてである。すなわち、或る人々は自分たちの「責任」を、自己への信仰、自己の功績への個人的要求権を、いかなる犠牲を払っても手放すまいとする(虚栄的な種族がこれに属する)。他の人々は逆に何らの責任をも取らず、何の罪をも負うまいとし、内心の自己侮蔑からして、自己自らをどこかへ転嫁しうることを望む。この後の連中が書物を書くと、今日では犯罪者を容認するのが常である。一種の社会主義的同情が彼らの最もお気に入りの仮装なのだ。そして事実、意志薄弱者たちの宿命論は、驚くほど美化されて《人類の苦悩の宗教》として世に行なわれうることになる。これがその「良き趣味」なのである。

* 一七二〇—九七、荒唐無稽な旅行談や冒険譚を面白く語ったので、「ほらふき男爵」として伝説的な存在となる。

二二

私が意地悪をして、拙い解釈技術を指摘することをやめかねても、それは老練な文献学者のすることとして容赦せられたい。しかし物理学者諸君が——であるかの如くに、さも得意気に説き立てるあの「自然の合法則性」なるものは、ただ諸君の勝手な解釈と拙劣な「文献学」のおかげで成り立っているものにすぎない。——それは事実でもなく、「原典」でもない。却って素朴な人道主義的な整理と意味捻転にすぎないものであり、それでもって諸君は近代人の民主主義的本能にあくまで迎合しているのだ！「法則の前には一切が平等である。――この点において自然はわれわれと異なることもなく、優ることもない」というのは、体裁のよい底意を示すものであり、そのうちにはまたしてもすべての特権や独裁に対する賤民的な敵意が、同様にまた第二の洗煉された無神論が変装して隠れている。《神様もまっぴら、殿様もまっぴら》――諸君もそう望んでいる。だからこそ「自然法則万歳！」と言うのだ。――そうではないのですか。しかし、すでに言ったように、それは解釈であって、原典ではないのだ。そこで、反対の意図と解釈術とをもって、同じ自然から、しかも同じ現象に関して、それこそ暴虐無慈悲な仮借なき権力欲の貫徹を読み取るすべを心得ている者が現われて来るかもしれない。――この解釈家は、一切の「力への意志」の無例外と無条件を諸君の眼前に提示し、そうすることによって殆んどあらゆる言葉が、そして「暴虐」という言葉すらもが、ついに使用不能に、或いはすでに弱く軟かな隠喩――余りに人間的なもの――と見えるほどになった。それにも拘わらずこの解釈家は、それによってこの世界について諸君の主張するのと同じことを主張するに至った。すなわち、この世界は或る「必然的な」、かつ「算定可能な」経過を辿ると主張するが、しかしそれも、法則が世界に支配しているからではない。むしろ絶対に法則が欠如しており、あらゆる力が各瞬間にその最終の帰結を引き出すからである。これもまた解釈であるにすぎないとしたら、――そして諸君はこれに異論を唱えるほどに熱心であろうか――さて、それだけますます結構なことだ。――

二三

全心理学はこれまで道徳的先入見と疑懼に取り憑かれて来ている。それは敢えて深く掘り下げることをしなかった。私が捉えたように、心理学を力への意志の形態論や進化論として捉えること——これに思い掠めた者さえ誰もなかった。すなわち、これまでに書かれたもののうちに、これまでは沈黙に任せられていたものの徴候を認めるぐらいのことはしても宜しかったのに。道徳的先入見の暴力は、最も精神的な、一見して最も冷静で無前提な世界のうちへ深く侵入している。——そしておのずから明らかなように、損傷し、妨害し、眩惑し、歪曲させている。真の生理＝心理学は、研究者の胸中の無意識の抵抗と戦わなければならない。それは「心胸」を自らに敵対させるのである。すでに「善い」衝動と「悪い」衝動との相互制約に関する学説でさえも、精妙な不徳義と見られ、なお力強く胸奥からの良心には困却と倦厭の種なのである。——ましてや、すべての善い衝動を悪い衝動から導来しうるとなす学説に至ってはなお更のことだ。しかし、誰かが憎悪・嫉妬・貪欲・支配欲などの情念を生を制約する情念と見なし、生の全家計において原本的で基本的に欠くことのできないものとし、従って、生がなお高揚さるべきであるならば更に高昇されなければならない情念である、と説くとしたら、——その者は、自分のそうした判断の方向に、さながら船酔いに苦しむように苦しむのだ。そうは言うものの、この仮説すらも危険な認識のこの巨怪な、殆んどなお新しい領域においては最も苦しい、最も余所々々しいものではない。——そして、誰もがその領域から遠ざかっている——そうしたことの——できる者がだ！——のは、実に然るべき理由が百もあるわけだ。他方また、ひとたびその船がこちらへ吹き流されたら、いざ！　さらば！　いまぞしっかり歯をきつく嚙みしめよ！　眼を見はれ！　舵をしっかり握れ！——われわれはまっしぐらに道徳を乗り越えて行こう。われわれがそこへ船路を進め、危難を冒すその間に、恐らくわれわれ自身の道徳の残滓を搗き砕くであろう。——だが、それがわれわれにとって何であろう！　いまだかつて大胆な旅行者や冒険家にとってこれ以上に深い洞察の世界が開かれたことはなかった。そして、このように「犠牲を捧げる」心理学者は——これは《知性の犠牲》ではない、その反対だ！——少なくともその代わりに、心理学が再び諸学の女王と認められるようになることを、爾余の学問はそれに奉仕し準備するために現存することを要求してよいであろう。心理学はいまや再び根本問題に至る道となるのだからだ。

第二章 自由な精神

二四

おお、《聖なる単純》よ！ 何という稀有な単純化と偽造のうちに人間は生きていることか！ ひとたびこの不思議に眼を向けた者なら、ついに驚嘆して措く能わざるものがあろう！ 何とわれわれは身の周りの一切を明朗に、自由に、軽快に、単純に作り上げたことか！ 何とわれわれは自分たちの官能にあらゆる皮相的なものに対するフリー・パスを与え、自分たちの思惟に気まぐれな飛躍と詭論への神々しい貪欲を与えてしまったことか！——何とわれわれは始めからわれわれの無知を保持するすべを心得ていたことか、しかも殆んど不可解なまでの自由・無思慮・不用心・大胆さ・生の明朗さを、要するに生を享しまんがためにだ！ そして、無知というこのいまこそ堅固になった花崗岩のような基盤の上に始めてこれまで学問は興隆し、遙かに一層暴力的な意志の、無知や無学や虚偽への意志の基盤の上に始めて知への意志は興起しえたのだ！ その反対としてではなく、むしろその洗煉としてだ！ すなわち、言葉が他の場合と同じく、その拙劣さを脱却しえず、ただ程度や様々な微妙な段階があるところでも対立ということを云々することを続けているにしてもだ。同様に、いまやわれわれの打ち克ちがたい「肉と血」となった道徳の化身である偽善がわれわれ消息通の口にする言葉をさえ捩じ曲げているにしてもだ。時折、われわれはそれを看破して、こう笑わずにはいられない。何とまあ最上の学問までがわれわれを御親切極まりなくもこの単純化された、全く技巧的な、うまく捏造され、然るべく偽造された世界に拘留しようとしていることか！　何とまあこの学問は心ならずも好んで誤謬を愛することか！　というのは、それは生あるものであって、——生を愛するからだ！

二五

このように悦ばしい序言の後で、真面目な言葉を聞き過ごすことのないようにしていただきたい。もっとも、極めて真面目な人々に向かって言うのだが。諸君、哲学者にして認識の友らよ、殉教者とならないように用心したまえ！「真理のために」受難しないように気をつけたまえ！おのれの弁護をすることをさえも戒めたまえ！　それは諸君の良心のあらゆる無垢と純な中立を傷つける。それは異論に対して猪突させ、赤い布に対して猛進させる。それは、諸君が危険・誹謗・嫌疑・排斥およびその他なお無礼な敵意の結果と戦い、結局は諸君が真理の弁護者としての役割をすら地上で演じなければならないときに、諸君を愚昧にし、獣的にし、牡牛にする。——あたかも「真理」が弁護者を必要とするほどお人好しで鈍物であるかのようにだ！　しかも、ほかならぬ諸君を、いとも悄然たる姿の騎士諸君を、精神の辻待ちで蜘蛛の巣作りであるわが殿方をだ！　結局、諸君も十分に御承知の通り、諸君が当然の理をもっているかどうかということ、同様にこれまではなおいかなる哲学者も当然の理をもっていなかったということ、更に一段と称讃に値する誠実は、告発者の前や法廷でのあらゆる勿体ぶった身振りや切り札にあるのでなく、諸君の座右の銘や好きな教説の背後に(そして時として諸君自身の背後に)記されるあらゆる小さな疑問符のうちにあるということは、どうでもよいことだ！　むしろ傍へ退いた方がよい！　遁げて隠れたまえ！　そして、諸君を取り違えるような仮面をつけて粋に振る舞うことだ！　或いは、少しばかり怖れるがよい！　そしてあの園を、黄金の柵をめぐらしたあの園を忘れるな！　また園にも似た人々を――一日もはや憶い出となる夕べの頃おいの、水面を渡る音楽にも似た人人を身の囲りにもつがよい！　よき孤独を、自由で気ままで気の軽い孤独を、何らかの意味で自らなお快さを失わぬ権利をも、自分に与えるような孤独を選ぶがよい！　公然の暴力をもってなされるのでないような長い戦いはすべて、いかに有毒に、いかに狡猾に、いかに卑劣にすることか！　長きに亘る怖れ、敵への、ありうべき敵への長きに亘る警戒は何と個人的にすることか！　これら社会の除け者、これら長年の被迫害者、酷く追い詰められた者たち、――また隠遁を強いられた者たち、――スピノーザやジョルダーノ・ブルーノのような人々、――これらの人たちは結局いつも、甚だしく精神的な仮面の下にであるにせよ、また恐らく自ら知ることなしに、老獪な復讐鬼となり、毒殺者となる(試みに、スピノーザの倫理学と神学との根柢を掘り暴いてみるがよい！)。或る哲学者において哲学的フモールを喪失したことを示す誤りなき証拠である道徳的憤激の愚劣さについては全く言うまでもないことだ。哲学者の殉教、その「真理のための供儀」は、彼のうちにどんな煽動者と俳優が潜んでいるかを、白日のもとに曝け出すことを強いる。そして、哲学者がこれまでただ芸術的な好奇心をもって眺められて来たとすれば、少なからぬ哲学者たちに関して、彼らをもう一度その退化した姿(「殉教者」に、舞台向き、大衆桟敷向きの叫喚者に退化した姿)において見たいという危険な願望が生じて来るのは、もとより理解しうべきことだ。ただし、こうした願望をもつからには、いずれにせよそこで何を見せられることになるかは、はっきり心得ているのでなければならない。――それはほんの牧神劇か、ほんの余興の茶番か、長い本番の悲劇が終わったということの続きの証明にすぎないのだ。もっとも、これもあらゆる哲学がその成立において、一つの長い悲劇であった、ということを前提してのことだが。

―

二六

あらゆる選ばれた人間は、本能的に自分の居城と隠れ場を求める。そこで彼は大衆、多衆、公衆から解放され、そこで彼は例外者として「人間」という規準を忘れることができる。――ただ一つの場合は例外で、その場合には彼は偉大な例外的な意味で認識者として、更に一層強い本能からまっしぐらにこの規準に向かって衝突する。人間との交渉において、時折あらゆる色合いの憂苦において、嘔吐・倦厭・同情・陰鬱・孤立のために緑や灰色に変色することのない者は、確かに高級な趣味の人間ではない。しかしこれは、彼がすべてのこれらの重荷や不快を好んで身に引き受けるのでなく、いつまでもこれを避けて、上に言ったように、自分の居城に静かに誇らかに隠れているとしてのことである。ところで、そうとすれば、彼が認識のために造られたのではなく、認識のために予め定められているのでないという一事は確かである。というのは、もしそうであれば、彼はいつの日にかこう自語せざるをえないであろう。「おれの良い趣味など悪魔にくれてやれ！　だが、規準というやつは例外よりも――例外者のおれよりも興味のある代物だ！」と。――そして下へ降りて行くであろう。何よりも「中へ」入って行くことであろう。長い間、真剣に、平均的な人間を研究すること、またこの目的のために数々の仮装・克己・親睦・下劣な交際をすること――自己と同等なものとの交わり以外のいかなる交際も下劣な交際である――、これらはあらゆる哲学者の伝記の必然的な一章、恐らくは最も不快な、最も悪臭を発する、最も幻滅に充ちた一章である。しかるに彼が認識の幸運児たるにふさわしいような幸運に恵まれるなら、自らの課題を本当に切り詰め軽減するものに出会うのだ。――私が言うのは、いわゆる犬儒派の人々、すなわち、獣性や野卑や「規準」をそのまま単純に承認して、その際なお或る程度の才気と擽りをもっていて、自分や同輩について目撃者の面前で論じるに違いない類いの人々のことだ。――それどころか、往々にして彼らは書物のうちで雑言を吐くこと、あたかも自分の糞尿の上を転がるが如くである。犬儒主義は下卑た魂が誠実に軽く触れる唯一の形式である。そして高級な人間も、より粗雑でしかも繊細な犬儒主義に耳を貸すべきであり、また恥知らずの道化芝居や学問的なエロものが面前で大っぴらに演じられる度ごとに祝賀を述べるべきだ。更に、嘔吐に加えて魅惑的なものが混入する場合さえもある。すなわち、そうした不謹慎な牡山羊や猿に、自然の気まぐれから、天才が結びついていることがある。例えば、ガリアーニ《僧正》[*]の場合がそうであって、この人は彼の世紀における最も深く、最も烱眼な、しかも恐らくはまた最も汚らわしい人物だ。――彼はヴォルテール[**]よりも遥かに深く、従って大抵はより控え目であった。すでに示唆したように、学問的な頭脳が猿の肢体の上に乗っかり、精緻な例外的悟性が卑劣な魂の上に座を占めていることは、もうしばしば見られた事柄であって、――医者や道徳＝生理学者の間にあっては殊に珍しくない出来事だ。それで、誰かが憤激もせずに、却って素直に人間について二様の欲望をもつ腹と唯一の欲求をもつ頭から成るものだと説くとすれば、また誰かが人間の行為の本来の唯一の動機であるかの如く、到る所で常にただ飢餓と性欲と虚栄をのみ見たり、求めたり、見いだそうと欲するならば、要するに、人間は「低劣」だ――そして決して邪悪ではない――と説くとすれば、その場合に認識の愛好者は、おとなしく熱心に耳を傾けるべきである。彼はおよそ、憤怒なしに語られる場合に耳を貸すべきだ。というのも、憤怒した人間は、しかも常に自分の歯をもって自分自らを(或いは、その代わりに世界を、または神を、または社会を)食い裂き、食いちぎる人間は、なるほど道徳的に見れば、笑って自己満足している好色漢よりは高級であるかもしれないが、しかしその他のあらゆる意味では、より低俗な、より冷淡な、より度しがたい代物だからだ。そして憤怒した者ほど嘘つきは誰もいないのだ。――

＊ 一七二八―八七、イタリアの聖職者で経済学者、また外交官。外交官としてパリ滞在中、ディドゥローそ

の他の百科全書家と交際し、往復書簡を残した。

** 一六九四—一七七八、フランスの啓蒙哲学者で、晩年ベイルなどの影響によって懐疑的な厭世主義に傾いた。

二七

理解されるということはむずかしい。違った考え方や生き方をしている純真な人間、すなわち、《亀のような》、或いは精々で「蛙の歩き方」をしている人間の場合は特にそうである。——私は自ら「理解されにくい」ようにあらゆる手を尽くすのだ！——そして、いくらか行き届いた解釈をしてくれる好意に対しては、もとより心から感謝すべきである。しかし「良い友だち」ともなれば、いつも余りに心置きなく、しかも全く友だちとして心置きなく附き合う権利をもっていると信じているので、このような連中には予め誤解のための遊戯場や運動場を認めておくのがよろしい。そうすればなお笑うこともできよう。——或いは、彼ら、この良い友だちを全く追い払うこともできよう。——そしてまた笑うこともだ！

二八

一つの言語を他の言語に翻訳するのに最も困るのはその文体の《テンポ》である。文体はその種族の性格のうちに、生理学的に言えば、その種族の「新陳代謝」の平均的な《テンポ》のうちに根拠をもつものである。几帳面なつもりの翻訳でも、原文の格調を心ならずも俗悪なものにしているために、殆んど偽作に近いものがある。これは単に、事柄や言葉におけるすべての危険なものを跳び越え、逃げ去らせる原文の雄勁な快調な《テンポ》が翻訳されえなかったからにすぎない。ドイツ人はその言語において殆んど《快速調》を用いることができない。従って、自由な、自由精神的な思想の最も愉しく最も大胆な《ニュアンス》の多くを出すこともできない、と言われるのは正鵠を射たものであろう。ドイツ人には、肉体的にも良心的にも、《道化歌手》も半獣神も性に合わないように、アリストファネース*もペトロニウス**も翻訳することができない。すべての威儀正しいもの、重厚なもの、儀式ばった無骨なもの、あらゆる長たらしく退屈な種類の文体が、ドイツ人の間では夥しく多様に発達した。——これは事実であるから赦していただきたいが、ゲーテの散文でさえも固苦しさと優雅さとの混合であって、決して例外をなすものではない。それは、それが属する「古き良き時代」の反映であり、まだ「ドイツ趣味」が存在した時代におけるドイツ趣味の表現である。すなわち、《様式と技巧において》一つのロココー趣味であった。レシングは例外であるが、これは多くのものを理解し、多くのものに精通した彼の俳優的天性のおかげであった。彼がベイル***の翻訳者であったのも尤もな次第であった。しかも彼はむしろディドゥロー****やヴォルテールの近くに、更にはローマの喜劇作家の間に遁がれたかったであろう。——レシングはまた《テンポ》においても自由精神を愛し、ドイツからの逃亡を望んだ。しかし、レシングの如き人の散文をもってしてさえも、どうしてドイツ語がマキアヴェリの《テンポ》を模倣することができたろうか。この人は彼の『君主論』においてフィレンツェのあの乾いた美しい空気を呼吸させ、最も深刻な事件をも奔放な《急速調(アレーグレシモー)》で叙述せざるをえないのである。恐らく、どの対立を敢えて選ぼうかという意地悪い芸術家的感情がなかったわけでもあるまいが。——その思想は長く、重く、固く、危く、そして《テンポ》は駈歩(かけあし)で、最上の気まま極まる気分である。最後に、誰が果たしてペトロニウスのドイツ訳を敢えてしうるだろうか。この人はこれまでのいかなる音楽家よりも発案において、着想において、言葉において《快速調》の巨匠であった。——もし彼の如く、一切を走らせることにより一切を健康にする風脚(かざあし)と通風と気息と解放する風の嘲笑とをもっているとしたら、痛める悪しき世界の、「古代世界」さえものすべての泥沼とてもついに何のことがあろう！　そして、あの浄化し償(つぐな)いをつける精神、アリストファネースについて言えば、この人の故にこそ全ギリシア文化にその存在が赦されるのだ。これはもとより、そこですべて赦(ゆる)しと浄化とを必要としたところのものを心の底から理解したとしての話であるが。——それだから、プラトーンの韜晦(とうかい)とスフィンクス的本性より以上に私を夢みさせてくれるものとしては、あの幸いにして保存された《小品》に優(まさ)るものを私は何も知らないであろう。そこで、彼の死の床の枕の下に見いだされたものは、『聖書』でもなく、エジプトのものでもなく、ピュタゴラスのものでもなく、プラトーンのものでもなかった。——むしろアリストファネースのものであった。プラトーンの如き人といえども、生に——彼がそれに否を言ったあのギリシア的生に耐(た)えたであろうか。——もしアリストファネースがなかったとすれば！——

* 前四四六頃―三八五、ギリシアの最も傑出した喜劇詩人。

** 一世紀のローマの作家、皇帝ネロに仕えたが、後に中傷のため自殺を命ぜられた。当時の社会を諷刺した作品がある。

*** 一六四七―一七〇六、フランス啓蒙時代の哲学者で、懐疑的批評家。

**** 一七一三―八四、フランスの百科全書家で、啓蒙期の最も代表的な哲学者。

二九

独立であるということは、極めて少数の者にしかできない事柄である。――それは強者の一つの特権なのだ。そして、そうするに極めて十分な資格があるにしても、そうしなければならないわけでもないのに、独立であろうと試みる者は、それによって彼が恐らく強いばかりでなく、むしろ放縦(ほうしょう)なまでに果敢であることを証拠立てる。彼は迷宮に入り込んで行く。彼は生そのものがすでに伴っている危険を千倍にもする。彼がどのように、またどこで道に迷い、孤独に陥り、良心という洞窟のミノータウロス*が何かによって切れ切れに引き裂かれるのを誰も目撃しないということは、決してそうした危険のうちの最小のものではない。このような者が破滅するとしたら、それは人々の理解の及ばないほど遠いところで起ることであって、彼らはそれを感じもせず、それに共感することもない。――そして、その者はもはや帰って来ることができないのだ！　彼がもはや帰りえないことを人々が同情しようとも！――――

* ギリシア神話に現われる人身牡頭または牡身人頭の怪物。

三〇

われわれの最高の洞察は――それを聞くための素質もなく、また予め（あらかじ）そのように定められてもいない人々の耳に許しなく入るとき、馬鹿げたことのように響き、場合によると犯罪のように響くに違いない、――そしてそう響くべきだ！　以前から、インド人やギリシア人やペルシア人や回教徒など、要するに、階級の順位が信じられ、平等と同権が信じられなかったところではどこでも、哲学者たちの間に公教的と秘教的との差別があった。――両者相互の差別が際立（きわだ）つのは、公教者は外部に立ち、内からではなく、外から見たり、評価したり、測定したり、判断したりするということにあるのではない。更に本質的な差別は、公教者が物事を下から見上げるのに、――秘教者は上から見下ろすという点にあるのだ！　そこから見れば、悲劇ですらも悲劇的効果をもたらすことをやめるような魂の高処がある。そして、世界のあらゆる悲哀を一つに見たならば、彼の見たものが必然的にまさしく同情に、またこのようにして悲哀の倍加に誘惑し、強制するであろうかどうかを、誰が敢えて決定できようか……　高級な種類の人間には栄養や清涼剤として役立つものも、それとは非常に違った劣等な種類の人間には殆んど毒に近い。通俗な人の美徳は、哲学者にあっては恐らく悪徳や弱点を意味するであろう。高貴な素質の人間が頽廃し破滅するとしたら、彼はこれによって始めて、彼が落ち込んだ低劣な世界のうちでいまや聖者の如く尊崇されるに至るということは、ありうべきことであろう。低劣な魂、劣弱な生命力が読むか、または高級な魂、強壮な生命力が読むかに応じて、魂と健康に逆の価値をもつ書物があるのだ。前の場合には、破壊的・解体的な危険な書物となるし、後の場合には、最も勇敢な者たちを彼らの勇敢さへと励ます伝令官の叫び声である。万人向きの書物は常に悪臭を放つ書物である。民衆が飲み食いするところでは、崇敬するところでさえも、常に息が窒るものだ。清浄な空気を呼吸したい者は、教会へ入ってはならない——

三一

青春時代においては、人生の最上の収穫であるあの《ニュアンス》の技巧を知らずに尊敬したり軽蔑したりする。そこで、こんな風に人間と事物とを然りと否とで一挙にやっつけたことを、当然のことながら厳しく償わなければならない。一切の仕組みは、すべての趣味のうちの最悪のもの、すなわち無条件なものに対する趣味が惨めにも愚弄され虐使されるようになっており、やがてついに人間は自分の感情に多少の技巧を加え、むしろ技巧的なものによって試みを敢えてすることを学ぶようになる。それは人生の真の芸術家がやると同じことである。青春に固有の憤激と畏敬とは、人間と事物をうまく偽造して、それらにおいて発散されうるようになるまでは、決して鎮まるものではないように見える。——青春というものはそれ自体すでに何かしら偽造的なものであり、欺瞞的なものである。後になって、青春の魂が幻滅のみを重ねて拷問を受け、ついに自分自らに対して猜疑の眼を向け返すようになるとき、その魂は自己の猜疑と良心の呵責においてさえ、なお相変らず熱心で粗暴である。いましもその魂はどんなにか自ら怒ることであろう。それはどんなにか焦立って自らを引き裂くことであろう。それはどんなにか自らの長い間の自己眩惑に復讐することであろう。それがあたかも勝手次第な盲目であったかの如くにだ！　このような移り行きのうちで、自己の感情に対する不信によって自己自らが罰せられる。懐疑によって自己の感激は拷問せられる。それどころか、良心に疚しさがないということすらもすでに危険であり、いわば自己隠蔽であり、より純真な誠実さの疲労であるかのように感じられる。そこで何よりもまず、徒党を組む。根本的に「青春」に敵対する徒党を組む。——十年の後になってから、こう悟るのだ、これらのこともすべてまだ——青春であった！　と。

三二

人間の歴史の最も長い時代を通じて——それは先史時代と呼ばれる——或る行為の価値と無価値はその結果から導来せられた。その際、行為それ自体もその由来も問題とはならなかった。むしろ、今なおシナにおいて栄養も汚辱も子供から両親へと溯及して取り上げられるとほぼ同じように、或る行為のよい・わるいを考えるために人間を導いたものは、結果の成功・不成功から溯及する力であった。われわれはこの時期を人類の道徳以前の時期と名づけよう。「なんじ自らを知れ！」という命法は当時なお知られていなかった。しかるに最後の一万年の間に、地上の二、三の平地において、歩一歩と歩みが進められ、もはや行為の結果ではなく、むしろその由来が行為の価値を決定させるようになった。一つの大きな事件を全体として見ること、洞見と規準との著しい洗煉、貴族的価値と「由来」への信仰の支配から来る無意識的な影響、これらは狭い意味で道徳的と呼んでよい一つの時期の徴候であり、自己認識への最初の試みはこのようにして行なわれた。結果の代わりに由来をもってする――何という見方の逆転であろう！　そして確かに、これは長い戦いと逡いの後に始めて到達された逆転なのだ！　もとより、まさにこのことによって、宿命的な近代の迷信、解釈の独得の狭さが支配するようになった。或る行為の由来は、極めて明確な意味で或る意図から由来するものとして解釈された。或る行為の価値はその意図のうちに存している、という信仰において一致が見られるようになった。意図こそは或る行為の由来と先史との全体である、というこの先入見のもとに、殆んど最近の時代に至るまで地上において道徳的な賞讃と非難と裁き、更には哲学的思索が行なわれて来た。――しかし、われわれは今日、人間の自省と沈思とによって、もう一度、価値の逆転と根本的変位を決意すべき必然性に到達しているのだとは言えまいか。――われわれは、否定的に、差し当たって、道徳外とでも呼ぶべき時期の敷居に立っているのではなかろうか。今日では、少なくともわれわれ不道徳者たちの間では、行為における非意図的なもののうちにこそ行為の決定的な価値が存するのではないか、また行為における一切の意図的なもの、意図という点から見られ、知られ、「意識され」うる一切のものは、いまだ行為の表面や皮膚に属するのではないか、――それはすべての皮膚と同じく、何かを窺わせるが、しかしなおもっと多くを隠しているのではないか、という疑念が生じている。要するに、われわれの信じるところでは、意図とは一つの記号か徴候にすぎないもので、それはまずもって解釈を必要とする。のみならず、記号は余りに多くを意味し、従ってそれだけでは殆んど何も意味しない。――これまでの意味における道徳、すなわち意図の道徳は一つの先入見であり、恐らくは早計であり、先走りであって、いわば占星術や錬金術の段階のものであるが、しかしともかくも超克されなければならない何ものかである。道徳の超克、のみならず或る意味において道徳の自己超克、これこそは、今日の最も繊細で最も誠実な、しかも意地悪な良心のために、その魂の生きた試金石として予め取っておかれたあの長い秘密の仕事に対する名称であろう。――

三三

これよりほかに手はないのだが、隣人のための献身・犠牲の感情、自己疎外の道徳の全体は容赦もなく訊問され、法廷に引き出されなければならない。「関心なき直観」の美学*にしても同様である。この名称のもとに、今日では芸術の去勢は全く誘惑的に良心の疚しさを感じることもなく行なわれようとしている。「他人のために」とか「自分のためではなく」というあの感情には有り余るほどの魅力と甘美があるので、ここでは疑惑が倍加して「それはもしかしたら――誘惑ではないのか」と問わざるをえなくなるほどだ。そうした感情はお気に召す、――それを抱く者にも、その実を味わう者にも、また単に眺めてだけいる者にも。――このことはなお、そういう感情のための論証にはならない。むしろ、用心をこそ促すのだ。だから、われわれは用心しよう！

* カントの美学を指す。カントによれば、美的快感は対象についての意欲的・実際的関心を絶したところに成立する。

三四

今日いかなる哲学の立場に立とうとも、いずれの側から見ても、われわれが生きていると信じるこの世界が迷妄だということは、われわれの眼になお捉えられうる最も確かで最も動かない事柄である。――われわれはそれに対して理由の上に理由を見つけ出し、これらの理由に誘惑されて「事物の本質」のうちにある一つの欺瞞的原理について推測することになるであろう。しかし、この世界が虚偽であるということに対して、われわれの思惟そのもの、従って「精神」に責任を負わせる者は、――あらゆる意識的または無意識的な《神の代弁者》が取る光栄ある逃げ道である。――この世界は、空間・時間・形態・運動を含めて、虚偽として開示されていると見る者は、少なくとも、ついにすべての思惟そのものに対して不信をもつようになる恰好の機縁を得るであろう。これこそはわれわれにこれまでこの上なく大きな悪ふざけを仕かけて来たものではなかろうか。そして、それがいつもやって来たことをこれからはやらない、ということに対するどんな保証があるだろうか。全く真面目に言って、思想家たちの純真さは何かしら感動させるもの、畏敬の念を起こさせるものをもっており、これが今日でもなお意識の面前に現われることを彼らに許して、彼らに正直な答えをすることを乞わせる。例えば、意識は「実在的」であるか、また何故に意識は一体、外界をそんなに断乎として追い払うか、などという問いを散々に浴せかける。「直接的確実性」に対する信仰は、われわれ哲学者の光栄とする一つの道徳的な素朴さである。しかし——われわれはいましも「単に道徳的な」人間であってはならないのだ！　道徳を度外視すれば、あの信仰は馬鹿げたもので、大してわれわれの光栄となるものではないのだ！　市民的生活のうちでは、いつも不信を持ち合わせていることは「わるい性格」の徴と見なされ、従って無分別の沙汰とされるであろう。このわれわれの間では、すなわち市民的世界とその然りと否との彼岸では、無分別であることに何の妨げがあるというのか。——また、哲学者はこれまで地上において常に最も馬鹿にされて来た存在として、いつしか「わるい性格」をもつ権利がある、と言うことを何が妨げようか。——哲学者は今日では不信を抱き、猜疑のどん底から極めて意地の悪い横目を使う義務がある。——こんな陰鬱な顰め面や言い廻しで冗談を言うことを赦してもらいたい。というのは、私自身こそはずっと以前から瞞着したり瞞着されたりすることについて別のように考え、別のように評価するようになって来ているし、また瞞着されることに対して毛を逆立てる哲学者たちのあの盲目的な憤怒に向かっては、少なくとも、二、三度は肋を突いてやるだけの用意はあるからだ。何故にそうしてはならないというのか。真理が仮象よりも価値が多いなどということは、もはや一つの道徳的先入見である。それどころか、それはおよそ世界に存在する最も拙劣な証明に基づくものなのだ。とにかく次の一事だけは是非とも容認してもらいたい。すなわち、配景的な評価と仮象性に基づかずには、全く生というものは成り立たない。そして、大概の哲学者たちの有徳ぶった感激と愚昧によって、「仮象的世界」を全く棄て去ってしまうとしたら――さて、諸君にそれができるとしてのことだが――、そうすればその際、少なくとも諸君の「真理」からはもはや何も残らないであろう！　全くのところ、何が一体われわれを強制して「真」と「偽」という本質的な対立が存するという仮定を立てさせるのか。仮象性の段階を仮定して、いわば仮象の陰影と全体的調子の明暗を――画家の言葉で言えば、様々な《色調》を考えるだけで十分ではないのか。何故にわれわれに何かしら関わりのあるこの世界が――虚構であってならないはずがあろうか。そしてその場合、「しかし虚構にはやはり創始者があるはずではないか」と問う者に対しては、――何故に？　とはっきり答えたらよかろう。この「あるはずだ」ということも恐らくは虚構に属するはずのものではなかろうか。一体、主語に対しても、述語や客語に対すると同じく、ついに少しは皮肉になってもよいのではないか。哲学者は文法に対する信仰心を超出してもよいわけではなかろうか。女家庭教師には万腔の敬意を払おう。しかし、哲学が女家庭教師の信仰と縁を切るべき時が来ているのではあるまいか。――

三五

おお、ヴォルテールよ！　おお、人間性よ！　おお、愚鈍よ！「真理」とか真理の探求といえば、何かしら重要なことのようである。そしてその際、人間が全く余りに人間的にそれをやれば、

――《ただ善を為すためにのみ真を求める》というわけになる。――私は賭(か)けよう、彼は何も見いださないのだ!

三六

実在的に「与えられて」いるのは、われわれの欲望と情熱の世界より他の何ものでもなく、従ってわれわれはまさにわれわれの衝動の実在性より以外の他の「実在性」へ下降することも上昇することもできないとすれば――思惟するとはこれらの衝動が相互に関係し合うことにすぎないから――、この「与えられて」いるものがその同類のものから更にいわゆる機械的(または「物質的」)世界をも理解するに十分でないかどうかを、試みに問うことが許されるのではないか。このような世界と言っても、私はそれを一つの迷妄、一つの「仮象」、一つの「表象」(バークリやショーペンハウァーの言う意味で)と解しているのではない。むしろ、われわれの情念そのものがもっていると同じ実在性の段階に属するものとして、――すべてのものがなお力強い統一に包まれていて、これがやがて有機的過程において分岐し形成される(また、当然のことながら、繊弱になり薄弱にもされる)情念の世界のより原初的な形式として、なお有機的機能の全体が自己規制・同化・消化・排泄・新陳代謝とともに相互に綜合的に結び合わされている一種の衝動生活として解するのである。――これは生の先行形式と解されないだろうか。――結局において、このような試みをすることは常に許されているばかりではない。それは方法の良心からして命じられているのだ。唯一の原因性で解決するという試みがその極端な限界に至るまで(――御免を蒙って申すなら、ノンセンスに至るまで)遂行されないうちは、幾種類もの原因性を想定してはならない。これは方法の道徳であって、今日これを避けることは許されない。――それは、数学者の言うであろうように、「その定義から」帰結する。最後に問われるのは、われわれが意志を本当に結果を惹き起こすものとして認めるかどうか、われわれが意志の原因性を信じるかどうか、ということである。われわれがこれを肯定するならば――そして根本においては、われわれが意志の原因性を信じることはまさに原因性そのものを信じることにほかならないが――、われわれは意志の原因性を仮説的に唯一の原因性として設定することを試みなければならない。「意志」はもとよりただ「意志」に対してだけ結果を及ぼしうるのであり、――そして「物質」に対してではない(例えば、「神経」に対してではない――)。とにかく、「結果」が認められるところではどこでも、意志が意志に対して結果を及ぼしているではないか、――そしてすべての機械的な生起は、そのうちに或る力が働いているかぎり、まさしく意志の力、意志の作用ではないか、という仮説が敢えて立てられなければならない。結局において、われわれの全衝動生活を意志の唯一の根本形式の――すなわち、私の命題に従えば、力への意志の――形成および分岐として説明することができたとすれば、またすべての有機的機能が力への意志に還元されえて、そのうちに生殖や栄養の問題――これは一つの問題である――の解決が見いだされたとすれば、これによってすべての結果を惹き起こす力を一義的に力への意志として規定する権利が得られたことになるであろう。

内から見られた世界、その「可想的性格」に関して規定され表示された世界――それこそはまさに「力への意志」であり、それ以外の何ものでもないであろう。

三七

「どうですって？　通俗的に言えば、それは、神は否定されるが、しかし悪魔は否定されない――ということではありませんか。」その反対なのだ！　諸君、その反対なのだ！　それで、諸君に通俗的な言い方を強いる奴は、悪魔にでも攫われろ！――

三八

最後になお、近代のあらゆる明るさのうちで、フランス革命はどうなったことか。あの戦慄すべき、しかも近くから判断すれば、余計な茶番劇は。しかるに、全ヨーロッパの高貴な熱狂的な観衆が遠くからあれほど長い間、またあれほど熱情的に彼ら自身の憤激や感激をその茶番劇のうちへ解釈し入れて来たので、ついにその原典が解釈のもとで消滅してしまったのだ。このようにして、高貴な後代はもう一度、全過去を誤解し、そうすることによって恐らく始めてその光景を見るに堪えるものにするのかもしれない。――或いは却って、このことはすでに起こっているのではないか。われわれが自ら――この「高貴な後代」なのではないか。そして、いましも――われわれの理解するかぎりでは――そのことは終わったのではないか。

三九

或る教説が幸福にするとか有徳にするという理由だけから、いとも安易にそれを真だと思う者は誰もいないであろう。ただし、あの愛すべき「観念論者たち」は例外とも言うべきであって、彼らは善・真・美に熱狂して、自分らの池のうちにあらゆる種類の多彩で鈍重で善良な願望を入り乱れて泳がせる。幸福や有徳は何の論拠にもならない。しかし、思慮深い人々の側でさえも、不幸にするとか邪悪にするということも同様に反対論拠にならないことを忘れたがる。極度に有害で危険なものであっても、そのものは真であって差し支えない。それどころか、その完全な認識のために破滅するということが、それ自身、生存の根本的性質に属するのかもしれない。――従って或る精神の強さを測るものは、その精神がなおどれだけ《真理》に堪えられたかということ、更に明瞭に言えば、どの程度まで真理を稀薄にし、隠蔽し、甘美にし、鈍麻し、偽造せずにはいられなかったかということである。しかし、真理の或る部分の発見のためには、悪人や不幸者の方が有利であり、成功の確率が一層大きい、ということには疑う余地がない。幸福な悪人については言わないことにするが、――こうした手合いは道学者たちによって黙殺される《種属》である。恐らくは峻酷と奸智は強壮で独立的な精神や哲学者たちの発生にとって、あの柔和で繊細で譲歩的な温良さや物事を軽く取る技術よりも、一層有利な条件であろう。こうした技術は学者たちにおいて重んじられ、しかも重んじられるのは当然のことである。ただし、ここに言う「哲学者」

という概念は、書物を書いたり、――それどころか、自分の哲学を書物のうちへ持ち込むような哲学者に限らない、ということを前提としてのことだ！――自由精神の哲学者の最後の俤を示したのはスタンダール＊であって、私はドイツ趣味のために彼のことを強調してやまないつもりだ。――というのは、彼はドイツ趣味に反するからだ。《良き哲学者であるがためには》とこの最後の偉大な心理学者は言う、《乾燥かつ明晰にして幻想を抱くことなかれ。産をなした銀行家は哲学の発見のために、すなわち、あるがままのものをはっきり見るために必要な性格の幾分をもつ。》

＊ 一七八三―一八四二、フランスの作家で評論家。本名はアンリ・ベール。

四〇

深いものはすべて仮面を愛する。何よりも最も深い事物は、象徴や譬喩に対して憎悪をさえもつ。反対ということこそ、神の羞恥が着てしずしずと歩くにぴったりした仮装ではあるまいか。これは一つの問うに値する問いである。誰か或る神秘家がすでにそのような真似を敢えてしたことがないとすれば、それこそ不思議であろう。優にやさしい事件でも、それを粗暴で覆って分からなくする方がよいこともある。愛や極端に寛大な行為でも、その後で棍棒を取って目撃者をさんざんに殴るに越したことがないこともある。そうすることでもってその記憶を曇らせるわけである。大概の人々は、自分の記憶を曇らせ虐げて、少なくともこの唯一の関知者を復讐するすべを心得ているものだ。――羞恥は工夫の才に富んでいる。最もひどく恥じる事柄が最も悪い事柄なのではない。仮面の背後にあるものは、単に奸智ばかりとは限らない。——狡智のうちには多くの善意がある。高価で毀れ易いものを蔵している人間が、青く古い、箍を嵌めた酒樽のように荒々しく丸々と肥えて人生を転げ廻るということも考えられよう。彼の繊細な羞恥心がそうさせるのだ。羞恥のうちに深みをもつ人間は、かつて達しえた者も殆んどない道で自分の運命や優しい決断にも逢着する。そして、彼に近しい者や親しい者たちも、そのようなことがあったことを知るよしがない。彼の生命の危険も、彼の生命の安泰が再び得られたことも、同様にそれらの人々の眼には隠されている。このように隠された者、本能から沈黙し秘黙して打ち明けることから遁れることを必要とし、しかもそうしてやまない者は、自分の仮面が自分の代わりに友人の心と頭のうちを徘徊することを欲し、またそれを求める。そこで、彼が欲しないにしても、いつの日にかやはりそこに彼について一つの仮面があることについて、——またそれがよいのだということについて、彼の眼が開かれるであろう。あらゆる深い精神はそれぞれ仮面を必要とする。まして、あらゆる深い精神の周りには絶えず仮面が生じる。彼の示す一語一語、彼の一歩一歩、彼の生の印しの一つ一つが絶えず誤って、すなわち浅薄に解釈されるからである。

四一

人々は独立し命令するように予め定められているものだということに対して、自分自らに試煉を与えなければならない。しかも時を逸することなくそうしなければならない。その試煉が恐らく彼の賭しうる最も危険な賭事であろうとも、自分の試煉を回避してはならない。しかも結局において、それはわれわれ自身をのみ目撃者として行なわれ、いかなる他の裁判官の前にも持ち出されない試煉である。決して一人の人格に執着してはならない。それが最愛の人格であろうともだ。——あらゆる人格はそれぞれ一つの牢獄であり、また一つの片隅である。一つの祖国に執着してもならない。それがどんなに苦難に陥り、救いを渇望していようともだ。——勝利に輝く祖国から心を解き放すことは、大して困難なことではない。同情に囚われていてはならない。それが高級な人間の偶然に瞥見した稀有な殉教と絶望に寄せられたものであろうともだ。一つの学問に拘ずらっていてはならない。それが一見して全くわれわれに納っておかれた極めて貴重な発掘品をもって誘おうともだ。自分自らの解放に、ますます多くを眼下に見ようとして次第に高く飛び上がる鳥のあの遥遠と異様を求める欲情に心を懸けてはならない。——そこには飛翔するものの危険がある。われわれ自身の美徳に溺れていてはならないし、また全体としてわれわれの何か或る個々の徳、例えば、われわれの「賓客厚遇」の徳といったものの犠牲になってはならない。高貴な天性をもつ豊かな魂は濫費を事として、殆んど自分自らのことは顧みず、寛宏の徳を悪徳となるまで発揮するが、これこそは危険のうちの危険である。人々は自らを保持することを知らなければならない。これが独立についての最も峻烈な試煉である。

四二

哲学者の一つの新しい種族が現われつつある。私は敢えて、彼らに一つの危険でなくもない名を与えて洗礼する。私が彼らを推測するかぎり、また彼らが自らを推測させるかぎり、――というのは、何らかの点で謎でいたいと欲するのが彼らの特性であるから――、これら未来の哲学者たちは、誘惑者と呼ばるべき権利を、また恐らくは不当な権利をも有するかもしれない。この名そのものが結局、一つの試みにすぎないのだ。そして、お望みとあらば、一つの誘惑なのだ。

四三

これらの来るべき哲学者たちは、「真理」の新しい友であるか。多分にそうであろう。これまですべての哲学者は真理を愛したからだ。しかし彼らが決して独断家でないであろうことは確かである。彼らの真理が更に万人のための真理でもあるべきだとすれば、それは彼らの誇りを傷つけ、また趣味にも反するに違いない。それはこれまですべての独断的な努力の秘(ひそ)かな願望であり、底意(そこい)であったのだ。「私の判断は私の判断である。他人はそれをたやすく自分のものにする権利がない」――と恐らくそうした未来の哲学者は言うであろう。「多数者と一致したいという悪趣味は棄てられなければならない。「よい」ということも、隣人がそれを口にするときには、もはや「よい」ではない。そこで、「共有のよいもの〔共有財〕」などというものがどうしてありえようか！　この言葉は自己矛盾である。共有でありうるものは、殆んど常に価値のないものばかりである。結局、いまもそうであり、かつてもそうであったように、これからもそうでなければならない。偉大な物事は偉大な人間のために、深淵は深玄な人間のために、繊弱と戦慄は繊細な人間のために残っている。つまり要約して言えば、すべての稀有なものは稀有なもののためにあるのだ。」——

四四

いま更わざわざ言う必要はあるまいが、これらの未来の哲学者たち、彼らもまた自由な、極めて自由な精神であるだろうか。——また確かに、彼らは単に自由な精神であるばかりでなく、むしろ何かより多くのもの、より高いもの、より大きいもの、そして根本的に別なもので、誤認されたり混同されることを欲しないようなものではないだろうか。しかし、こう言うことによって、私は、彼らの伝令官であり、先駆者であるわれわれ、自由な精神！　であるわれわれに対してと殆んど同じく、彼ら自身に対しても——負い目を感じるのだ。余りに長い間、霧のように「自由な精神」という概念を不透明にして来た古い愚劣な先入見と誤解をわれわれ一同から吹き去るという負い目をだ。ヨーロッパのすべての国々にも、また同様にアメリカにも、今日この名称を濫用している或るものがある。それは極めて狭隘な、囚われた、鎖に繋がれた種族の精神であって、彼らはわれわれの意図や本能とは殆んど反対のものを欲している。——言うまでもなく、彼らはあの現われつつある新しい哲学者たちに対しては全く閉ざされた窓であり、鎖じられた扉でしかない。彼らは、この誤って「自由な精神」と呼ばれる連中は、簡単に、かつ酷く言えば、水平化する者どもだ。——民主主義的趣味とその「近代的理念」の能弁で筆達者な奴隷なのだ。総じて孤独を知らず、自分自らの孤独をもたない人間、野暮で健気な若僧どもで、彼らに勇気も礼節もないとは言い切れないが、ただし全く不自由で、笑うしかないほど浅薄であって、何よりもこれまでの古い社会の諸形式のうちにおよそすべての人間的な惨めさと出来損いに対する原因を見ようとする根本性癖をもっている。そこで真理は幸いにも逆立ちすることになるのだ！　彼らが全力を挙げて得ようと努力するのは、万人のための生活の保証・安全・快適・安心を与えるあの畜群の一般的な緑の牧場の幸福である。彼らが最も十分に歌い疲れた歌と教えは、「権利の平等」と「すべての苦悩する者に対する同感」との二つである。——そして、彼らは苦悩そのものを自分たちから除去されなければならない或るものと考える。われわれ逆の見地に立つ者、これまで「人間」という植物がどこで、またどのように最も力強く高く生長して来たか、という問いに対して眼と良心とを開いたわれわれは、次のように考える。すなわち、生長ということはいつでもそれと逆の条件のもとで行なわれた。そのためには人間の状況の危険性がまず巨怪なものにまで増大し、人間の工夫力と偽装力(人間の「精神」——)が長い間の圧迫と強制のもとで巧緻と果敢にまで発達し、人間の生の意志が無制約的な力の意志にまで高まらなければならなかった、と。——われわれはこうも考える。峻酷・暴圧・奴隷状態、街路上や心胸中にある危険、隠遁・ストア主義、あらゆる種類の誘惑術や悪魔的所業、また人間におけるすべての邪悪なもの・恐るべきもの・暴虐なもの・猛獣や蛇のような性質は、それと反対のものと同じほど「人間」という《種属》の向上に役立つのだ、と。――これだけ言ってさえも、われわれは十分に言い尽くしたわけではない。そしてともかくわれわれは、ここで語るにせよ黙るにせよ、すべての近代的イデオロギーや畜群的願望とは別の端にいるのだ。――恐らくはそれらとは対蹠的なものとしてでもあろうか。われわれ「自由な精神」は取り立てて話好きな精神でないとしても、何の不思議があろうか。一つの精神が何から自らを解放しうるか、またどこへ恐らく駆り立てられるかをわれわれがいかにしても洩らそうとはしないとしても、何の不思議があろうか。ところで、これは「善悪の彼岸」という危険な定式と関係することであり、われわれはこれと少なくとも混同せられないために言うが、われわれはいわゆる《自由思想家》とは別のものである。また自ら「近代的理念」の代弁者と名乗るあのすべての健気な連中とも別のものである。われわれは精神の多くの国々に住んだことがあり、少なくとも客となったことがあるが、われわれを偏愛や偏憎、青春や素性、人間と書物との偶然、或いは旅の疲れすらもが封じ込めるように思われたあの朦朧とした心地よい片隅からこっそり遁れ出たのだ。われわれは名誉や、金銭や、官職や、官能の陶酔のうちに潜んでいる依属の好餌に対しては満腔の憎悪を抱いている。困窮と変り易い病状に対しては感謝の念をすらもっている。これらはわれわれを常に何らかの規則とその「先入見」から解放してくれたからだ。また、われわれのうちにある神・悪魔・羊・蛆虫に感謝する。悪徳に至るまで好奇心に充ち、残忍に至るまで探究者であり、捉えがたいものに対する躊躇することのない指をもち、消化しがたいものに対する歯と胃をもち、明敏と鋭い感覚を必要とするあらゆる手職を具え、「自由意志」の過剰によってあらゆる冒険に立ち向かう用意があり、何人も容易に窮極の意図と見抜きえない前向きの魂と後向きの魂とをもち、何人も足をその終端まで踏み出すことを敢えてしない前景と背景とをもち、光のマントを纏った隠遁者であり、遺産相続者で浪費者であるかの如く見えながら征服者であり、朝から晩まで休むことのない整頓者で蒐集者であり、われわれの富とわれわれの一杯に詰め込まれた簞笥をもつ吝嗇家であり、学んだり忘れたりすることにかけては家計上手であり、図式を案出することが巧みであり、時には範疇表を作って誇り、時には衒学者で、時には白昼でも仕事のためには夜の梟である。それどころか、必要とあれば、案山子でさえもある。──そして、今日ではそれが必要なのだ。すなわち、われわれが孤独の、われわれ自身の最も深い真夜中の、真昼の孤独の、生れながらの嫉妬深い刎頸の友であるかぎりそうなのだ。──われわれはこのような種類の人間である。われら自由な精神はだ！　そして、恐らく諸君もまた何ほどかはそうなのではなかろうか、諸君、来るべき者は？　諸君、新しい哲学者たちは？──

第三章　宗教的なもの

四五

人間の魂とその限界、およそこれまでに到達された人間の内的経験の範囲、これらの経験の高さと深さと遠さ、魂の従来の全歴史とそのなお汲み尽くされない諸可能性、これは生れながらの心理学者と「大いなる狩猟」の愛好者にとっては予定された猟場である。しかしどんなにかしばしば彼は絶望のあまり、こう言わずにはいられないことか。「一人だけだ、ああ、ただ一人っきりだ。そしてここは大きな森で原始林だ！」と。そこで彼は、人間の魂の歴史のうちを駆り立てて、そこで彼の野獣を追いつめることができるための、幾百もの勢子と訓練された犬とを欲しいと思う。この願いは空しい。彼は自分の好奇心を唆るすべての事柄に勢子と犬とを見いだすことのいかにむずかしいかを繰り返し、徹底的に、痛切に見届ける。あらゆる意味で勇気・賢明・精緻を必要とするこの新しい危険な猟場に学者たちを送り込むことは思わしく行かない。学者たちは、「大いなる狩猟」が、しかもまた大いなる危険が始まるというまさにその場になると、もはや役に立たなくなるからである。――まさにその場になると、彼らはその追跡眼と嗅覚とを失ってしまうのだ。例えば、これまで知識と良心の問題が《宗教的人間》の魂のうちでどのような歴史を辿って来たかを推測し確定するためには、恐らくは、パスカルの知的良心がそうであったように、自らあれほど深く、あれほど傷つき、あれほど巨怪でなければならないであろう。——また次に、それにはなお危険で痛ましい体験の群りを上から見下ろし、秩序づけ、定式に強いて嵌め込むことができるような晴朗で意地悪な精神性のあの広く張られた天空が必要とされるであろう。——しかし誰が私にこのような奉仕をしてくれよう！　しかも誰にそうした奉仕者たちを待っている暇があろう！——そうした奉仕者たちは明らかに余りに稀にしか現われず、いつの時にも滅多にありそうもないのだ！　結局において、幾らかのことをでも自ら知るためには、すべてを自分でしなければならない。言い換えれば、多くを為さなければならないのだ！——しかし私のもっているような好奇心は、畢竟、すべての悪徳のうちで最も好ましいものだ。——お許しを願いたい！　私の言いたかったのはこうだ。真理への愛はその酬いを天国においてもつが、またすでに地上においてももつ、と。——

四六

原始キリスト教が要求し、また到達したことが稀でなかったようなあの信仰は、懐疑的な南
的自由精神の世界のただ中に現われたもので、この世界は哲学諸派の幾世紀の永きに亘る争いを過去にも当時にも経験しており、加うるに、《ローマ帝国》が与えた寛容への教育をも受けていた——この信仰は、ルターだのクロムウェルや、その他の北方的な精神の蛮人がその神とキリスト

教への愛着によってもっていたような、あの信じ切った粗暴な臣従的な信仰ではない。むしろそれはすでに、恐ろしいほど理性の継続的な自殺のように見えるあのパスカルの信仰であった。——この人の理性は強靱で長生きする蛆虫みたいな理性であって、これを一挙に一撃をもって殺すことはできなかった。キリスト教の信仰は最初から供犠である。すべての自由、すべての矜持、精神のすべての自己確実性を犠牲に供するということである。同時に、奴隷化・自己嘲笑・自己破壊である。軟弱で多様で甚だしく甘やかされた良心に要求されるこの信仰のうちには、残忍と宗教的フェニキア主義とがある。この信仰の前提は、精神の屈服は名状しがたい苦痛を与えるということであり、そうした精神にとって「信仰」は《極度の背理》として現われて来るため、この精神の全過去と全習慣がこれに反抗するということである。キリスト教のすべての語彙に対して鈍感になっている近代的人間は、古代的趣味に対して「十字架にかけられた神」という定式の逆説のうちに存した戦慄すべき最高級の事柄をもはや追感しない。この定式に匹敵するほどの大胆な逆転、それほどに怖るべきもの、疑問や疑問に値するものは、これまでなおかつてどこにも存在しなかった。これはすべての古代的価値の転換を約束するものであったからだ。——それは東洋であり、深い東洋である。このような次第でローマおよびその高貴で浮薄な寛容に対して、ローマ的な「カトリック主義」の不信仰に対して復讐したのは、あの東洋の奴隷である。——そして、奴隷たちをその主人に反抗させ、反逆させたのは、常に信仰ではなくして、むしろ信仰の自由であり、信仰の真面目さに対するあの半ばストア的で微笑的な無関心であった。「啓蒙」は反逆する。奴隷は無条件なものを欲し、ただ専制のみを理解する。この点は道徳においてもそうであって、彼は愛することにも憎むことにも《ニュアンス》を欠き、深底に至るまで、苦痛に至るまで、病気に至るまで愛憎する。——彼の多くの隠された苦悩は、苦悩を否定するかに見える高貴な趣味に対して反逆する。苦悩に対する懐疑、根本において貴族的道徳の一つの態度にすぎないこの懐疑は、フランス革命とともに始まった最後の大きな奴隷一揆の発生にも決して少なからぬ寄与をなしている。

四七

これまで地上において宗教的神経症が現われたところでは、どこでもそれが三つの危険な摂生法と結びついているのが見いだされる。すなわち、孤独と断食と性的禁欲とがそれだ。——とはいえ、ここでは何が原因であり、何が結果であるか、またここでは一般に原因と結果との関係が存するかどうか、を確実に決定するわけには行くまい。最も疑問に思わざるをえないのは、粗野な国民においても温順な国民においても、宗教的神経症の全く最も通例の徴候として極めて突発的で極めて放恣な淫蕩が現われ、これがやがて同じように突如として懺悔の痙攣や世界および意志の否定に転化する、ということである。これら両者は、もしかすると仮面をかぶった癲癇と解釈されうるのではなかろうか。しかし、いずれにせよもはや次のような解釈から遁れるべくもないであろう。これまでいかなる型の人間の周りにもあれほど〔ショーペンハウァーにおけるほど〕

背理と迷信が一杯に生い茂ったことはなかったし、これまで人間を、哲学者たちをさえも惹きつけた者は誰もなかったように思われる。――いまこそは幾らか冷静になり、用心するようになるべき時であろう。もっとよいことは、眼を背けること、立ち去ることであろう。――最近の哲学、ショーペンハウァーの哲学の背景にも、宗教的危機と覚醒というこの怖るべき疑問符が殆んど問題それ自体としてなお存在している。いかにして意志の否定は可能であるか。いかにして聖者は可能であるか。――これこそは実に、ショーペンハウァーを哲学者たらしめ、哲学者となり始めさせた問いであったように思われる。そして、彼の最も信奉した傾倒者(ドイツに関するかぎり、恐らくまた最後の傾倒者――)、すなわちリーヒァルト・ヴァーグナーが自分の畢生の作品をまさにこの問いによって完成し、ついにはあの恐るべき永遠の型をクンドリ*として、彼そっくりの《生きた型》として、舞台に上せたということは、一つの純粋にショーペンハウァー的な帰結であった。その同じ時に、ヨーロッパの殆んどすべての国々の精神病医たちが彼を近くから研究する機会をもったし、また到るところで宗教的神経症――私流に言えば「宗教的なもの」――が「救世軍」としてその最後の伝染病的な爆発と行進をしていた。――しかし、聖者という全現象の何が一体、すべての種類とすべての時代の人間にとって、また哲学者にとってもあれほど制御しがたいほどに関心をもたせたかを問うてみるがよい。そうすれば、何らの疑いもなく、それは聖者に取り憑いている奇蹟の外見である。すなわち反対の、道徳的に反対に評価される魂の、状態の直接的継続である。ここで、「悪人」が一挙にして「聖者」となり、善人となることが明白であると信じられるのだ。これまでの心理学はこの箇所で難破した。そうなったのも、主としてその心理学が道徳の支配のもとにあったからであり、道徳的な価値の対立そのものを信じて、この対立を原典と事実のうちに入れて眺め、読み込み、解釈し入れたからではなかろうか。――どうであろうか。「奇蹟」とは単に解釈の一つの誤りにすぎないのではなかろうか。文献学の欠如ではなかろうか。――

＊ヴァーグナーの歌劇、『パルジーファル』の女主人公。魔術によって惑わされていたが、パルジーファルによって救われる。

四八

ラテン種族にとって彼らのカトリック教は、われわれ北欧人にとっておよそ全キリスト教がそうであるよりも、遙かに内面的に所属しているもののように思われる。また従ってカトリック諸国における不信仰は、プロテスタント諸国におけるとは何か全く別の意味をもっているらしく見える。――すなわち、それは種族の精神に対する一種の反逆を意味する。これに反して、われわれのところでは、それはむしろ種族の精神(または非精神――)への還帰を意味する。われわれ北欧人は、疑いもなく野蛮民族の系統をひいており、宗教に対するわれわれの天分に関してもそうである。われわれの宗教に対する天分は劣っているのだ。ケルト人は例外と見てよい。それ故に彼らはまた北方におけるキリスト教的昆虫の受容に対して最良の地盤を提供した。――フランスにおいてキリスト教の理想は、北方の蒼白な太陽が許すかぎり開花し切った。われわれの趣味にとっては、これらの最近のフランス懐疑家たちですらもなお、何と異様に敬虔に見えることか。彼らの血統のうちにケルト人の血が幾らか入っているからであろう。オーギュスト・コントの社会学は、そのローマ的な本能の論理のせいで、われわれには何とカトリック的な、何と非ドイツ的な匂いがすることか。ポール・ロアイヤール*のあの愛すべき怜悧な案内人、サント・ヴーヴ**はジェスイット派に対する甚だしい敵意を示しているに拘わらず、何とジェスイット的であることか！　そして、おまけにエルンスト・ルナン***もだ。われわれ北方人には、ルナンのような人間の言葉は何と親しみにくく響くことか。彼においては、何かしら宗教的緊張から来る虚無が、彼の繊細な官能的で悦楽的で心地よく寝そべろうとする魂からその平衡をすべての瞬間に奪うのだ！次の美しい彼の文章を口ずさんでみるがよい。――するとその答えとして、何という悪意と驕傲が直ちにわれわれの恐らく美しさでは劣り頑なさでは優る魂、すなわちドイツ的な魂のうちに萌して来ることか！――「ところで、率直に言えば、宗教は正常な人間の産み出したものである。人間は最も深く宗教的となり、最も深く無限の天命を確信するようになるとき、最も深く真実のうちにある。……徳が永遠の秩序と合致することを願うのは、人間が善良であるときであり、死が厭わしく不条理なものと思われるのは、彼が物事を無私に眺めるときである。人間が最も正しく見るのは、このような瞬間であると考えずにいられようか。」…………この文章は、私の耳と習慣にとって極めて対蹠的なものであるので、私はこれを見いだしたとき、私の最初の痛憤をその脇に書きつけた。「宗教的愚劣の尤なるものだ！」と。――最後の痛憤の挙句に、私は逆立ちした真理をもったこの文章が全く好きにさえなったのだ！　自分自身の対蹠物をもつということはなかなかもって嬉しく、なかなかもって素的なことだ！

* 十六・七世紀におけるフランスのヴェルサイユ附近のジャンセニスムの修道尼院の名。ここにいたアルノーおよびニコールが有名な「ポール・ロアイヤールの論理学」を編纂した。

** 一八〇四―六九、フランスの作家で、著名な文芸評論家。

*** 一八二三―九二、フランスの東方学者で実証主義的哲学者、進化を善美の理想への進行と見た。

四九

古代ギリシア人の宗教心について驚異の念を起こさせるのは、そこに感謝が抑えがたいほど豊かに流露しているということである。――そのように自然と生との前に立つのは、極めて高貴な種類の人間だ！――後になって、賤民がギリシアで優勢になると、宗教のうちにも恐怖が蔓るようになる。そしてキリスト教が準備されたのである。――

五〇

神に対する熱情。ルターのそれのように、百姓じみた、無邪気で押しつけがましい種類のものもある。――およそプロテスタント主義は南方的な《デリカシー》に欠けている。相当した以上の恩恵を受け、または引き上げられた奴隷に見られるように、東洋風な忘我の状態もある。例えば、アウグスティヌスの場合がそれであって、この人はむっとさせるほど身振りにも願望にも気品に全く欠けている。羞じらいつつそれとは知らずに《神秘的・肉体的合一》を渇望する女性的な情愛と情欲とを湛えている場合もある。ギュイヨン*の場合がそれである。多くの場合、こうしたものは少年少女の思春期の仮装として、かなり奇妙な形で現われる。時々は老嬢のヒステリーとしてさえ現われ、またその最後の名誉心としても現われる。――教会はすでにしばしばこうした場合、女を聖女だと宣して来た。

* 一六四八―一七一七、フランスのカトリック的神秘主義者。

五一

これまでは最も力強い人間たちが常になお聖者の前に、自己抑制と意図的な窮極の欠乏の謎として恭しく身を屈めて来た。何故に彼らは身を屈めたのであるか。彼らは聖者のうちに――そしていわば彼の虚弱で悲歎にくれた外見の疑問符の背後に――そのような抑制によって自らを試煉しようとする卓越した力、意志の強さを予感した。そしてこの意志の強さのうちに、彼らは自分自らの強さと支配者的な悦びとを再認識して、これを崇敬することを知ったのである。彼らは聖者を崇めたときに、自分たち自らにおける何ものかを崇めたわけであった。それに加えて、聖者の姿を眺めることは彼らに或る猜疑心を吹き込んだ。こんなに法外な否定と反自然が徒らに熱望されるはずがない、と彼らは自分に言い、かつ訊ねた。それには恐らく何か理由が、何か全く大きな危険があって、この危険について禁欲者は、彼の秘密の勧告者や訪問者たちのおかげで、詳しい消息を知っているのではなかろうか。とにかく、この世の有力者たちは、聖者に対して一つの新しい恐怖を抱くようになった。彼らは一つの新しい力、一つのまだ制圧されない見知らぬ敵を予感したのだ。——彼らを聖者の前に佇ち止まらせた当のものは「力への意志」であった。彼らはそれを問わざるを得なかったのだ——

五二

ユダヤの『旧約聖書』、あの神の正義の書のうちには、ギリシアやインドの文書に比肩すべきものがないほど大規模な人間・事物および言説が存在する。人間の在りし日の姿を示すこの巨怪な残片の前に立って、人々は驚愕と畏怖を覚える。そしてその際、古いアジアとその突出した半島であるヨーロッパ、しかもアジアに対して全く「人間の進歩」を意味したがるヨーロッパを思うとき、悲痛の念を抱くであろう。もとより、自ら単に虚弱な温順な家畜にすぎず、家畜の欲望だけしか知らない者(今日のわが教養人たち、「教養ある」キリスト教の教徒たちを加えて——)は、あの廃墟に立って自ら訝ることもなく、まして自ら悲しむこともないはずである。——旧約聖書を味解するかどうかは、「偉大」と「卑小」とを判別する試金石である。——恐らくは、彼は新約聖書、この恩寵の書の方を常になお一層自分の心に適うものと思うであろう(新約聖書のうちには、多くの全く情深い、烝し暑い貧民院と小心者との臭気が籠もっている)。どう見ても一種のロココー趣味であるこの新約聖書を、旧約聖書とともに糊づけしてしまって、「聖書」とし、「典籍そのもの」としたこと、これこそは恐らく、ヨーロッパの文献界が良心に負うべき最大の破廉恥であり、「精神に背く罪」であろう。

五三

何故に今日なお無神論が云々されるのか。――神における「父」は徹底的に否認された。「審判者」も、「報償者」も同様である。同じく、神の「自由意志」もまた然りである。神は聞く耳をもたない。――また聞いたとしても、救うすべを知らないであろう。最も悪いことには、神は自らを明瞭に伝えることができないように思われる。神は曖昧なものであろうか。――これこそは、私が色々と話し合って、問い尋ねたり、耳を傾けたりしながら、ヨーロッパの有神論の没落の原因として発見した当のものだ。なるほど宗教的本能は力強く成長しているかに見える。――しかしまさにこの本能こそは、有神論的満足を深い不信をもって拒否しているように思われるのだ。

五四

一体、全近代哲学は根本において何をしているのか。デカルト以来――それも彼の先蹤を基礎とするよりは、むしろ彼に対する反抗から――すべての哲学者の側で、主語概念と述語概念の批判という見せかけのもとに、古い霊魂概念に対する暗殺が企てられている。言い換えると、キリスト教の教義の根本前提に対する暗殺計画がそれだ。近代哲学は、一つの認識論的懐疑として、隠密に、または公然と、反キリスト教的である。といっても、鋭敏な耳の持ち主たちに言うが、決して反宗教的ではないのだ。すなわち以前には、文法と文法上の主語とが信じられたと同じく、「霊魂」というものが信じられていた。「われ」は制約であり、「思う」は述語であり、制約されたものである、と言われた。——思うことは一つの活動であり、それには原因としての一つの主語が考えられなければならない。さて、驚くべき執拗さと狡智とをもって、この網から脱け出ることができないかどうかが試みられた。——もしかすると、その逆が真なのではないか。「思う」が制約で、「われ」が制約されたものなのではないか。従って、「われ」とは思うことそれ自体によって作られる一つの綜合なのではないか。カントが根本において証明しようとしたのは、主体からして主体は証明されえない、——客体もまた証明されえない、ということであった。個別的主体、従って「霊魂」の仮象的存在の可能性は、カントにとって必ずしも縁遠いものではなかったかもしれない。それは、すでにヴェーダーンタ哲学としてかつて、しかも巨大な力で地上に現存したあの思想である。

五五

宗教的残忍という大きな梯子があり、それには多くの横木がある。しかしそのうちの三つが最も重要なものである。かつては神のために人間が犠牲に捧げられた。それも恐らく、まさに最も愛せられた人間が捧げられたのだ。——すべての原始時代の宗教における初子犠牲がそれであるし、ティベリウス帝(前四二—後三七、ローマの皇帝)がカプリ島のミトラの洞窟*に捧げた犠牲、すべてのローマの時代錯誤のうちでもあの最も凄い犠牲もそれに属する。やがて、人類の道徳的時期になると、神のために自分の所有する最も強い本能、すなわち自分の「自然」を犠牲に供した。この祝祭の喜びは、禁欲者の、感激した「自然反逆者」の残忍な眼差(まなざ)しのうちに輝いている。最後に、なお犠牲に供すべき何が残ったか。ついに、隠された調和のために、未来の至福と正義のために、すべての慰めるもの・聖なるもの・癒やすもの、すべての希望、すべての信仰が犠牲に供されなければならなくなったのではないか。神そのものを犠牲に供し、かつ、自己に対する残忍から、石・痴愚・重圧・運命・虚無を祈念しなければならなくなったのではないか。虚無のために神を犠牲に捧げる——この究極的な残忍の逆説的な秘儀こそは、いまやまさに現われようとする世代のために納(しま)っておかれたものであった。われわれすべてはそれについてすでに幾らか知っているのだ。

* ミトラはヘレニズム時代におけるペルシアの光明の神、その崇拝は洞窟内の密儀をもって行なわれた。

五六

私と同じように、何かしら謎めいた欲求をもって、厭世主義をその底まで考え抜き、今世紀になってついにショーペンハウァーの哲学という形態において現われるに至ったあの半ばキリスト教的、半ばドイツ的な狭苦しさと単純さから厭世主義を解放しようと長い間に亘って骨折って来た者、本当に一度はアジア的な、また超アジア的な眼でもってすべてのありうべき考え方のうちで最も世界否定的なものを見入り、また見下ろしたことのある者、——もはや仏陀やショーペンハウァーのように、道徳の呪縛や妄念に囚われてではなく、善悪の彼岸においてそうしたことのある者、——そのような者は恐らくまさにそのことによって、彼がもともとそれを欲しなくとも、逆の理想に対する眼を開いたことであろう。すなわち、最も不遜な、最も生気に充ちた、かつ最も世界肯定的な人間に対する眼をだ。こうした人間は、かつて存在したし、いまも存在するものと妥協し和解することができるようになるばかりか、それをかつてそうであったし、いまもそうであるがままに再びもちたいと欲する。永遠に亘って、飽くことなく、単に自分に対してのみならず、〔人生の〕すべての劇や芝居の全体に対して、しかも単に一つの芝居に対してばかりでなく、むしろ根本においてまさにこの芝居をこそ必要とし——かつ必要ならしめる者に対して——そうした者は繰り返し自らを必要とし、——かつ必要ならしめるから——《もう一度》と叫びながらだ。——どうだろうか。これこそは——《悪循環の神》ではないだろうか。

五七

そうした者の精神的な眼光と洞見力とともに、彼の周囲の遙けさ、従っていわば空間が拡大する。彼の世界は一層深くなり、常に新しい星が、常に新しい謎と形像が彼の視野に入って来る。恐らくは、精神の眼の鋭敏さと深玄さを鍛えたすべてのものは、まさにただ彼の修練のための機縁にすぎず、一つの遊びごと、子供や子供じみた頭のための或るものにすぎなかったのだ。そのために最も多くの戦いがなされ、苦しみが嘗められたあの荘重な概念、「神」とか「罪」という概念も、老人にとって子供の玩具や子供の苦痛がそう思われるように、恐らくいつかはわれわれにとって取るに足りないものと思われるようになるであろう。——そして恐らくはそのとき、「老いた人間」は再び別の玩具と別の苦痛を必要とするであろう。——要するに、相も変らず子供なのだ、永遠の子供なのだ！

五八

真の宗教的生活のためには（そして自己吟味の顕微鏡的なお好みの仕事のためにも、「祈禱」と呼ばれ、また「神の来臨」への不断の準備であるあの穏かな放念のためにも——）、外的な無為または半ば無為な生活がどれほどまで必要であるかということに恐らく気づかれたであろうか。私が意味するのは、良心に疚しくない無為、昔からの、血統による、労働は傷つける——すなわち、心身を卑しくする、という貴族的感情に全く無縁ではないあの無為であるが。そして、従って現代の騒然たる、時間を買い占めて自惚れる、愚劣不遜な勤勉さが、爾余の何にもまして、まさしく「不信仰者」を育て上げ、準備したのではないか。例えば、現今ドイツで宗教を離れて生きている人々の間に、私は「自由思想」の様々の種類と系統とを見いだすが、しかしなかんずくそれらの多数は、代々に亘る勤勉のために宗教的本能を解消してしまった者たちである。そこで彼らはもはや、宗教が何の役に立つかを全く知らず、ただ一種の漠然たる驚きの念をもって世界に宗教が現存していることを、いわば記録するのである。彼ら、この健気な人々は、彼らの仕事だの、彼らの享楽によって、もう十分に忙しく感じているのだ。「祖国」や新聞や「家族の義務」などについては言わずもがなである。彼らにとって宗教のための時間などは全く残されていないように見える。殊に彼らには、宗教を云々することがその際に一つの新しい仕事なのか、または一つの新しい享楽なのか、はっきり分からないのだ。――だって、折角のいい気持ちを台なしにするために、教会へ行くなんて、ありえないことじゃないか、と彼らは自分に言う。彼らは宗教上の風習を敵とするわけではない。或る場合、例えば国家の側からそういう風習に参加することを要望されるようなときは、彼らは要望されたことを、あたかも様々の多くの事柄と同様に、――忍耐強く控え目な真面目さをもって、しかも大して好奇心をもってでもなく不快に思うこともなしに――果たすのである。――彼らはそうした物事からは全く離れてその外に生きているので、そうしたことに自分で専ら賛否を決める必要を感じないのだ。今日、ドイツの中産階級のプロテスタントの大部分はこのような無関心組である。特に、勤勉な商業や交通の大中心地ではそうである。また、勤勉な学者たちの大多数や大学関係者の全部も同様である（ただし神学者たちは例外で、大学における彼らの存在と可能性は、心理学者にとっていよいよもって微妙な謎となりつつある）。

いまや、或るドイツの学者が宗教の問題を真面目に考えるために、いかに多くの好意が、恣意的と言ってよいほどの意志が必要であるか、このようなことは篤信者や、まして教会人の側からは滅多に考え及ばないことである。その学者は自分の全くの職人気質(そして、先に言ったように、その近代的良心に義務づけられている自分の職人的な勤勉さから)、宗教に対して優越感を含んだ、殆んど好意的に近い明朗な気持ちを抱く傾向がある。この気持ちには、時として軽い蔑視が混じていて、なお教会に対して信仰を奉じることが告白されるところにはどこでも前提される精神の「不潔」に向けられる。学者が宗教に対して畏敬に充ちた真面目さと、一種の物怖じした顧慮をもつようになるのは、歴史の助けを借りて(従って彼の個人的な経験からではなく)始めてうまくできることなのである。しかし、彼が自分の感情を宗教に対する感謝の念にまで高めたとしても、彼自身としては、なお教会や敬虔として存立しているものに一歩でも近づいたということにはならない。恐らくはその逆である。宗教的な事柄に対する実際的無関心は、彼がそのうちに生れ、また育てられた状態であって、それは彼の場合、宗教的な人間や事物との接触を忌避する用心深さと潔癖に昇華するのが常である。そして、彼の寛容と人情味の深さこそは、寛容そのものが伴う微妙な窮境を回避することを彼に命じる。――いかなる時代もそれぞれ固有の神的な素朴さをもっていて、この素朴さの虚構を他の時代は羨むのである。――そして、学者のこの優越心の信仰や、彼の疚しさのない寛容の良心や何心ない素純な安心のうちに、何と多くの素朴さ、尊敬すべき、幼稚な、限りなく無骨な素朴さが含まれていることか！　この素純な安心感でもって学者の本能は宗教的人間を低級で下劣な型として取り扱い、彼自らはこの型を越え、離れ、上へ向かって生長しているのだ。——彼が、このちっぽけな思い上がった侏儒かつ賤民が、「理念」だの「近代的理念」なぞを振り廻す勤勉で敏捷な頭脳労働者、手工労働者がだ！

五九

深くこの世界を洞察した者は、人間が浅薄であるということのうちにどのような智恵が潜んでいるかを恐らく想像するであろう。人間が浅薄で、軽率で、虚偽であることを教えるのは、人間の保存的本能である。哲学者にあっても芸術家にあっても、「純粋形式」に対する熱烈で誇大な崇拝がここかしこに見いだされる。このように浅薄なものの儀礼を必要とする者が、いつかはその浅薄なものの下にあるものを不幸にも捉え損うことがあったとしても、誰も怪しみはしないであろう。恐らくは、生の姿を偽造する(いわば、生に対する長らくの復讐であるかのように)意図のうちにのみなお生の享受を見いだすこの火傷した子供ら、生れつきの芸術家たちについてすら、やはりまだ位階の序列というものが存するようである。彼らがどれほどまで生の姿を偽造され、稀釈され、彼岸化され、神化されたものとしたいと願うかという度合いからして、彼らが生に悩んでいるその度合いが推し測られうるであろう。——《宗教的人間》をも一緒に芸術家のうちに、しかもその最高の位階にあるものとして数えてよいであろう。そこには、たっぷり幾千年もに亘る生存の宗教的解釈を噛み裂くことを強いて来た一つの治療しがたい厭世主義に対する深い、猜疑的な恐怖がある。それは、人間が十分に強壮に、十分に堅固に、十分に芸術家になってしまわないうちに、余りに早く真理を手に入れうるのではないか、と予感するあの本能の恐怖である。……このような眼で眺めれば、敬虔とか、「神のうちなる生」とかは、その場合、真理に対する最も微妙な窮極の畏怖、すべての偽造のうちの最も徹底した偽造に対する芸術家の礼拝と陶酔、真理の逆倒への意志、いかなる代価を払っても非真理を求める意志であるように見えよう。恐らく、人間そのものを美化するには、ほかならぬ敬虔ということより以上に強力な手段はいままでのところ存しなかったようだ。敬虔によって人間はこんなにも芸術となり、皮相となり、虹色となり、善意となることができたので、もはや自分の姿を見て悩むようなことがなくなったわけだ。――

六〇

神のために人間を愛する――これこそは、いまに至るまで人間の間で到達された最も高貴で最も高遠な感情であった。神聖化しようとする下心のない人間への愛は、愚劣であるよりはむしろ獣性であるということ、このような人間愛への性向は、より高い性向から始めてその規準、その精緻、その塩の微粒と竜涎香の微塵を得るということ、――このことを始めて感じ、かつ「体験」した者がどのような人間であったにせよ、こんなにも微妙なことを言い表わそうとしたとき、どれほどかその舌が縺れたことであろう。彼は、これまでに最も高く翔り、かつ最も美しく迷った人間として、いつの時代にも常に聖なるものであり、崇敬に値するものであるだろう！

六一

われわれが、われわれ自由な精神が解する哲学者とは——、最も広大な責任をもつ人間として、人間の全発展に対して良心をもつ者である。この哲学者は、その都度の政治的および経済的な状態を役立てると同じく、宗教をも彼の育成と教育の仕事のために役立てるであろう。宗教の助けを借りて実行されうる選別的・育成的な影響、言い換えると、常に破壊的であるとともに創造的であり形成的である影響は、宗教の呪縛と保護のもとに置かれる人間の種類に応じて、種々様々に異なる。強いもの、独立な者、命令するように予め準備され、予め定めされた者、これら支配者的種族の理性と術策とを体現している者たちにとっては、宗教はむしろ抵抗に打ち克ち、支配をなしうるための一手段である。すなわち、支配者と臣従者とを共に結びつける紐帯であり、また後者の良心であって、好んで服従から脱れようとする彼らの内密な心底を前者に洩らして責任を取らせるものである。そして、このような高貴な素性の個々人が、高い精神性によって、隠遁的で諦観的な生活に心を傾け、最も洗煉された性質の支配(選り抜きの弟子や修道士たちに対する)だけを予め保持する場合にも、宗教そのものは、粗暴な支配の騒音や労苦からの静安や、すべての政治的術策の必至の汚濁からの清純を獲得するための一つの手段として利用せられる。例えば、婆羅門たちはこれを心得ていた。彼らは宗教的機構の助けによって、国民に対してその国王を任命する権力を手中に収めたが、しかし自分たち自身はその圏外にあって、国王をも越えたより高い使命をもった人間であると自ら感じていた。しかも宗教はまた、被支配者らの一部に対して、いつかは支配者や命令者となるための準備をする手引きと機会を与える。すなわち、あの徐徐に擡頭して来る強力な階級や身分の者たちのためにだ。これらの者たちのうちには、適切な婚姻の風習によって意志の力と悦び、自己支配への意志が次第に高まりつつある。——宗教はこれらの者たちに、より高い精神性への道を進んで、大きな自己超克の感情、沈黙と孤独の感情を試すに十分な衝撃と誘惑とを提供する。——或る種族が賤民出の素性を越えて支配者となろうとし、いつかは支配権を獲得しようと努める場合、禁欲主義と清教主義は殆んど不可欠の教育の手段であり、貴族化の手段である。最後に、通俗の人間、奉仕と一般の利用のために存在し、またそのかぎりでのみ生存することを許される大衆に対しては、宗教は彼らの境遇や性状にこの上なく貴重な満足を与え、様々な心の平安、服従の高貴化、同等者と共にする幸福、或いはむしろ苦悩、更に日常生活や卑賤や彼らの魂の半獣的貧困などの万般を浄化し、美化し、正当化する或るものを与える。宗教および生の宗教的意義づけとは、そうした常に虐げられている人間に対して陽光を当て、彼ら自身の姿を見ることに自ら耐えさせ、あたかもエピクーロスの哲学が貴族階級の悩める者たちに影響を及ぼすのを常とするように、これら虐げられた者たちに対して、これを元気づけ、教化し、苦悩をいわば利用し尽くしつつ、ついには聖化し、正当化しさえもするような影響を及ぼすのだ。敬虔によって外見は物事のより高い序列に入れるように最も卑賤な者たちをも教え込み、これによって彼らが全く酷く生きている——そしてこの酷さこそ必要なのだ！——現実の秩序に満足していつまでも甘んじさせる技術、この技術ほどに尊重すべきものは、キリスト教においても仏教においても恐らくないであろう。

六二

最後にもとより、このような宗教に対しても更に酷い差し引き勘定をして、その無気味な危険さを明るみに出さなければならない。——宗教が哲学者の手中にある育成と教育の手段としてではなく、むしろそれ自身から至上権をもって君臨し、それ自身に窮極の目的であって、他の手段と並ぶ手段であろうと欲しないとき、その代償は常に恐るべき高価なものとなる。すべての他の種類の動物におけると同じく、人間においても出来損いのもの、病めるもの、頽廃的なもの、虚弱なもの、必然的に苦悩するものなどが有り余っている。出来のよい場合は人間にあっても常に例外であって、人間がまだ確定しない動物である、という点を顧慮するときですら稀な例外である。しかし更に悪いことには、或る人間によって表示される人間の型が高い性質のものであればあるほど、その人間が成功する確率はそれだけ更に高まる。偶然的なもの、人類の全家計におけるこのノンセンスの法則は、その生の条件が微妙で、多様で、算定するのに困難である高級な人間に破壊的な影響を及ぼす点で極めて恐るべきものがある。ところで、先に挙げた二つの最も大きな宗教は、この有り余る失敗の場合にどのような態度を取るか。これらの宗教は、何とか自らを保ちうるだけのものを保ち、生に繋ぎ留めておこうと努める。それどころか、それらの宗教は苦悩する者らのための宗教として、原則的に彼らに加担する。それらは、生に悩むことと病気に悩むが如くである人々のすべてを正当と認め、生のあらゆる他の感覚は偽りと見なされ、不可能になるようにしてしまおうとする。このような労り扶ける配慮は、すべての他の人々と並んで、最高の、これまでは殆んど常にまた最も悩んでいた型の人間にも向けられ、かつ向けられたかぎり、更に高く見積もることができるであろう。総決算の上から見れば、これまでの宗教、すなわち至上権をもっていた宗教は、「人間」という定型を下級の段階に繋ぎ留めていた主要原因に数えられる。――それらの宗教は、没落すべきであったものを余りに多く保存して来た。人々はそれらが頗る貴重なものを与えたことに感謝しなくてはならない。それらは十分に感謝さるべきものであるが、例えばキリスト教の「聖職者」がこれまでヨーロッパに対してやって来たすべての事柄に比すれば、全く貧しいものでしかないのだ！　そしてしかも、彼ら聖職者たちは悩める者に慰めを、抑圧され絶望する者に勇気を、独り立ちできない者に杖と支えを与え、内面的に破滅した者や荒み果てた者を社会から引き離して修道院や精神院に誘き入れた。その上、良心の疚しさなしにあれほど原則的に、すべての病める者と悩める者の保存のために、彼らは何を為さなければならなかったか。換言すれば、行為と真実においてヨーロッパ人種の劣悪化に努力するために、彼らは何を為さなければならなかったか。すべての評価を逆立ちさせること、――これを彼らはしなければならなかったのだ！　そして、強い者を挫き、大きな希望を病みつかせ、美のうちにある幸福を疑い、すべての自己支配的なもの、男々しいもの、征服するもの、支配欲をもつもの、「人間」という最高で最も出来のよい定型に固有なすべての本能を、不確実なもの、良心の困苦、自己破壊に折り曲げること、いな、地上のものへ、また大地の支配への愛を悉く大地と地上のものに対する憎みに逆転すること、——これを教会は自らの任務とし、またしなければならなかった。そしてついに、教会の評価にとっては、結局、「世界疎外」と「官能疎外」と「高級人間」とがただ一つの感情に融合することになった。エピクーロスの神のような嘲弄的で局外者的な眼で、ヨーロッパのキリスト教の奇しくも痛ましい、粗野であるとともに精妙な喜劇を見渡すことができるとしたら、驚嘆と哄笑の止まるところを知らないであろう、と私は信じる。人間から一個の崇高な畸型児を作ろうとする唯一の意志が十八世紀にも亘ってヨーロッパを支配して来たとしか思えないではないか。しかし、もはやエピクーロス的ではない逆の要求をもって、すなわち、神のハンマーというようなものを手にして、ヨーロッパのキリスト教徒(例えばパスカル)のような、この殆んど勝手に頽廃し萎縮した人間に歩み寄る者があるとしたら、彼はそこで憤怒と、同情と、驚駭とをもって叫ばざるをえないであろう。「おお、お前たち痴人よ、お前たち思い上がった憫むべき痴人よ、お前たちはそこで何ということをしたのだ！　それがお前たちの手でやるべき仕事であったのか！　お前たちは私の最も美しい石を切り損い、台なしにしてしまったのだ！　お前たちは何ということを仕でかしたのだ！」——私の言いたかったのはこうである。キリスト教はこれまで自己慢心の最も宿業的な性質のものであった。芸術家として人間について形成しうるほどに高くも厳しくもない人間、崇高な自己抑制をもって千態万様の出来損いや破滅の目立った法則を意のままにしうるほどに強くもなく先見の明もない人間、人と人との間を深淵のように隔てる種々の位階や等級の懸絶を見抜くほどに高貴でない人間、――このような人間たちが、彼らの「神の前における平等」を振りかざして、これまでヨーロッパの運命を左右して来た。その挙句、ついに一つの矮小な、殆んど笑うべき種族が、一つの畜群が、善良で、病弱で、凡庸な存在が育て上げられた。すなわち、今日のヨーロッパ人が…………

第四章　箴言と間奏

六三

根っから教師である者は、すべての事柄を、——自分自身をすらも、自分の生徒との関係においてのみ真面目(まじめ)に考える。

六四

「認識それ自身のための認識」——これは道徳が仕掛ける窮極の陥穽(かんせい)である。これによって人人はもう一度、全く道徳に巻き込まれる。

六五

認識への途上において克服すべき羞恥がさほど多くないとしたら、認識の魅力は僅かであろう。

六五 **a**

罪を犯してはならない！と言うとき、人々はその神に対して最も不信実である。

六六

自分を蔑ませ、自分を偸ませ、欺かせ、奪わせようとする傾向は、人間のもとにおける神の羞恥であるかもしれない。

六七

ただ一人の者への愛は一種の野蛮である。それはすべての爾余の者を犠牲にして行なわれるからである。神への愛もまた然りである。

六八

「それは私がしたことだ」と私の記憶は言う。「それを私がしたはずがない」――と私の矜持は言い、しかも頑として譲らない。結局――記憶が譲歩する。

六九

労るような仕方で――殺す手を見たこともないような者は、人生を素朴に眺めて来た者だ。

七〇

性格を有する者は、繰り返し現われる自分の典型的な体験をもつ。

七一

天文学者としての賢者。——君がなお星辰を「君の上なる」ものとして感じているかぎり、君にはまだ認識者の眼が欠けている。

七二

高い感覚の強さではなく、むしろその持続が高い人間を作る。

七三

自分の理想を達成する者は、まさにこのことによってその理想を超出する。

七三a

孔雀の多くは万人の眼の前でその華麗な尾を隠す。——そしてこれが孔雀の矜持なのである。

七四

天才をもつ人間は、少なくともその上なお二通りのものを所有しないならば、耐えがたい存在である。すなわち、感恩と純潔と。

七五

或る人間の性欲の程度と性格とは、その精神の絶頂にまで及ぶ。

七六

平和な状態にあるとき、好戦的な人間は自己自らに襲いかかる。

七七

人々は自分の主義・原則によって自分の習慣を暴圧するか、是認するか、尊重するか、誹謗するか、隠蔽するかしようとする。――それ故に、同じ主義・原則をもつ二人の人間でも恐らく根本的に異なるものを欲することがありえよう。

七八

自分自身を軽蔑する者も、やはり常にその際なお軽蔑者として自分を尊敬する。

七九

自分が愛されていることを知りながら、しかも自分では愛することをしないような者は、その魂の沈澱物を暴露する。――その最も底の滓までが浮き上がって来る。

八〇

解明された事柄は、われわれの関心を惹くことを熄める。――「汝自らを知れ！*」と勧めたあの神は、どういうつもりでそう言ったのであろうか。恐らくは、「関心をもつことを熄めよ！客観的になれ！」という意味だったかもしれない。――そこで、ソークラテースはどうか。――また「学問的な人間」はどうか。

* デルフォイのアポローンの神殿に掲げられた語で、ソークラテースがその行動の指標としたもの。

八一

大海のうちで渇きのために死ぬのは怖るべきことである。ところで、諸君は一体、真理がもはや決して――渇きを癒やすことがないほどに、諸君の真理を塩からくしなければならないのか。

八二

「万人に同情する」――わが隣人諸君よ――それは君に対する峻酷と暴虐ではあるまいか。

八三

本能。――家が燃えるとき、昼食をさえ忘れる。――そうだ、しかし灰の上で後れ馳せに食べ直す。

八四

女は魅惑することを――忘れるようになるほど、憎むようになる。

八五

同じ情念でも、男と女とではやはりテンポに相違がある。それ故に、男と女とは互いは誤解することを熄めない。

八六

女たち自身がすべての個人的な虚栄の背後に常になお――「女」というものに対して――非個人的な軽蔑を抱いている。

八七

縛られた心胸、自由な精神。——心胸を堅く縛って囚えておけば、その精神に多くの自由を与えることができる。私はこのことをすでにかつて言った。しかし、人々はこれを信じないが、それはきっと知らないでいるからであろう。——

八八

極めて怜悧な人々は、当惑するようになれば、不信を置かれ始める。——

八九

恐るべき体験は、それを体験する者が何か恐るべきものでないかどうか、という臆測をさせる。

九〇

重苦しく憂鬱な人々は、他人を重苦しくするその当のものによって、すなわち憎みと愛によって、軽やかになり、時としては自分たちの表面へ現われて来る。

九一

全く冷たく、まるで氷のようで、彼に触れると指も焼けんばかりだ！　彼を摑む手はすべて吃驚する！——そこで、まさにそれ故にこそ大概の者は彼を熱烈だと思う。

九二

よい評判を得ようとして——自分自らを犠牲に——しなかった者がかつてあったろうか。——

九三

愛想のよさのうちには、人間憎悪は微塵(みじん)もない。しかし、それだからこそ人間侮蔑が有り余るほどである。

九四

男の成熟、——それは子供の頃に遊戯の際に示したあの真剣さを再び見いだしたことを言う。

九五

自分の不道徳を恥じること、——これは、終極において自分の道徳性をも恥じるようになる階段の一段である。

九六

生に別れを告げるには、オデュセウスがナウシカア*から別れたときのようであるべきだ、*——

恋々とするよりは、むしろ祝福しつつ。

＊ ギリシア神話によれば、難船したオデュセウスを迎えて厚くもてなした。

九七

どうだって？ 偉人だと？ 私が見るのは常にただ自分自身の理想を演じる俳優ばかりだ。

九八

自分の良心を調教するとき、それはわれわれを咬(か)みながら、同時に接吻する。

九九

幻滅を感じた者は語る。――「私は反響に耳を傾けたのに、聞こえたのは賞讃ばかりだった――。」

一〇〇

われわれはすべて、自分自らを実際よりも単純なものと想う。われわれはこうしてわれわれの仲間から離れて休息する。

一〇一

今日では、認識者はとかく自分を獣化した神と感じたがる。

一〇二

愛し返されたとき、本来ならば、愛する者は愛される者に興ざめを覚えるはずであろう。「どうしてだろう？ お前なぞを愛するなんて、よほど卑下した仕儀ではないか。それとも、よほど愚かな仕儀ではないか。それとも——それとも——。」

一〇三

幸福のうちの危険。——「さて万事が頗るうまく行った。これからは、私はどのような運命でも愛する。——私の運命となりたいと思う者は誰か。」

一〇四

彼らの人間愛ではなく、むしろ彼らの人間愛の無力が、今日われわれを——焚殺することをキリスト教徒に阻(はば)んでいるのだ。

一〇五

自由な精神、「認識の信者」にとっては、――《不敬虔な欺瞞》よりも《敬虔な欺瞞》がより多く趣味に反する(彼の「敬虔」に反する)。従って、彼は「自由な精神」の類型に属するかぎり、教会に対して深い無理解を示す。――これが彼の不自由である。

一〇六

音楽の力によって激情そのものは自らを享楽する。

一〇七

最良の反対理由に対してすら耳を塞(ふさ)ごうと一旦決意したとすれば、それは強い性格の徴(しるし)である。従って痴愚への臨機の意志である。

一〇八

道徳的現象などというものは全く存在しない。むしろ、ただ現象の道徳的解釈のみが存在する――

一〇九

犯罪者はしばしば彼の犯行をやるほど十分に成長していないことがある。彼はその犯行を貶し、また誹る。

一一〇

犯罪者の弁護人が、犯行の美しい恐ろしさをその行為者に好都合なように転用するほどの芸達者であることは滅多にない。

一一一

われわれの虚栄が最もひどく傷つけられるのは、われわれの矜持が傷つけられたまさにその場合にほかならない。

一一二

自分に予め定められた使命が静観にあって信仰にあるのではないと感じている者にとっては、およそ信者というものは余りにも騒々しく、うるさいものに思われる。彼は信者たちを防禦する。

一一三

「君は彼に取り入りたいのか。それならば彼の前で当惑して見せることだ——。」

一一四

性愛についての法外な期待、およびこの期待のうちにある羞恥が、女性のすべての見通しを始めから損(そこな)ってしまう。

一一五

愛または憎みと共演しないとき、女は凡庸な役者だ。

一一六

われわれの人生の偉大な時期は、われわれの悪をわれわれの最善と名づけ改める勇気を得るに至るその時である。

一一七

情念を克服しようとする意志は、やはり結局のところ、他の一つ、乃至(ないし)は幾つかの情念の意志にほかならない。

一一八

無邪気な讃嘆というものがある。それをもつのは、いつかは讃嘆されるかもしれないなどとはまだ思い及んだこともない者である。

一一九

不潔に対する嘔吐は、われわれを浄化し、――われわれを「正当化する」ことを妨げるほどに大きいことがありうる。

一二〇

性急な官能はしばしば愛の成長を追い越し、そのために根が弱いままになっていて、容易に引き抜かれる。

一二一

神が著作家になろうとしたとき、ギリシア語を学び、――しかも普通より以上によく学ばなければならなかったことは、何とも妙味のあることだ。

一二二

賞讃されて喜ぶことは、大抵の者の場合、単に気持ちの上の礼儀にすぎない——そして、それはまさに精神の虚栄と対照をなすものである。

一二三

蓄妾さえも腐敗させられた。——婚姻によってだ。

一二四

火刑の薪の上でなお雀躍（こおど）りして喜ぶのは、苦痛に対する凱歌ではなく、むしろ予期していた苦痛を感じないことに対する凱歌である。一つの譬喩。

一二五

誰か或る者について理解し直さなければならないとき、われわれは、それによって彼がわれわれに与える不快を無情にも彼の所為（せい）にする。

一二六

民族とは、六人か七人の偉人に達するために自然が取る迂回である。――いな、やがて彼らをも迂回して進むためのだ。

一二七

すべての立派な女性にとって、学問は羞恥に逆らう。彼女らにはその際、自分たちの皮膚の下を、――更に厭なことには！　着物と化粧の下を覗かれるような気がするのだ。

一二八

君の教えようとする真理が抽象的であるほど、それだけ一層君は感覚をその真理へと誘惑しなければならない。

一二九

悪魔は神々に対して最も広い見通しをもっている。それ故に、悪魔は神からあんなに身を遠ざけているのだ。――すなわち、悪魔は認識の最も旧い友である。

一三〇

或る人が何であるかは、彼の才能が衰えるときに、——彼が何を為しうるかを示すことを熄めるときに、始めて暴露される。才能もまた一つの化粧である。化粧は一つの隠蔽である。

一三一

両性は互いに騙し合う。彼らは根本において、ただ自分自身を(或いは、もっと耳触りのよい言い方をすれば、自分自身の理想を——)尊び、愛しているにすぎないからである。このようにして、男は女が和やかであることを望む。しかし、ほかならぬ女こそは、どんなに外見上の和やかさを練習したとしても、本質上は和やかなものでなく、さながら猫に似ている。

一三二

人々は自らの徳のために最もよく罰せられる。

一三三

自己の理想への道を見いだしえない者は、理想をもたない人間よりも更に軽薄に、破廉恥に生きる。

一三四

すべての信憑性(しんぴょう)、すべての疚(やま)しからぬ良心、すべての真理の実見は、感覚から始めて生じる。

一三五

パリサイ主義は善良な人間の堕落ではない。それの立派な端(はし)くれが却っておよそ善であるということの条件である。

一三六

或る者は自分の思想の助産者を求め、また他の者は自分が助産しうる者を求める。このようにしてよい対話が生れる。

一三七

学者や芸術家たちとの交際において、誤って逆の方向に見込み違いをすることがよくある。注目すべき学者の背後に凡庸な人間を見いだすことが稀でないし、また凡庸な芸術家の背後にしばしば――極めて注目すべき人間を見いだすことさえもある。

一三八

われわれは目覚めているときにも、夢のうちと同じようなことをする。われわれは、自分たちが交際する人間をまず仮作し、仮構し、――また直ちにそれを忘却する。

一三九

復讐と恋愛においては、女は男よりも野蛮である。

一四〇

謎のような忠告。――「紐が切れないようにするつもりなら、――君はまずそれに咬みつかなければならない。」

一四一

人間が自分をそう容易に神だと思わないのは、下腹部にその理由がある。

一四二

かつて私が聞いた最も淑やかな言葉に曰く、「真実の愛においては、魂が肉体を包む。」

一四三

われわれの虚栄は、われわれの最も良くやった行為が、われわれにとってそれこそ最も困難なものである、と見なされることを好む。——道徳の起源についての話だ。

一四四

女が学問的な傾向をもつのは、通常は彼女にどこか性的に異常なところがあるからだ。すでに不妊ということが趣味を或る意味で男性化させる。——すなわち、男は、失礼ながら、「不妊動物」である。——

一四五

男と女とを全体的に比較して、こう言ってよいであろう。わき役を演じる本能をもたないような女は、化粧の天才をもたないであろう、と。

一四六

怪物と戦う者は、自分もそのため怪物とならないように用心するがよい。そして、君が長く深淵を覗(のぞ)き込むならば、深淵もまた君を覗き込む。

一四七

古いフィレンツェの小説から、更にまた――人生から。《善い女も悪い女も笞を欲する。》サケッティ*、第八十六話。

* 一三三二頃―一四〇〇頃、イタリアの説話作家で諧謔的な形の『三百話』を書いた。

一四八

隣人を或る良い意見へ誘っておいて、その後で隣人のこの意見を信じて帰依する。この曲芸にかけて女どもに及ぶものが誰かあろうか。――

一四九

或る時代が悪と感じるものは、通常、かつて善と感じられたものの時節はずれの余韻である。――旧い理想の隔世遺伝。

一五〇

英雄をめぐって一切は悲劇になり、半神をめぐって一切は牧神の喜劇になる。それでは、神をめぐって一切は――どうなるか。恐らくは「世界」にか。――

一五一

或る才能をもつということだけでは十分でない。これに対して諸君のお許しをも得なければならないが、――どうだろう？　諸君は？

一五二

「認識の樹のあるところには、常に楽園がある。」大昔の蛇も最近の蛇もこう言うのだ。

一五三

愛から為されることは、常に善悪の彼岸に起こる。

一五四

抗議、放蕩、愉（たの）しい不信、嘲弄癖、これらは健康の徴候である。すべて無条件なものは病理学に属する。

一五五

悲劇的なものに対する感覚は、官能と消長を共にする。

一五六

狂気は個人にあっては稀有なことである。しかし、集団・党派・民族・時代にあっては通例である。

一五七

自殺を想うことは強い慰藉剤である。これによって数々の悪夜が楽に過ごされる。

一五八

われわれの最も強い衝動、われわれのうちのこの暴君には、われわれの理性ばかりでなく、われわれの良心もまた屈服する。

一五九

善い事柄にも悪い事柄にも報復しなければならない。しかし、何故にわれわれに対して善いことや悪いことをしたまさに当の人物に対して報復するのか。

一六〇　自分の認識を伝達するやいなや、人々はその認識をもはや余り愛さなくなる。

一六一　詩人たちは自らの体験に対して無恥である。彼らはそれを搾取し尽くす。

一六二　「われわれの同胞はわれわれの隣人ではない。むしろその隣人の隣人である。」——人々は誰でもそう考える。

一六三　愛は愛する者の高い隠された特性を——その稀有(けう)なもの、例外的なものを明るみに出す。そのかぎりにおいて、愛は彼の通例の姿を烟(けむ)に巻きがちである。

一六四　イエスは彼のユダヤ人たちに言った。「律法は奴隷のためのものであった。——私が神を愛する如くに、神の子として神を愛せよ！　われわれ神の子らにとって、道徳など何の関わりがあろう！」――

一六五

あらゆる徒党に向かって。――羊飼いも常になお羊群を率いる牡羊を必要とする。――さもなければ、彼は自ら臨機に牡羊とならなければならない。

一六六

口では嘘を言うが、しかもなおその際の口吻でやはり真実を洩らす。

一六七

峻酷な人間にとっては、親密さは羞恥事であり、――また何か貴重な事柄である。

一六八

キリスト教はエロースに毒を飲ませた。――エロースはそのために死にはしなかったが、しかし頽廃して淫婦となった。

一六九

自分について喋々することは、自分を隠す一つの手段でもありうる。

一七〇

賞讃のうちには、非議のうちにあるより以上の差し出がましさがある。

一七一

同情は認識を事とする人間に殆んど笑いを催させる。あたかもキュクローペス*が柔かな手で触れられたように。

* ギリシア神話に現われる単眼の巨人族。

一七二

人々は人間愛から時折、或る任意な人を抱擁する(すべての人を抱擁することはできないから)。しかし、このことこそその任意な人に洩らしてはならないのだ……

一七三

なお軽視しているかぎり、憎悪することはない。むしろ、同等または高等であると認めるとき、始めて憎悪する。

一七四

諸君、功利主義者たちよ、諸君がすべての《功利》を愛するというのも、ただ諸君の嗜好を運ぶ車輛としてだけだ。――諸君も本当はその車輪の騒音に我慢ができないのではないのか。

一七五

結局のところ、人々が愛するのは自分の欲望であって、欲望の対象ではない。

一七六

他人の虚栄がわれわれの趣味に反するのは、それがわれわれの虚栄に反するときである。

一七七

「誠実」とは何であるかについて、恐らくいまだ何人も十分に誠実ではなかった。

一七八

賢明な人間にも愚行があることを人々は信じない。何という人権の侵害であろう！

一七九

われわれの行為の結果は、われわれの頭髪を摑む。われわれがその間に「改善」されたかどうかに全く関わりなしにだ。

一八〇

嘘のうちにも無邪気がある。それが或る事柄に対する立派な信念の徴(しるし)である。

一八一

呪詛(じゅそ)されたとき祝福するのは非人間的である。

一八二

優越者から親密にされるのは腹の立つことだ。その親密さに応(こた)えることが許されないからだ。

――

一八三

「君が私を欺いたことではなく、私が君をもはや信じないことが、私の心を揺り動かすのだ。」

一八四

悪意のように見える不遜な善意もある。

一八五

「私には気に入らない。」——何故にか。——「私は彼に匹敵できないからだ。」——かつてそう答えた人間があろうか。

第五章　道徳の自然誌のために

一八六

道徳的感覚は現今ヨーロッパにおいて繊細で、遅熟で、複雑で、敏感で、洗煉されているが、それに所要の「道徳の科学」はなお若く、未熟で、鈍感で、不器用である。――これは一つの興味深い対照であって、この対照は時折は道徳家の人格そのものにおいても見られ、また体現されている。すでに「道徳の科学」という言葉が、その表示する内容に比して余りにも高慢であり、良き趣味に反する。――良き趣味はいつも控え目な言葉に対する毒味であるのを常とする。人々は十分に厳しく考えて、何がこの際永い将来に亘ってなお必要であるか、何が単に差し当たり正当性をもつか、を認定すべきであろう。すなわち、資料の蒐集、生き、成長し、生殖し、滅亡して行く微妙な価値感情と価値差別の巨大な領域の概念的な把捉と総括――また、恐らく、この生きた結晶体の頻繁に回帰する諸形態を明らかにしようという試み、――これが道徳の類型学のための準備である。――もとより、これまではそのような控え目な態度は取られなかった。哲学者たちは総じて、道徳を科学として取り扱うとなると直ちに、笑うべき硬直した真面目さをもって、甚だしく高級なこと、厄介なこと、荘重なことを自ら要求した。彼らは道徳の基礎づけを欲したのだ。――そして、これまでどの哲学者も、道徳を基礎づけたと信じた。しかも道徳そのものが「所与のもの」と見なされて来たのだ。彼らの愚かな誇りにとって、〔道徳の〕記述というあの一見して見栄えのしない埃と黴に埋もれた課題が何と縁遠いものであったことか！　しかもこの課題を果たすには、最も精妙な手腕と感受性をもってしてもなお十分に精妙でありうるとは言えないのに！　道徳哲学者たちが道徳的《事実》を単に大雑把に、勝手次第な抜萃か偶然の要約で知っただけであり、いわば彼らの環境、彼らの階級、彼らの教会、彼らの時代精神、彼らの風土や地方の道徳として知ったのみであるというまさにそのこと、――また、彼らが諸民族、諸時代、過去の事柄については不十分にしか教えられず、彼ら自身も知識欲に乏しかったというまさにそのことによって、彼らは道徳の本来の諸問題を全く視界から逸した。――道徳の本来の諸問題というものはすべて、多くの道徳を比較することによって始めて浮かび上がって来るものなのである。すべてのこれまでの「道徳の科学」には、甚だ奇異に響くかもしれないが、なお道徳の問題そのものが欠如していた。ここに何かしら問題的なものが存するのではないかという猜疑が欠如していたのだ。哲学者たちが「道徳の基礎づけ」と呼び、自らも要求したものは、正しい光に照らして見れば、単に現行の道徳に対する十分な信仰の一つの学識的な形式、その道徳の表現の一つの新しい手段にすぎず、従って特定の道徳の埒内での一つの事実そのもの、いな、それどころか、究極の根本においては、この道徳を問題として取り上げてよいということの一種の否認にほかならなかった。――それでいずれにせよ、ほかならぬこの信仰の吟味・分析・懐疑・生体解剖といったものとはおよそ反対のものであったのだ！　例えば、ショーペンハウァーでさえもが何という殆んど尊敬に値するほどの無邪気さをもって彼自身の課題を提起しているかを聞くがよい。また、学問のこの最後の巨匠がなお子供か老婆のように語っている「学問」の学問性について諸君自らの帰結を引き出してみるがよい。——彼は言っている（『倫理学の根本問題』一三七頁）、「すべての倫理学者がその内容について本当に一致している原理・原則はこうである。《何人をも害うことなく、能うかぎり万人を助けよ》——これこそは本来、倫理学者たちが基礎づけようと努力する命題であり、……数千年以来、賢者の石の如く探し求められている倫理学の本来の基柢である。」——ここに引用した命題を基礎づけることの困難は、もとより大きなものであろう。——ショーペンハウァーもまたこれに成功しなかったことは周知の通りである。——力への意志をその本質とする世界のうちにおいて、この命題がいかに没趣味な偽りで感傷的なものであるかを痛切に感知したことのある者は、——次のことを想い起こすであろう。すなわち、ショーペンハウァーはもともと厭世主義者でありながら——毎日、食後に、フリュートを吹いた……。これについては、彼の伝記を読むがよい。ところで、序に問うが、一人の厭世主義者が、神と世界との否定者が、道徳の前に立ち停まり、——道徳に対して、しかも《何人をも害うことなかれ》主義の道徳に対して、然りを言ってフリュートを吹くとは、どういうことか。これでも本当に——厭世主義者なのだろうか。

一八七

「われわれのうちには定言命法が存する」というような主張の価値については暫く措くとしても、常になおこう問うことができる。曰く、このような主張は、それを主張する者について何を言い表わしているか、と。道徳のうちには、その創説者を他人に対して弁護しようとするものがある。また、創説者を安心させ、自己満足を感じさせようとする別の道徳もある。更に、創説者がそれによって自己自身を十字架にかけて、卑しめようとする別の道徳もある。或いは、彼がそれによって復讐を遂げようとする道徳、自己を隠匿しようとする道徳、自己を浄化して、高く遙かな境地に置こうとする別の道徳もある。或る道徳は、その創説者にとって忘却するのに役立ち、また或る道徳はその創説者が自己または自己の幾分を忘却させるのに役立つ。人類の上に力を及ぼし、創意的な気まぐれを行なおうとする道徳家も少なくないし、他方また多くの道徳家は、恐らくカントもまさにその一人であるが、自分の道徳説によって次のような示唆を与える。「私において尊敬さるべきものは、私が服従しうるということである。――だから、諸君にあっても私におけると同様であるべきだ！」と。――要するに、道徳もまた情念の一記号法にすぎないのだ。

一八八

あらゆる道徳は《放任》とは反対に、「自然」に対する、また「理性」に対する暴圧の一端である。

しかし、これはなお道徳に対する抗議ではない。抗議ということになれば、それ自身すでに再び何か或る道徳に基づいて、すべての種類の暴圧と無理性は許されない、という決定を下さなければならないであろう。あらゆる道徳における本質的で貴重な点は、それが永きに亘る強制だということである。ストア主義やポール・ロアイヤールや清教主義を理解するためには、これまであらゆる言語を力強く自由なものにして来た強制を、――韻律的な強制、押韻やリズムの暴圧を想い起こすがよい。あらゆる民族にあって詩人や演説家たちは、どれほど多くの窮迫を感じたことであろう！――その耳に仮借のない良心を宿している今日の若干の散文家もまたその例に洩れない。――功利主義的な愚物どもは「愚劣なことのために」と言って、それによって自分たちを利巧だと想っているし、――無政府主義者らは「恣意の法則に屈従するからだ」と言って、それで自分たちを「自由」であり、自ら自由精神だと妄想している。しかし驚くべき事実として、この地上において自由・優雅・放胆・舞踏・名匠的な確信といった性質をもち、或いはもっていたすべてのものは、思想そのものにおいてであれ、統治においてであれ、もしくは言論や説得、芸術ならびに倫理においてであれ、「そうした恣意の法則の暴圧」によって始めて発展したのである。しかも全く真面目に言って、まさしくこれこそは「自然」であり、「自然的」であって、――あの《放任》ではない！ということの方が少なからず真実に近いのだ。あらゆる芸術家は、自分の「最も自然的な」状態、すなわち「霊感」の刹那における自由な整序・措置・処理・形成が自然放任の感情からいかに隔ったものであるかを知っている。――また、あたかもその場合にこそ、自分がいかに厳格に、かついかに微細に数千もの法則に従っているかを知っている。これらの法則は、まさしくその峻厳さと明確さの故に、概念による一切の定式化を嘲るのである(最も固定した概念すらも、それらの法則に対比すれば、何となく漠然としたもの、多様なもの、曖昧なものをもっている——)。もう一度言うが、「天においても地においても」本質的な事柄は、思うに、長期に亘ってただ一つの方向に服従させられているということである。そうすれば、永い間には必ず、地上に生きることを甲斐あるものにする何ものかが、例えば、徳・芸術・音楽・舞踊・理性・霊性といったもの——何かしら浄化するもの・洗煉するもの・気違いじみてはいるが神的なものが生じて来るし、また生じても来た。永い間の精神の不自由、思想の伝達における不信な強制、教会や宮廷の規準の内部、或いはアリストテレースの諸前提のもとで考えるように思想家が自らに課した訓練、すべての出来事をキリスト教の図式に従って解釈し、いかなる偶然のうちにもキリスト教の神を再発見し、是認しようとする長い間の精神的意志——すべてこれらの暴力的なもの、恣意的なもの、峻酷なもの、戦慄すべきもの、反理性的なものが、ヨーロッパ精神にその力強さ、その容赦ない好奇心、およびその動き易さを育成する手段であったことが明らかになった。もっともその際、力と精神において同様に償いがたいほど多くのものが圧迫され、窒息させられ、駄目にされざるをえなかったことは認めなければならない(というのは、あらゆる場合におけると同じくここでも、あるがままの「自然」は、腹立たしくもあるが、しかし高貴でもあるその全く大規模な浪費と無頓着を示しているからだ)。数千年の長い間に亘って、ヨーロッパの思想家たちは何事かを証明するためにのみ――今日われわれは逆に「何事かを証明しようとする」あらゆる思想家には疑念をもつが――考えて来たということ、彼らにとっては、彼らの厳密極まる熟考の成果として現わるべきものがすでに常に確立していたということ――例えば、かつてアジアの占星術において、或いは今日でもなお近しい個人的な出来事を「神の栄光のため」とか「魂の救いのため」などと無邪気にキリスト教的道徳で解釈する場合がそうであるが――、このような暴圧、このような恣意、このような峻酷で雄大な馬鹿さ加減が精神を教育したのだ。奴隷状態というものは、粗大な意味でも微細な意味でも、精神の育成と訓練にとって全く欠くべからざる手段であるように思われる。あらゆる道徳をこの点に関して検討してみるがよい。あの《放任》を、あの余りにも大きな自由を憎むことを教え、そして限局された地平への、最も手近な課題への欲求を植えつけるものは、道徳のうちにある「自然」にほかならない。――この自然が見通しを狭め、また従って或る意味で愚昧(ぐまい)を生と生長との条件として教えるのである。「お前は誰かに、しかも長い間に亘(わた)って服従すべきだ。さもなければ、お前は破滅し、お前自身に対する最後の尊敬をも失うのだ。」――これこそは自然の道徳的命法であるように私には思われる。この命法はもとより、老カントが要求したように「定言的」でもなければ(それ故に「さもなければ!」という条件が附いているのだ――)、また個人に向けられているのでもない(自然にとって個人が何であろう!)。むしろ、それは民族に、種族に、時代に、階級に、しかも特に「人間」という動物の全体に、すなわち人間というものに向けられているのだ。

一八九

勤勉な種族は、無為閑居に耐えることに大きな苦痛を感じる。イギリス人は日曜日を極めて神聖なものとし、退屈なものにするが、それだけにまた週日を労働日として秘かに望ましいものに思うようになるが、これはイギリス的本能の傑作であった。——すなわち、巧妙に工夫され、巧妙に挿入された一種の断食であって、同じようなことは古代の世界においても夥しく見られるところである(もとより、南国の諸民族にあっては、当然、必ずしも労働と関係のあることではない——)。断食にも多くの種類があるに違いない。そして、力強い衝動と習慣が支配しているところではどこでも、立法者は閏日を挿し込むように気を配り、それらの日にはそうした衝動が鎖に繫がれ、従ってまたもや再び飢餓を覚えるようにした。より高い立場から見れば、何らかの道徳的狂信に取り憑かれて現われる場合の世代や時代はすべて、そのような挿入された拘束期・断食期であるように思われる。この時期の間は或る衝動が抑圧され、鎮圧されるが、しかしまた浄化され、かつ鋭敏にされるようにもなる。個々の哲学上の教派(例えば、ヘレニズム文化とその愛欲の匂いに浸されて好色になった空気のただ中にあったストア派の如き)にも、そんな風の解釈が許される。——何故にまさしくヨーロッパのキリスト教時代に、しかも一般にキリスト教的価値判断のもとで始めて、性的衝動が愛(《恋情》)にまで昇華したか、というあの逆説の説明のための暗示もまたここに存する。

一九〇

プラトーンの道徳説のうちには、もともとプラトーンのものではなく、むしろただ彼の哲学の上にのみ見いだされる或るものが存する。言うなれば、プラトーンに反するものが存する。すなわち、ソークラテース主義がそれであって、これに同じるにはプラトーンは本来、余りにも高貴であった。「何人も自己自らを害おうとは欲しない。従ってすべての悪は意に反して行なわれるものだ。悪人は自分自身に害を加えるものだからだ。もし彼にして、悪が悪いものであることを知るなら、彼はそれを為さないであろう。それ故に、悪人はただ迷誤によって悪いのだ。彼からその迷誤を取り去れば、彼を必然的に──善にすることになる」──この推論の仕方には、賤民の臭いがする。賤民は悪い行為においてただ不快な結果のみを眼に留め、そして本来、「悪い行為をするのは愚だ」と判断し、その一方では、「善」を「有用にして快適」と無造作に同一視する。あらゆる道徳の功利主義について、始めからこれと同様な起源を推定して差し支えないし、各自の嗅覚に従って構わない。それで誤ることは滅多にないであろう。──プラトーンは自分の師の教説に何か優雅で高貴なものを解釈し入れ、何よりも自分自身を解釈し入れようとして、あらゆる手を尽くした。──すべての解釈家のうちでも最も大胆な解釈家であった彼は、全ソークラテースを単に一つの通俗な主題として民謡か何ぞのように街頭から拾い上げ、これを無限かつ不可能なものにまで変奏した。すなわち、全く自分自身の様々な仮面と変装に包んだのだ。諧謔を弄して、その上なおホメーロス風に言うなら、プラトーンのソークラテースは次のような怪物でなくてそもそも何であろう。《前がプラトーン、後もプラトーン、中がキマイラ》

一九

「信仰」と「知識」についての古い神学上の問題——或いは、もっと明瞭に言えば、本能と理性についての問題——従って、事物の価値判断に関して本能が、根拠によって、すなわち「何故に」よって、つまり合目的性や功利性によって評価し、処理しようとする合理性より以上に権威をもつべきものではないかという問い、——これは常になお、まず始めにソークラテースという人物において現われ、キリスト教に先だつ遙か以前にすでに精神を分裂させたあの古い道徳上の問題である。ソークラテース自身は、もとより彼の天賦の趣味——卓越した弁証家の趣味——でもって、——まず理性の側に与(くみ)した。そして実際、彼がその生涯に亘(わた)って為(な)し遂げた事柄は、彼の高貴なアテーナイ人たちの不器用な無能ぶりを嘲笑することぐらいではなかったか。しかもそれらのアテーナイ人たちは、すべての高貴な人々と同じく本能の人間であって、決して自分たちの行為の根拠について十分に説明することができなかった。しかし結局において、ソークラテースもまた、暗黙のうちに、自分自身を嘲笑していたのだ。彼はその鋭敏な良心と自己訊問との前に、〔同時代人たちと〕同じような困難と無能を自ら暁(さと)ったのである。しかもその上、彼は自分にこう言った。それ故に本能から離れるわけには行かないのだ！——そこで本能にも、更に理性にも権利を得させなければならないが、しかし理性を説得して、その際に十分の根拠をもって本能の後押しをするようにしなくてはならない、と。これこそは、あの偉大で秘密に充ちた反語家の本当の誤魔化しであった。根本において彼は道徳的判断の非合理性を見抜いていたので、自己欺瞞に満足させるところまで持って行った。——プラトーンはこのような事柄にはもっと無邪気で、賤民の狡猾さをもっていなかったので、全力を挙げて——これまで一個の哲学者が傾けた最大の力を費して！——、理性と本能とはおのずからただ一つの目標に、すなわち善に、「神」に到る、ということを証明しようとした。それで、プラトーン以来、すべての哲学者と神学者は同じ道を辿って来ている。——すなわち、道徳の事柄においては、これまでは本能が、——或いは、キリスト教徒たちの呼び名で言えば「信仰」が、或いは、私流に言えば「畜群」が勝利を占めて来た。ただし、合理主義の父（また従って革命の祖父）デカルトは例外としなくてはなるまい。この人は理性にのみ権威を認めた。しかし理性は単に一つの道具にすぎない。従ってデカルトは浅薄であったわけだ。

一九二

或る一個の学問の歴史を追及したことのある者は、その歴史の発展のうちに一切の「知識と認識」の最も古く、かつ最も一般的な過程を理解するための導きの糸を見いだすものである。どの学問においても、軽率な仮説、虚構、「信仰」への善良で愚鈍な意志、不信と忍耐との欠如がまず最初に展開される。——われわれの感官が認識の繊細で忠実で慎重な器官であることを知るようになるのは後になってからのことであり、しかも決して完全にそうなるわけではない。われわれの眼には、或る与えられた機縁に、すでに幾度か作り出された形像を再び作り出すことの方が、或る異常な新奇な印象を自らに確保することよりも気楽なものに映る。後者の方が一層多くの力、一層多くの「道徳性」を要するからである。聞き慣れない音楽はよく耳に入らない。何か新奇なものを聞くことは、耳にとって辛いこと、難しいことである。他国語を聞くとき、心ならずもわれわれは、耳にしたその声音を、自分たちに一層馴染み深く親しみ易い響きをもつ言葉に作り入れようと試みる。そういうわけで、例えばドイツ人はかつて《アルクバリスタ》（ラテン語で「弩」の意）という語を聞いて、それをアルムブルストという語に適宜に作り変えた。われわれの感官にとって実に新奇なものは敵対的で不快なものに感じられる。そこで一般に、すでに感性の「最も単純な」過程においてすら、恐怖とか愛とか憎悪といった情念、更には怠惰というような受動的な情念までが支配している。今日の読者は、一ページの一つ一つの言葉を(まして綴字を)すべて読み取っているわけではなく、——却って、二十の言葉のうちから数にしてほぼ五つぐらいの語を抜き出して、これら五つの語がもっているらしく思われる意味を「推察」する。——これと同じく、われわれは一本の樹を、葉・枝・色・形について精密に、また完全に見るわけではない。われわれにとっては却って、樹本の大体の姿を想像してみることの方が遙かに容易なのである。極めて稀有な体われわれはやはり同じようなことをする。われわれはその体験の大部分を虚構するのであって、「発案者」としてではなしに何らかの過程を観察するように強いられることは殆んどない。これらすべてのことは、われわれが根本から、昔から——偽ることに慣れている、ということを物語る。或いは、もっと有徳で偽善的な言い方をすれば、要するに、もっと快適な言い方をすれば、人々は自分で知っているより以上に遥かに芸術家なのである。——活発に談話を交している際には、私はしばしば話し相手の顔を、その人が述べる思想や、私がその人に喚び起こしたと信じる思想などによって、非常に明瞭に精細に眼のあたりに見ることがあるが、この明瞭さの度合いは私の視覚の力を遠く越えている。——してみると、筋肉の動きや眼の表情の微妙なところは、私が虚構的に附け加えたものでなければならない。恐らくその人は全く別の顔附きをしていたか、または何の表情も示していなかったのである。

一九三

《昼にあったことを、夜に行なう》。しかしその逆のこともある。われわれが夢のうちで体験することは、それがしばしば体験されるとすると、ついには或る何か「現実に」体験されたものと同様に、われわれの魂の全家計に属するものとなる。われわれは夢によってより豊かにもなればより貧しくもなり、欲求を増しもすれば減すこともあり、そしてついには明るい白昼に、しかもわれわれの目覚めた精神の最も明るい瞬間においてさえ、多少ともわれわれの夢の習慣によって操られる。夢のうちでしばしば空を飛行した人があって、ついにこの人が夢を見るや否や、飛行する力と技を自分の特権のように意識し、更にそれを自分の最も特有な羨むべき幸福であるかのように意識する、と仮定する。このような人は、あらゆる種類の弧線や角度を極めて軽微な衝撃で描いて飛ぶことができると信じ、いわば神のような軽やかさの感じを心得ていて、引っ張られも強いられもせずに「上方へ」昇ることができ、引き下ろされも押し下げられもせずに――重力なしに！――「下方へ」降りることができる。こうした夢の経験と夢の習慣をもつ人間は、結局、目覚めた日中に対しても「幸福」という言葉を通常とは別様に色づけ、調子づけるようになるのではなかろうか！ 彼は別様に幸福を――希求するのではあるまいか。詩人たちによって描き出されるような「飛翔」も、彼にとっては上述の「飛行」に較べれば、必ずや余りにも地上的で、筋肉的で、暴力的で、必ずや余りにも「重い」ものであるに違いない。

一九四

人間の差異は、単に彼らの財産目録の差異に示されているのみではない。すなわち、彼らがそれぞれ異なる財を追求に値すると考え、また共通に承認する財の価値の多少、その順位について互いに意見を異にする、という点に見られるのみではない。――人間の差異は更にむしろ、何が彼らにとって財の真の所有であり占有であると見なされるか、ということにおいて示される。例えば、女について言えば、比較的に控え目な者は、肉体を自由にし、性的享楽を味わうだけですでに、その所有・占有の十分な満足すべき徴と認める。他の者はもっと邪推深く、もっと要求が多い占有欲をもっていて、そうした所有は「疑問符」を伴うもの、単に外見上のものであると見て、一層精細な試験をしようとし、わけても、女が彼に身を任せるだけではなく、更に彼女の持っているものや持ちたがっているものをも彼のために手放すかどうかを知ろうとする。——そのようにして始めて、彼は女を「占有した」と認めるのである。しかし、それだけではまだ彼の不信と所有欲に結末をつけない者もある。彼は自ら女が一切を彼のために棄てても、言ってみれば彼の幻影のためにそうしているのではなかろうか、と疑う。彼はおよそ愛されうるためには、まず徹底的に、いな、どん底までよく知られたいものだと望む。彼は敢えて自分の正体を覗かせるのだ。——彼女がもはや彼について錯覚をもたず、彼の親切や忍耐や聡明のためにと全く同じく、彼の魔性や秘かな貪婪のためにも彼を愛するとき、始めて彼は愛人を完全に自分が占有したと感じる。また、或る者は国民を占有したいと思う。そして、その目的のためには、あらゆるカリョストロ的[*]、カティリーナ的[**]な術策を弄してもよい、と彼には思われる。更に他の者は、もっと繊細な占有欲をもっていて、「所有せんと欲すれば、欺くべからず」と自分に言って聞かせる。——彼は自分の仮面が民衆の心を支配しているのだと考え、そのため苛立って耐え切れなくなり、「故にわれを知らしめざるべからず。かつまた、まずもって、われ自らを知らざるべからず！」と思う。世話好きな慈善家の間には、彼らが助けてやるはずの者をまずもって支度してかかるといったあの愚かしい奸智が見いだされるのが殆んど通例である。例えば、あたかもその者が助けられるに「値し」ており、まさしく彼らの助けを求めていて、すべての助力に対して彼らに深い感謝と帰服と恭順を示すかの如く思ってそうするのだ。――このような自惚れをもって、彼らは困窮者を所有物を処理するが如くに取り扱う。彼らは所有物に対する欲求からして一般に慈善的で世話好きな人間なのだからである。彼らは助力が妨げられたり、出し抜かれたりすると嫉妬する。両親は識らず知らずに子供を自分たちに似たものにする――彼らはこれを「教育」と名づける。――子供を産んで一つの所有物を産んだのだと心の底で信じない母親は一人もいないし、子供を自分の概念や評価に従わせる権利があることを疑う父親は一人もいない。それどころか、以前には新しく生れた子供の生殺の権を思うがままに揮うことが(古代のドイツ人の間でそうであったように)、父親たちには当然のことと思われていた。そして、父親がそうであったように、今日でもなお教師・階級・僧職・君主などがあらゆる新しい人間において、躊躇なく新しい占有への機会を見るのである。そこから出る結果は……

* 一七四八―九五、イタリアの山師で錬金術師。奇蹟を行ない、預言をした。

** 前一〇八―九二、ローマ共和制末期の貴族で陰謀家、「カティリーナ事件」の主謀者。

一九五

ユダヤ人たち――タキツスや古代世界の人々のすべてが言うところでは、「奴隷に生れついた民族」、自分たち自身が言い、かつ信じるところでは、「民族のうちの選ばれた民族」、――そのユダヤ人たちが価値の逆倒というあの奇術を演じたのだ。そのおかげで、地上の生活は二千年もに亘って一つの新しく危険な魅力を保つことになった。――彼らの預言者たちは、「富」と「無神」と「悪」と「暴行」と「官能」とを一つに融合し、そして始めて「世界」という言葉を汚辱の言葉に鋳造した。この価値の逆倒(「貧」を「聖」や「友」の同義語として用いるのもその一例だ)ということにユダヤ民族の意義が存する。この民族とともに道徳上の奴隷一揆は始まる。

* 五五頃―一一五以後、ローマ帝政初期の有名な歴史家。

一九六

太陽と並んで無数の暗い天体が存在する、と推定せられる。――それらの天体をわれわれは決して見ることができないであろう。これは、内々の話だが、一つの譬喩である。そして、道徳心理学者は星辰文字の全体を、ただ多くのものに黙して語らせない譬喩・象徴の言葉として読むのだ。――

一九七

猛獣や猛獣的人間(例えば、ツェザーレ・ボルジア[*])は根本的に誤解されている。すべての熱帯産の怪獣や植物のうちで最も健康なこれらのものの根底になお「病的なもの」を探したり、まして、それらのものに生れつきの「地獄」を求めたりしているかぎり、「自然」は誤解されている。

——しかも、これまで殆んどすべての道徳家はそれをやって来たのだ。道徳家たちにあっては、原始林や熱帯に対する憎悪というものがあるのではなかろうか。そして「熱帯的人間」を、人間の病気や退化としてであれ、固有の地獄や自己拷問としてであれ、どんな代価を払っても擯斥しなければならないと思っているのではなかろうか。それにしても、何故にであるか。「温帯」のためにであるか。凡庸な人間のためにであるか。——これは「恐怖としての道徳」と題する章に譲る。

* 一四七五—一五〇七、イタリアの貴族で、聖職者。権勢欲が強く、残忍・陰険であったが、マキアヴェリの『君主論』では好意的に描かれている。

一九八

これらの道徳のすべては、個々人に向けられるもので、いわゆる個々人の「幸福」を目的とするものであると言われる。——それらは、個々人が自ら生きる場合に曝されている危険の度合いに応じて取るべき態度を提案するものにほかならない。すなわち、個々人が力への意志を有し、支配者の役割を演じたいと思うかぎり、彼らの激情、彼らの善悪の性向を対治する処方にほかならず、古い家庭薬や老婆心の片隅の臭いが染みついた大小の小智恵と小細工にほかならない。——それらは総じて、——「万人」に向けられ、一般化してはならないのに一般化するから——異様で不条理な形のものである。それらはすべて、無条件に物を言い、無条件に振る舞う。どれもこれも一粒の塩で味つけされているばかりではない。却って、塩味が利きすぎて危険な臭いがするようになり、とりわけ「あの世へ」の臭いがするようになるときに始めて、耐えがたいものとなり、また時には魅惑的なものとさえなるのだ。これらはすべて、知的に測れば、殆んど価値がなく、「学問」からは程遠く、いわんや「智恵」ではない。むしろ、二度も三度も言うが、愚昧・愚昧・愚昧と混じた利巧・利巧・利巧というものだ。――例えば、ストア派がそうであって、情念の熱烈な愚かさに対するあの無関心と彫像のような冷たさを勧奨し、その療法とした。或いはまた、スピノーザのあの「もはや笑わず、もはや泣かず」(スピノーザ『国家論』第一章四節参照)もそうであって、彼は情念の分析と解剖によって情念を破砕するようにとあのように素朴に推薦した。或いは、道徳上のアリストテレース主義もそうであり、情念の満足が得られるほどの無害な中庸の程度まで情念を鎮圧するようにと奨める。また、芸術の象徴性を通じて意図的に稀薄化され精神化された情念の享受としての道徳すらもそうである。これは音楽とされたり、神への愛や神の意志のための人間への愛という形を取ったりする。――宗教においては、或る種の前提のもとに、激情が再び市民権を取り戻すからである――。最後に、ハーフィーズ*やゲーテが教えたように、情念に対するあの迎合的で放恣な献身さえもそうであるし、「もう殆んど危な気のない」年老いた賢明な畸人や酔客の例外的な場合に見られるあの思い切った拘束の放下、あの精神的・肉体的な《習俗からの放免》も然りである。これらもまた「恐怖としての道徳」の章に属する。

＊　一三二〇頃―八九、ペルシア生れの抒情詩人。

一九九

人間が存在するかぎり、すべての時代において人間畜群もまた存在した(血族団体・共同体・部族・民族・国家・教会)。そして常に少数の命令者に対して非常に多数の服従者がいた。――従って、人間にあっては服従ということがこれまで極めてよく、また極めて永い間に亘って訓練され、育成されて来たことに鑑みて、当然、次のように前提して差し支えない。すなわち、平均して現今では誰でも一種の形式的良心として、「なんじ何事かを無条件に為すべし、何事かを無条件に為さざるべし」と命じるもの、要するに「なんじ為すべし」と命じるものに対する欲求を生れつきにもっている。この欲求は満足を求め、その形式を内容で充たそうとする。それはその際、強さと性急さと焦燥とのために、さながら粗々しい食欲のように、殆んど選り好みなしに手を伸ばし、誰か命令する者――両親でも教師でも法律でも階級的先入見でも世論でも――からその耳に叫び込まれさえすれば、それを受け入れる。人間の発展が稀しく制限されており、遅滞したり、冗長だったり、しばしば逆行したり、転回したりするのは、服従という畜群本能が最もよく、かつ命令の技術を犠牲にして遺伝されることに基づいている。この本能が一旦その放埒の究極まで進んだ場合のことを考えてみると、ついには全く命令する者や独立したものがなくなるか、さもなければ、彼らは内心で良心の疚しさに悩むようになって、命令しうるためにまずもって自分自身を欺瞞することを必要とする。すなわち、あたかも彼ら自身もただ服従しているだけであるかのように自分を欺かなければならない。この状態は今日ヨーロッパでは事実となっている。私はこれを命令者の道徳的偽善と名づける。命令者たちは彼らの良心の疚しさから身を護るために、自分たちが古くからの、またより高い命令(祖先や憲法や正義や法律や、更には神の命令)の遂行者であるかの如く振る舞うか、或いは、畜群的な考え方から畜群的な格率を借りて、例えば、「わが民族の第一の僕」だとか、「公共の福祉の道具」だとかいった振りをする以外に道を知らない。他方において、今日のヨーロッパでは畜群的人間が、自分だけが唯一の許された種類の人間であるかのような顔をして、自分を温順で協調的で、畜群に有用なものにする自分の性質を、本当に人間的な美徳だとして讃美する。すなわち、公共心・好意・顧慮・節度・謙譲・寛容・同情などがそれである。しかし、指導する者や先導する牡羊なしにすまされないと思われる場合には、今日では試みに試みを重ねて、賢明な畜群的人間を寄せ集めて命令者の穴埋めにする。これが起源となって、例えば、すべての代議制度が出来たのである。それはともあれ、こうした畜群的ヨーロッパ人にとって一個の無条件的な命令者の出現ということこそは、堪え切れなくなって来る圧迫から解放されるための絶大な恩沢なのだ。このことに対して、ナポーレオンの出現が及ぼした影響は、窮極の偉大な証左を与える。――ナポーレオンの影響の歴史は、この世紀の全体がその最も貴重な人間と瞬間とにおいて到達した高次の幸福の歴史である、と言っても過言ではないであろう。

二〇〇

種族相互の混淆（こんこう）が起こる解体期の人間は、そうした人間として多様な由来をもつ遺産を、すなわち、互いに戦い合って滅多に安息を得ない対立した、そしてしばしば対立するどころではない衝動と価値規準を体内にもっている。――そうした末期的文化と屈折した光線とのうちにある人間は、平均的に見てより虚弱な人間であろう。彼の最も根本的な渇望は、彼の現実の姿である戦いがいつかは終熄してほしいということである。幸福とは彼にとって、一種の鎮静作用をもつ（例えば、エピクーロス的な、またはキリスト教的な）薬剤や考え方と一致するもので、主として休息・安静・飽足・窮極的統一というような幸福であり、聖なる修辞家、アウグスティヌス――彼自身がそうした人間だったが――の言葉で言えば、「安息日のうちの安息日」であるように思われる。――しかし、このような性質の人間における対立と戦いが、むしろ生の刺戟や擽（くすぐ）りのようなものとして作用するならば――、また他方では、彼の力強く宥和しがたい衝動の上に、更に自己と戦うことにおける真の堪能さと精妙さが、従って自己支配や自己瞞着が遺伝的に附加され、育成されているとすれば、あの魔力的な捉えがたく考えがたい人間、あの勝利と誘惑とに予（あらかじ）め運命づけられた人間が生まれて来る。かような人間の最も素晴らしい実例はアルキビァデース*であり、カエサルであり（それに私は自分の趣味からしてあの最初のヨーロッパ人、ホーエンシュタウエン家のフリードリヒ二世**を加えたい）、芸術家のうちでは恐らくレオナルド・ダ・ヴィンチであろう。彼らは、あの安息への渇望をもっているより虚弱な型の人間が現われるとまさに時を同じうして出現する。この二つの型は互いに対をなすもので、同じ原因から生じるのである。

* 前四五〇頃—四〇四、アテーナイの将軍・政治家。ペリクレースと親しく、またソークラテースの学徒。

** 一一九四—一二五〇、ドイツ王、後に神聖ローマ皇帝となる。芸術や学問に大きな関心をもっていた。

二〇一

道徳的価値判断を支配する功利性が単に畜群的功利性であるに止まるかぎり、また眼が専ら集団の保持にのみ向けられているかぎり、そして不道徳なものが全くただ集団の存立に危険であると見えるものに求められるかぎり、なお「隣人愛の道徳」というものは存在しえない。かりに、そこにもすでに顧慮や同情や公平や柔和や相互扶助などが些少ながら絶えず実行されているとしても、またかりに、このような社会状態においてもすでに、後には「徳」という尊称で呼ばれ、ついには殆んど「道徳性」という概念に帰一するようなあのすべての衝動が作用しているとしても、そのような時代にはそれらはなお全く道徳的評価の領域には属さない、——それらはいまだ道徳外のものである。例えば、或る同情的な行為は、ローマの最盛期においては善とも悪とも呼ばれないし、道徳的だとも不道徳的だとも言われない。それで、そのような行為が賞讃されるときにも、それが全体の、つまり《公共の事柄》の促進に役立つような何らかの行為と結合されるや否や、この賞讃には最善の場合でもなお一種の不満らしい軽蔑が伴った。結局のところ、「隣人への愛」は隣人に対する恐怖に比べれば何か副次的なもの、幾分か因習的なもので気ままな外見的なものである。社会の組織が大体において固定し、外的な危険に対して安全だと思われた後に、再び道徳的評価の新しい見通しを作り出すものは、この隣人に対する恐怖である。冒険心・暴勇・復讐欲・老獪・掠奪欲・支配欲といった或る強く危険な衝動は、それまでは公共に有益なものという意味で尊重されたばかりでなく――当然、上に挙げたとは別の名称のもとにではあるが――、大いに育成され、錬成されなければならなかったが(それらの衝動は全体の敵に対する全体の危険があったために絶えず必要とされたから)、いまやそれらの衝動は二倍にも強く危険なものと感じられるようになる――いまでは、それらの放け口がなくなったからである――。そこで、それらの衝動は次第に不道徳なものという烙印を捺され、誹謗に曝されることになった。いまや、それと対立する衝動と傾向が道徳的栄誉を得るようになる。畜群本能は一歩一歩とその帰結を引き出して来るのである。或る意見のうちに、或る状態と情念のうちに、或る意志のうちに、或る天賦のうちに、公共に危険なもの、平等を危くするものがどれほど多く、またはどれほど少なく含まれているかということ、これがいまや道徳的な見通しの視点となる。ここでもまた再び恐怖が道徳の母である。最も高く最も強い衝動が激情的に爆発して、個人を畜群的良心の水準と低地とを遥かに越えて高く駆り立てるとき、そのために集団の自負感情は地に落ち、いわば、その脊柱ともいうべき自己信頼は破砕する。このようにして、そうした衝動こそは最も酷く烙印を捺され、誹謗されることになるであろう。高邁な独立的精神性、孤立への意志、偉大な理性さえもすでに危険として感じられる。爾来、個人を畜群以上に超出させ、隣人に恐怖を与えるすべてのものがいまや悪と言われる。当たり前な、控え目な、秩序づけ平等化する心術、欲求の中庸ということが道徳的な名声と栄誉とを得て来る。最後に、非常に平穏無事な状態のもとでは、個人の感情を峻厳で堅固なものに育成する機会と必要はますますなくなる。そしていまや、あらゆる峻厳さは、正義におけるものでさえも、良心を掻き擾すものとなる。高邁で堅固な気品や自己責任の念は殆んど侮辱的なものと感じられ、不信を惹き起こすものとなり、「仔羊」が、というよりはむしろ「牝羊」が尊敬を獲得する。社会の歴史には病的な軟弱化や柔弱化の時点があって、そのときには社会自らがその加害者、すなわち犯行者の味方をし、しかも本気に、正直に味方をする。刑罰なるものが社会にとっては何かしら不当なもののように思われる。――「刑罰」とか「刑罰を課すべきである」ということが社会にとって悲しむべきもの、恐るべきもののように思われるのは確かである。「彼を危険のないものにするだけで十分ではないか。その上なお何のために罰するのか。処罰することそのことは恐るべきことだ！」――このような問いをもって、畜群道徳、恐怖の道徳はその究極の帰結を引き出して来る。一般に恐怖の根拠である危険を除くことができるとしたら、この道徳も共に廃されてしまうことになるであろう。この道徳はもはや必要でなくなり、この道徳は自己自らをもはや必要でないと見なすであろう！――今日のヨーロッパ人の良心を吟味する者は、幾千もの道徳上の皺襞や隠れ場から、常に同一の命法を、すなわち、「われわれは欲する、いつの日にかもはや恐るべきものがなくなることを！」という畜群的恐怖の命法パでは到る所で「進歩」と呼ばれている。いつの日にか──そこへの意志と方途は、今日ヨーロッを引き出さなければならないであろう。

二〇二

われわれはすでに百度も言ったことを、直ちにもう一度言おう。それというのも、今日では人人の耳はそういう真理──われわれの真理──を聞くことを好まないからだ。およそ誰かが人間を露骨に、譬喩でなしに動物に数え入れるとすれば、それがいかに侮辱的に響くかを、われわれはすでに十分に知っている。しかし、われわれがほかならぬ「近代的理念」を抱く人々について、絶えず「畜群」とか「畜群本能」などといった表現を用いるということは、殆んどわれわれの罪に帰せられるであろう。それが何になろう！　われわれは他に仕様がないのだ。というのは、まさにこの点にこそ、われわれの新しい洞察が存するからである。われわれはすべての道徳上の主要な判断において、ヨーロッパが──ヨーロッパの影響下にある国々をも含めて──一致していることを見いだした。ヨーロッパにおいて、ソークラテースが知るべくもないと思ったこと、そしてあの昔の有名な蛇*がかつて教えることを約束したものが明らかに知られている。──今日では、何が善であり、何が悪であるかは「知られて」いる。ところで、われわれの言うことがそれを聞く耳には辛(つら)く酷(ひど)く響こうとも、われわれは常に繰り返し主張しなければならない。すなわち、ここで知っていると信じているもの、ここで自分の賞讃や非難でもって自分自らを讃美し、自分自らを善と称するもの、それは畜群的人間の本能である、と。この本能は突如として出現し、他の本能を凌駕して優勢となり、しかもこの本能の徴候である生理的近似性や類似性の増大につれて、ますます優勢を占めて来るのだ。道徳は今日ヨーロッパにおいて畜群道徳なのだ！――従って、われわれが物事を理解するかぎりでは、単に人間的道徳の一種であるにすぎず、これと並んで、これの前に、これの後に、なお多くの他の、とりわけ高次の道徳が可能であり、或いはあるべきであった。しかしこの道徳は、そういう「可能性」に対して、そういう「べきであった」に対して、全力を挙げて抵抗する。この道徳は執拗に容赦なく、「おれが道徳そのものだ、そして他には道徳なるものは何もない！」と言う。――それどころか、最も崇高な畜群的欲望の意を迎えてこれに媚びた一つの宗教の助けによって、ついには、われわれの政治的および社会的制度のうちにまでもいよいよ明瞭にこの道徳の表現が見いだされるようになった。すなわち、民主主義の運動はキリスト教の運動の遺産なのだ。しかし、そのテンポが人並み以上の短気者や、上述の本能の病人だの狂人にとってなお遥かに遅すぎ、睡気を催させるものだということは、いまやヨーロッパ文化の裏街を彷徨う無政府主義者の狗どもがいよいよ暴れ狂って吠え立て、いよいよ露わに歯を剝き出しているのを見れば分かることだ。見たところでは、平和で勤勉な民主主義者や革命的観念学者とは対立するように思われ、まして愚鈍な似而非哲学者や、自ら社会主義者と名乗って、「自由社会」を望む同胞主義的夢想家とは反対のものに見えるが、しかし実際は彼らすべてと同じ穴の貉で、ひとしく自治的畜群のそれ以外のあらゆる社会形式に対して根本的・本能的な敵意を抱いている(これが進むと、「主人」と「奴隷」という概念をすらも拒斥するに至る——《神もなく、主もなし》というのが一つの社会主義的方式だ——)。彼らは一様に、あらゆる特殊的な要求、あらゆる特殊的な権利や特権に対して頑強に抵抗する(これは結局において、あらゆる権利に対する抵抗を意味する。万人が平等であれば、もはや何人も「権利」を必要としないからだ——)。また彼らは一様に、刑罰的な正義に対して不信を抱く(あたかもそれが弱者に対する暴行であり、すべての以前の社会の必然的な結果であるかの如くに——)。しかもまた同じく一様に、同情の宗教を奉じ、ただ感じ、生き、悩むかぎりのすべてのものに同感をもっている(これは、下は禽獣から、上は「神」にまで及ぶ。「神との同情」という常軌を逸した感情は、民主主義の時代に特有のものだ)。彼らはすべてが一様に、同情を叫び、同情に焦り、およそ苦悩というものに対して死ぬほどの憎悪を抱き、苦悩の傍観者として留まることも、苦悩するままに放置することもできないという殆んど女性的な無能力さを示す。彼らは一様に、心ならずも陰鬱にされ柔弱にされており、この呪縛のもとでヨーロッパは一つの新しい仏教によって脅かされているように見える。彼らは一様に、共通の同情という道徳を信奉し、あたかもこれを道徳自体であるかのように思い、人間の頂上、人間の到達した頂上、未来の唯一無二の希望、現在の慰藉手段、過去のすべての負い目からの偉大な解脱と見なす。——彼らはすべて一様に、救済者としての社会を、すなわち畜群を、「自分自身」を信じている……

＊ アダムとイヴを誘惑した蛇。『創世紀』第三章参照。

われわれは一つの別の信仰をもっている。――このわれわれにとっては、民主主義の運動は単に政治的機構の一つの頽廃形式と見られるだけでなく、むしろ人間の頽廃形式、すなわち、人間の矮小化の形式と見られ、人間の凡庸化と価値低落と見なされる。われわれはどこへわれわれの希望を繫がなくてはならないであろうか。――新しい哲学者へだ。他に選択の余地は残されていない。反対の評価へ突き進み、「永遠の価値」を改価し逆倒するために十分なほど強く根源的な精神へだ。幾千年の意志を強制して新しい軌道へ無理矢理に乗せる結び目を現在において結ぶ先達者、未来の人間へである。人間に人間の未来を自己の意志として教え、それが人間の意志如何に懸っていることを教え、人間の育成と訓育という大きな冒険と全体的な実験を準備し、それによってこれまで「歴史」と呼ばれて来た無意味と偶然とのあの恐るべき支配に終止符を打つこと――「最大多数」というノンセンスは単にその最後の形式にすぎない――、このことのためには、やがていつかは新しい種類の哲学者と命令者が必要となるであろう。それらの人々の姿に照して見るならば、かつて地上においてあの隠れた、恐るべき、好意的な精神の上に存立していた一切のものは、悉く青褪めて侏儒のように見えるであろう。われわれの眼前に浮かぶのは、そのような指導者の姿である。――君たち、自由な精神よ、これを私は声を大にして言ってよろしいだろうか。そうした指導者が出現するために創り出したり、利用し尽くしたりしなければならないような状況、この課題に立ち向かわなければならないという強制を感じるような高さと威力とに一つの魂を育て上げうるための果敢な方途と試煉、その新しい圧力と鉄鎚とによって一つの良心が鍛えられ、心が青銅に変えられて、その良心がそうした責任の重みに耐えられるようになる価値の転倒、他方また、そのような指導者が必須であるのに現われるべくして現われなかったり、失敗したり、退化したりするかもしれないという恐るべき危険、――こうしたことどもがわれわれの本当の憂慮であり、心を暗くするものであることを、君たち自由な精神は知っているだろうか。こうしたことこそは、われわれの生の天空を去来する重く遠い思想であり、雷雨なのだ。一個の非凡な人間がその道から逸脱し堕落するさまをかつて眺め、想察し、共感したほどに堪えがたい苦痛は少ない。しかし、「人間」そのものが退化するという全体的危険を稀に見抜き、われわれと同じく、これまで人間の未来に関してその戯れ――いかなる手も、そして「神の指」すらも与ることがなかった一つの戯れ！――をやって来た巨怪な偶然を認識し、「近代的理念」という愚かしいお人好しと軽信のうちに、ましてやキリスト教的・ヨーロッパ的道徳の全体のうちに隠されている宿業を察知する者、こうした者は全く匹儔を絶した不安に悩まされるのだ。――彼は力と任務とを都合よく結集し高揚することによって、およそ何をなお人間から育成すべきかを、実に一瞥をもって捉える。彼はその良心の全知を傾けて、人間が最大の可能性に対してなおいかに汲み尽くされていないかを、また人間という類型がいかにしばしばすでに秘密に充ちた決断と新しい岐路に立たされたかを知る。――彼はその最も痛ましい回想からして、最高の位階の生成者がこれまでどれほど下(くだ)らない事柄に突き当たって破砕し、挫折し、沈降し、憐れむべきものになり果てたかを、更によく知っている。人間の全体的退化は、ついには今日の社会主義的な愚物や頓馬どもに彼らの「未来の人間」と思われ、彼らの理想と見えるものにまで下降するのだ！——このように人間の退化と矮小化が完全な畜群にまで(或いは、彼らの言うように、「自由社会」の人間にまで)到り、このような人間の動物化が平等な権利と要求をもつ矮獣にまで到る可能性があるということ、このことには疑いの余地がないのだ！　この可能性をついに終極まで考え抜いた者は、他の人々よりも一つ多くの嘔吐を知る。——そして恐らくまた一つの新しい課題をも！

——

——

第六章 われら学者たち

二〇四

道徳を云々するということは、常にあったこと——すなわち、バルザックによれば、怖じ気もなく《自分の傷を曝け出すこと》——であるのは分かっているが、この危険を冒して敢えて私は、今日まるでそれと気づかずに、また何ら良心の疚しさもなしに、科学と哲学との間に立てられようとしている一つの不当かつ有害な順位の変換に反対しようと思う。思うに、人々はその経験からして——経験とは常に悪い経験を意味するのではないか、と私には思われるが——、このような順位という高次の問いについて語り合う権利をもっているに違いない。もっとも、これは盲人が色について語ったり、女や芸術家が科学に反対を唱えるのと同じ筋のものではない（彼らの本能と羞恥とは溜め息をつきながら言う、「ああ、このいやらしい科学め！ こいつはいつも背後へ廻って見るのだ！」と）。科学的人間の独立宣言、彼の哲学からの解放は、民主主義という代物、いや怪物が及ぼした微妙な影響の一つなのだ。学者たちの自己礼讃と自己慢心は、今日では到る所で花盛りを迎え、わが世の春を祝っている。——それだからといってなお、この場合における自讃が好ましい芳香を放っているというわけには行かない。「すべての主人から自由になれ！」——

ここでもまた賤民的本能はそう望んでいる。そして、科学が余りにも長い間その「婢」として仕えて来た神学から甚だ幸運にも身を禦いで後は、科学はいまでは全く不遜となり無分別になって、ついには哲学に対して法則を与え、自己自らが今度は「主人」の役を――何ということだ！――すなわち哲学者の役を演じるに到っている。私の記憶は――失礼ながら、これでも一個の科学的人間の記憶なのだ！――私が若い自然科学者や老いた医者たちの側で哲学や哲学者について語るのを聞いたその素朴な高慢さで張ち切れるほどだ(すべての学者のうちで最も教養があり自惚れ屋である文献学者や学校教師については言わずもがなだ。彼らは職業柄、その両方を兼ねているのだ――)。時には専門家や立ちん坊があって、本能的におよそすべての綜合的な課題や能力に反対した。また時には勤勉な学問的労働者があって、哲学者の魂の家政のうちに《閑暇》と高尚な贅沢の匂いを嗅ぎつけ、自分がそれで傷つけられ貶されたように感じた。また時にはあの色盲の功利的人間がいて、哲学のうちに単に一連の反駁された体系と、誰の「役にも立た」ない無駄な浪費とを見たにすぎなかった。更に時には、仮装した神秘主義と認識の限界修正とに対する恐怖が跳び出し、時には個々の哲学者に対する軽蔑がいつしか哲学の軽蔑に一般化された。最後に、私が最も頻繁に若い学者たちのうちに見いだしたのは、哲学に対する高慢な軽侮の背後に隠れた或る哲学者自身の悪影響であって、人々はこの哲学者にはなるほど全面的に心服を表明していたが、しかも他の哲学者たちに対する侮蔑的な評価の呪縛からは脱しえないでいたのだ。――その結果として、すべての哲学に対する全体的な違和感が生じて来ることになる。(例えば、最近のドイツに及ぼしたショーペンハウァーの影響はこのようなものだ、と私には思われる。――彼はヘーゲルに対するその知性を欠いた憤怒によって、ついにドイツ人の最近の全世代をドイツ文化との連関から切り離すことになったが、この文化は、すべての点からよく考えてみて、歴史的感覚の卓越と預言者的な繊細さに達していたのである。――しかるにショーペンハウァー自身は、ほかならぬこの点において天才的なまでに貧弱で、鈍感で、非ドイツ的であった。）要するに、大体から言えば、哲学に対する畏敬を最も根本的に破砕し、賎民的本能に門扉を開いたのは、何よりも近代哲学者たち自身の人間的なもの、余りに人間的なものであり、つまり彼らの貧しさであったようだ。われわれの近代世界がどの程度までヘーラクレイトス、プラトーン、エンペドクレースなど、そうしたすべてのこの王者の如き壮麗な精神の隠者と呼ばれた人たちの行き方そのものから逸れているか、それを人々は是非とも承認することだ。そして、今日、時流のおかげで上下を通じて名の売れているような哲学の代表者たち――例えば、ドイツでは無政府主義者のオイゲン・デューリングと汞和主義のエードゥアルト・フォン・ハルトマンというベルリーンの双獅子――に面すれば、当然の理として、健気な科学的人間は自分の方が一段と上等の素性と血統とに属すると感じて差し支えない。特に、自ら「現実哲学者」だの「実証主義者」だのと名乗っているあのごちゃまぜ哲学者たちの姿を見るとき、若い、功名心に燃える学者の魂には一つの危険な不信が吹き込まれる。彼らは実に最良の場合でさえも学者であり専門家なのである。これは掌を指すが如く明らかなことだ！　彼らは全くのところ、悉く克服された連中であり、科学の統御のもとへ連れ戻された者たちであって、彼らもかつていつの時かは自分についてより以上のものになることを望んでいたのであったが、この「より以上のもの」になり、その責任を果たすための権利をもたなかったのだ。——そこで、いまや彼らは言葉と行為でもって、淑かに、恨みがましく、復讐心に駆られて、哲学の支配者的任務と支配権とに対する不信を表明している。結局のところ、そうなるよりほか仕方がなかったのだ！　科学は今日では隆盛を極めており、良心に何の疚しさもないことを満面に現わしている。その反面、全近代哲学が次第に零落して落ち着いた先である現今の哲学というこの残滓は、嘲笑や憐憫を招かないまでも、不信と不満とを喚び起こしている。哲学は「認識論」に低下し、事実上はもはや臆病な判断中止論と欲望禁制教より以上のものではない。この敷居を全く越えることなく、立ち入る権利を痛ましくも自らに拒絶するような哲学——これこそは死に瀕した哲学であり、臨終であり、断末魔の苦悶であり、憐憫を催させる或るものである。——どうしてこのような哲学が——支配することなどできようか！

二〇五

今日では哲学者の発展に対する危険が実際に様々であるから、この果実が一体なお成熟するようになりうるかどうかが疑われるほどである。科学の範囲と楼閣は巨怪なものに増大し、そして従ってまた、哲学者がすでに修学者として疲れ果ててしまうか、或いはどこかにしがみついて、「専門化」し、そのために全くもはや頂上まで到達して見渡し、見廻し、見下ろすことができなくなるという公算も大きくなった。或いは、遅ればせながら頂上に辿りついても、そのときにはすでに彼の最も油の乗った時と力とが終わってしまっている。或いは、彼はもう傷つき、粗雑になり、退化していて、彼の眼識と全体的価値判断はもはや殆んど意義を失っている。まさに彼の知的良心の繊細さそのものが、恐らく彼を途中で躊躇させ、逡巡させるのである。彼はディレッタントや、百足まがいの万屋や、何にでも触手を伸ばす好事家に堕するのを恐れる。自分自らに対する畏敬の念を失った者は、また認識者としてももはや命令することも、もはや指導することもできないことを、彼は余りにもよく知っている。そうなれば、彼はもう大俳優になろうとするか、哲学上のカリョストロか精神の鼠捕りになろうとするか、つまりは誘惑者になろうとするかしかないであろう。これは結局において趣味の問題である。それ自体が良心の問題でないとすればだ。これに加うるにまた、哲学者の困難を更に二倍にもするのは、彼が科学についてではなく、むしろ生と生の価値についての諾否の判断を自ら要求するということである。――そこで、彼は嫌でも応でもこの判断に対する権利を、或いは義務をさえもっていると信じなくてはならなくなるのだ。しかも、最も広汎な――恐らく最も妨害的で最も破壊的な――体験からして、しばしば逡い、疑い、黙しつつ、その権利とその信仰に至る自分の道を求めなければならなくなるのだ。事実、大衆は長らく哲学者を思い違いし、見損って来た。科学的人間や理想的学者と取り違えたり、宗教的に昂って堕落した「脱俗的」夢想家や神に酔い痴れた大酒家と思い違えたりした。それで今日でも、誰かを「賢明に」生きているとか、「哲学者として」生きていると言って賞めるのを聞くが、それはもはや「利巧に、浮き世を離れて」というほどの意味である。智恵ということ、それは賤民には一種の逃避であるように思われるし、分の悪い賭け事からうまく身を引くための方便や手腕のように見える。しかし、真の哲学者は――わが友らよ、われわれにはこう思われるではないか――「哲学的にでなく」、また「賢明にでなく」、何よりも利巧にでなく生き、しかも生の凡百の試煉と誘惑に立ち向かう重責と義務とを感じるものだ。――彼は絶えず自己を賭ける。彼は分の悪い賭け事にこそ敢えて臨むのである……

二〇六

天才に較べると、換言すれば、生むか、または産む――この二つの語をその最高の意味内容に取って――ところの存在に較べると、学者だの科学的凡人は常に何かしらオールド・ミスみたいなものをもっている。彼らはオールド・ミスと同じように人間の二つの最も貴重な機能に通暁していないからである。事実、学者とオールド・ミスとの両者に対しては、いわば補償のつもりもあって敬意が払われる――この場合、敬意という語に傍線を施すがよい――。しかもなおこの余儀なく払う敬意には、それと同じだけの不満が附加されている。われわれは一層詳しく見てみるが、科学的人間とは何であるか。まず差し当たり、それは高貴でない種類の人間、換言すれば、支配力のない、権威のない、そしてまた自足心のない種類の人間だ。彼は勤勉であり、隊伍を組んで忍耐強く秩序を守り、能力においても欲求においても均斉と節度とを保つ。彼は自分と同等な者と、これら同等な者が必要とするものとを嗅ぎつける本能を有する。ここに必要とするものとは、例えば、あの一片の独立性と緑の牧地であって、これがなければ彼は労働からの休息ができない。また例えば、あの栄誉と声望(これは何よりもまず、かつ何にもまして、認められること、認められうることを前提とする——)に対する要求、あの赫々たる名声、自身の価値と有用のあの不断の確証であって、この有用性によってすべての従属的な人間と畜群の内心の不信、胸底の沈滓が繰り返し克服されなければならない。学者というものは、当然のことではあるが、或る下品な種類の病気や悪習をもっている。彼はくだらない嫉妬心を有り余るほど抱いており、自分には及びもつかない高い性質をもつような人々の下劣さを山猫のような狡猾な眼で見つける。彼は親しみ易いが、それとてもただ呑気にやっているからであって、滔々と流れる如き人物だからではない。それだからこそ、彼は大河のような人間の前に出ると、ますます冷たく心を閉ざして立ちつくす。——そのとき彼の眼は滑かで不機嫌な湖水のようで、その水面には狂喜や共感の漣はもはや立たない。学者にできる最も悪く、最も危険なことは、その種属のもつ凡庸という本能から来るものであり、凡庸のジェスイット主義に由るものである。しかもこのジェスイット主義は、非凡な人間を絶滅させることに本能的に従事し、そしてあらゆる張り切った弓を折り、或いは——むしろ！——その弦を外そうとする。弦を外すといっても、もとより手心を加えながら、いたわるような手つきでそうするのだ。親しみのある同情をもって弦を外すということ、これこそは自らを同情の宗教として紹介することを常に心得ているジェスイット主義の特技なのだ。——

二〇七

たといどれほど感謝の念をもって客観的精神を迎えようとも――すべての主観的なものとその呪わしい《自己至上性》に死ぬほど飽きなかった者があったろうか。しかし結局、人々はこの客観的精神の感謝に対しても用心するようにならなければならないし、また近頃、精神の非自己化と非個人化をいわば目的そのもの、救済や浄化であるかのように祭り上げる際の誇張をも制止しなければならない。こうした誇張は特に厭世主義者一派の内部に起こるのが常であって、この派はまた「無関心な認識」に彼らなりに最高の栄誉を与える十分の理由をもっているのだ。厭世主義者のように、もはや呪ったり罵ったりはしない客観的な人間、数千の完全な失敗や部分的な失敗を重ねた挙句にようやく科学的本能が花盛りを迎え、そして花盛りを過ぎた理想的な学者は、確かに存在するかぎりの最も貴重な道具の一つである。しかし彼もまた一層強力なものの掌中に属する。彼は単に一つの道具にすぎず、われわれに言わせると、彼は一つの鏡なのだ。――彼は決して「自己目的」ではない。客観的人間は実に一つの鏡であって、認識さるべきすべてのものに服従することに慣れており、認識することが、すなわち「反映すること」が与える悦び以外の悦びを知らない。――彼は何ものかが来るまで待っている。そしてその場合、最も霊妙な存在の軽い忍び歩きの跫音をさえも、自分の皮膚の表面に聞き洩らすことがないようにと、敏感にその感受性を拡げている。「個人」的なものの幾分かが彼の上になお残っているとすれば、彼にはそれは偶然的なものに、しばしば恣意的なものに、更にしばしば妨害的なものに思われる。それほどまでに彼は自分自ら他の形態や事件の通路と反映になってしまっているのだ。彼は自己を省察して「自己」へ立ち戻ろうと努力するが、間違いをやらかすことが稀しくない。彼はややもすると自己を取り違えがちである。彼は自分固有の必要事に関しても間違いを仕出かし、この点でのみはお粗末であり怠慢である。恐らく、健康のこととか、女や友人の瑣末な事柄や風通しの悪い閨房の事情とか、仲間や附き合いがないことなどが彼を悩ますであろうし、——それどころか、彼は自分の苦悩について篤と考えてみるように自らを強いるであろう。が、そんなことは無駄だ！すでに彼の思想はさまよい出て、より一般的な場合に向かう。そして、彼はどうしてよいのかを昨日も知らなかったし、明日になっても知らない。彼は自分に対する真面目さを失い、また時機をも失ってしまった。彼は快活ではあるが、それは困窮していないからではなく、むしろ自分の困窮に対処することができないからである。どのような事柄や体験をも迎え入れる習慣、自分がぶつかるすべてのものを受け容れる明るい囚われない饗しの好さ、彼一流の思惑のない好意、諾否について危険なほどの無頓着、ああ、彼がこのような自分の美徳の贖いをしなければならない場合が十分にあるのだ！　そして、およそ人間として彼は、全く易々とこれらの美徳の《残り滓》になるのだ。もし彼から愛や憎しみを求めるなら——私がここで言うのは、神や女や動物が解するような愛や憎しみだが——、彼はできるだけのことはするであろうし、またできるだけのものを与えるであろう。しかし、そのすることや与えることが大したものでないにしても、——彼がそこでこそ自分の不純な、脆い、疑わしい、朽ちはてた姿を見せるとしても、怪しむには当たらない。彼の愛は意図的なものであり、彼の憎しみは技巧的なものであり、むしろ《無理な曲芸》であり、ちっぽけな虚栄であり誇張である。彼が純粋であるのは、客観的であることができるかぎりにおいてだけにほかならない。すなわち、彼はただその明朗な全体観のうちにいる場合に限ってなお「自然」であり、また「自然的」である。いつまでも自らを磨いて滑らかにしつつ物を写し出している彼の魂は、もはや肯定することも知らず、もはや否定するすべも知らない。彼は命令もしないし、また破壊もしない。《私は殆んど何ものをも軽蔑しない》――と彼はライプニッツと共に言う。この《殆んど》という言い方を聞き漏らしたり、軽く取ったりはしないことだ！　彼はまた模範的人間でもない。彼は誰に先立っても行かないし、誰の後をも追わない。彼は一般に余りにも遠く身を置いていて、善にも悪にも加担すべき根拠をもたないほどである。彼をあれほど長らく哲学者と取り違え、文化の帝王的な育成者であり、権力者であると思い違えて来たとすれば、それは余りにも高すぎる栄誉を彼に与えたわけであり、彼における最も本質的なものを見落として来たのだ。――彼は一個の道具であり、たとい最も崇高な種類の奴隷であるとしても、やはり一介の奴隷であり、しかもそれ自体としては何ものでもない――《殆んど何ものでもないのだ》！　客観的人間は一個の道具であり、一つの高価な、毀れ易い、そして曇り易い計量器であり、芸術品的な鏡であって、大切にされ、尊重さるべきものである。しかし、彼は何らの目標でも、何らの出口や上り口でもなく、爾余の生存がそこにその存在理由を見いだすようないかなる補足的人間でもなければ、いかなる結論でもなく――まして端初でもなく、産出や第一原因でもなく、支配者になろうとする強健な、力強い、自体的な存在でもない。却って、単に柔かい、吹き膨まされた、華奢な、軽快な鋳型壺であって、それに従って「形づくられる」ためには、まず何らかの内容と実質とに待たなければならない。――通常、それは実質と内容を欠く人間であり、「自己を欠く」人間である。従ってまた、《蛇足ながら》女にとっても全く取るに足りない代物である。

――

二〇八

今日、或る哲学者が自分は懐疑家でないと仄めかすならば――、このことは上に客観的精神について述べたところから聞き取っていただけたことかと私は望むが――世間の人々はすべてそれを聞いて快からず思う。彼らは幾らか怖じながらその哲学者を見遣り、多くのことを問い、訊ねたいと思うであろう。全くのところ、びくびくしながら耳を傾けている人々はいまでは随分と多いが、それらの人々の間では彼はそれ以来、危険な人物だと言われる。彼らにとっては、彼が懐疑を拒否したとなると、あたかも遠くから何かしら有害な脅かすような物音を聞いたかのように、あたかもどこかで新しい爆薬の実験でもあったかのように思われる。すなわち、精神のダイナマイトが、恐らくは新しく発見されたロシアの《虚無主義》が、単に否を言い、否を欲するのみでなく、更に――考えても恐ろしいことだが！――否を実行する《善き意志》の厭世主義が爆発したかのように思うのだ。この種の「善き意志」――現実的・実行的に生を否定しようとする意志――に対しては、一般に認められているところ、今日では懐疑、柔かに優しく子守歌を歌って眠りに誘う懐疑という阿片に優る睡眠薬・鎮静剤は存しない。そしてハムレットさえもが今日では時代の医師たちによって「精神」とその地底の喧騒に対する処方として用いられる。休息の愛好者であり、殆んど一種の治安警察である懐疑家は言う。「すべての人々の耳はもう嫌な物音で一杯ではないか。この地下に聞こえる否の声は恐ろしい！　静かにしないか、お前たち、厭世主義の鼴鼠どもめ！」と。すなわち、懐疑家というこの柔弱な生き物は余りにも驚愕し易いのだ。彼の良心はどんな否にも、それどころか断乎として厳然たる然りの一声にさえも慄え上がって、まるで咬みつかれでもするかと感じるように仕込まれている。然り！　と否！　――これこそは彼にとって道徳に背馳するものなのだ。その逆に、彼が好むのは、自分の徳のために高尚な抑制をもって祝宴を催すことである。その際、いわば彼はモンテーニュと共に、「私が何を知っていようか」と言う。或いは、ソークラテースと共に、「私は、私が知らないということを知っている」と言う。或いは、「この点にかけては私は自信がない。ここでは私に扉が開かれていない」と言う。或いは、「かりに扉が開かれていようとも、何のためにすぐ入るのか」と言う。或いは、「余り急いで立てられた仮説はすべて何の役に立とうか。全くどのような仮説も立てないのが良い趣味と言うべきだろう。曲がったものを果たして直ちに真っ直ぐに直さなければならないだろうか。あらゆる穴に麻屑やなんかで詰め物をしなくてはならないだろうか。そのために時間がないというのか。その時までもう時間がないというのであるか。おお、お前たち、非道い奴らめ、一体お前らは待つことが全くできないというのか。不確かなものにも魅力はあるものだ。スフィンクスといえども一個のキルケー*であり、キルケーはまた一個の女哲学者であったのだ、」と言うのである。――このようにして懐疑家は自分を慰める。彼が慰めを必要とするのは本当である。思うに、懐疑とは通俗の言葉で神経衰弱とか虚弱症と呼ばれる一種の複雑な生理状態の最も精神的な表現である。それは、長らく互いに離れていた種族や階級が決定的な唐突な仕方で混じ合うときには、いつの時にも生じるものである。いわば異なる規準と価値を血のうちに遺伝するようになった新しい世代においては、すべてが不安・攪乱・疑惑・試行である。最善の力は阻止的に働き、徳自身が互いに伸長させ強力にさせない。心身ともに平衡・重点・垂直的安定を欠いている。しかも、このような混血児において最も深く病みつき退化するものはと言えば、それこそ意志である。彼らは決意における独立とか、意欲における勇敢な快感とかをもはや全く知らない。――彼らは「意志の自由」を夢のうちにあってすら疑う。われわれの今日のヨーロッパは急進的な階級混淆の、従って人種混淆の法外に唐突な試みの舞台であって、それ故に全く上下を通じて懐疑的であり、時にはあの変り易い懐疑に襲われて焦立たしく物欲しげに一つの枝から他の枝へ飛び移り、時には疑問符を積みすぎた雲のように陰鬱であり、――そして自分の意志にしばしば死ぬほど飽き果てているのだ！　意志麻痺症、今日この片輪者が坐っていないところがどこに見いだされようか！　しかも、しばしばなおいやにめかしこんでいるのだ！　何と誘惑的に飾り立てていることであろう！　この病気に似合いの華麗極まる虚偽の衣裳がそこに見られる。それで例えば、今日「客観性」とか、「科学性」とか、《芸術のための芸術》とか、「意志から自由な純粋快感」などと銘打ってショー・ウィンドーに飾られているものは、大概は盛装した懐疑や意志麻痺症にほかならないのだ。――ヨーロッパの病気をこのように診断することに対しては、私が保証する。――意志の病気はヨーロッパに蔓延しているが、その容態は一様ではない。それが最も甚だしく、かつ複雑に現われているのは、文化がすでに最も長い間に亘って土着しているところにおいてである。それは、「野蛮人」がなお――或いは再び――西欧的教養のだらしない衣服のもとにその権利を主張するその度合いに応じて消失する。従って、現今のフランスにおいては、手に取るように容易に推知できるように、意志が最もひどく病気に罹っている。常に巨匠のような手腕をもっていて、自らの精神の宿業的な曲がり角をも魅力ある誘惑的なものに転化してしまうフランスは、今日では全くもってすべての懐疑の魔術の学校かつ展示場としてヨーロッパにその文化的優越を示している。意欲する力、それも一つの意志を長く意欲する力は、すでにドイツにおける方が一段と強い。そしてドイツ北部においてはまたドイツ中部におけるより一層強い。イギリス、スペインおよびコルシカにおいては更に著しく強いが、これが前者にあっては粘液質に結びつき、後者にあっては堅固な頭蓋骨に結びついている。――イタリアについては言うまい。この国は余りに若くて、それが意欲しようとするものを必ずや知っていないし、それが意欲しうるかどうかをまずもって証明してかからなくてはならない――。しかし、この力がどこにもまして最も強く、最も驚くべきほどであるのは、あの巨大な中間領域、ヨーロッパがいわばアジアへ逆流する場所であるロシアにおいてである。この国では意欲する力は長い以前から貯蓄され、貯蔵されている。そこでは意志が——否定の意志か肯定の意志かは不確かだが——脅威的な仕方で、今日の物理学者たちの常用語を借りれば、放出されるのを待っている。ヨーロッパがその最大の危険を免れるためには、インドの戦争やアジアにおける紛争が必要であるばかりではない。むしろ、その国が内部的に倒壊して小邦に分裂すること、そして何よりも議会主義という愚劣な制度が導入されることが必要であり、それに加えて、誰も彼もが朝食の時に新聞を読むように義務づけられることが必要である。私はこう言ったからとて、それを願望しているわけではない。私にとっては、むしろその反対が心に叶っているのだ。——ロシアの脅威が増加して、そのためヨーロッパがそれと同じ程度に脅威的になろうと決意しなければならなくなり、換言すれば、一つの意志を手に入れることを決意せざるをえなくなるのを、つまりヨーロッパを支配する一つの新しい階級という手段によって、数千年に亘る目標を立てうるような一つの長い恐るべき固有の意志を獲得することを決意せざるをえなくなるのを、私は望んでいるのだ。——このようにして、ついにヨーロッパの小国分立という長ったらしい喜劇と、その王党的ならびに民主的な意欲多岐の状態が終結を告げるようになることを、私は願っているわけだ。小政治の時代は過ぎ去った。必ずや次の世紀は地上支配のための戦いを——大政治への強制をもたらすであろう。

＊　ギリシア神話の魔女、オデュセウスにより捕えられた。

二〇九

われわれヨーロッパ人が明らかに踏み込んでいる新しい好戦的時代がどの程度まで恐らくまた別種のより強い懐疑の発展にも好都合なものであるだろうか。これについて私は差し当たってただ、ドイツ史の愛好者なら必ずや理解するであろうような一つの譬喩(ひゆ)によって私の考えを述べたい。素晴らしい巨身の擲弾(てきだん)兵を躊躇するところなく熱狂的に愛好したあの人物、プロイセンの王として軍事的で懐疑的な天才を――また従って根本においていまやまさに勝利を収めて現われて来たあの新しい型のドイツ人を――生み出したあの人物、すなわちフリードリヒ大王の父は、*疑わしい気違いじみた人物であったが、ただ一つの点において自ら天才的な権謀術数を抓(つか)む爪をもっていた。当時ドイツにおいて何が欠けているか、また教養や社交形式の欠陥なんぞよりも百倍も憂慮すべき切実な欠陥が何であるかを彼は知っていた。――若いフリードリヒに対する彼の不興は、一つの深い本能の不安から来ていた。男らしい男たちが欠けていたのだ。そこで彼は、自分自身の息子が十分に男らしくないのではないかと邪推して甚だしく不機嫌になったのである。この点で彼は思い違いをしていた。しかし彼の立場にあったら誰が思い違いをしなかったろうか。彼は自分の息子が無神論に堕し、《エスプリ》、すなわち才気あるフランス人の宗教的軽佻に陥って行くのを見た。――彼はその背後に大なる吸血鬼、懐疑の蜘蛛が隠れているのを見た。息子の心が善にも悪にも向かうほどの十分な鞏固(きょうこ)さをもはや有せず、その意志は挫(くじ)けてもはや命令もせず、もはや命令することもできないような救いがたい悲惨な状態になっているのではないか、と彼は邪推したのだ。しかし、そうこうする間に彼の息子のうちにあのより危険な、より鞏固な新しい種類の懐疑が増長して来た。――いずくんぞ知らん、この懐疑はまさしくこの父親の憎悪と孤独にされた意志の氷のような憂愁によってこそ、どれほど著しく助成されたことであったろうか。――大胆不敵な男らしさをもつこの懐疑は、戦争と征服への天才に近しい類縁をもったものであり、そして偉大なフリードリヒの姿においてドイツへのその最初の入場を行なったのである。この懐疑は他を軽蔑するが、それにも拘わらず自分のところへ奪取する。それは掘り崩しては、また占取する。それは信じないが、しかしそれでいて自らを失わない。それは精神に危険な自由を与えるが、しかし心を峻厳に保つ。これこそは懐疑のドイツ的形式であって、それが継承されて最も精神的なものに昂められたフリードリヒ主義となり、ヨーロッパを相当の期間に亘ってドイツ精神とその批判的かつ歴史的な不信との統御のもとに屈せしめたのである。偉大なドイツの文献学者と歴史批判家(彼らは、正しく見れば、すべて悉くまた破壊と解体との芸術家でもあった)の打ち克ちがたいほど強壮で強靱な男性的性格のおかげで、次第に、また音楽および哲学における浪漫主義の普及にも拘わらず、ドイツ精神の新しい概念が確立され、そこに男らしい懐疑への動向が決定的に目立って来た。例えば、大胆不敵な眼差しがそれであり、果敢で峻厳な解剖の手並みがそれであり、危険な探険旅行への、荒涼とした危険な気候のもとでの北極探険への意志がそれである。温情的で浅薄な人道的人間がほかならぬこの精神を前に十字を切るとしても、まことに尤もなことであろう。《この宿業的な、皮肉な、メフィストーフェレス的精神》とミシュレ**はこれを呼んで身慄いを禁じえなかった。しかしヨーロッパをその「独断の微睡」から呼び覚ましたドイツ精神における「男らしさ」に対するこの恐怖がどれほど顕著なものであったかを後から感知しようとするならば、この男らしさによって打ち克たれなければならなかった以前の概念を想い起こしてみるがよい。——一個の男性化した女***が放逸な驕慢から、ドイツ人を穏かな、心の優しい、意志の弱い、そして詩人肌の無骨者と見てヨーロッパの同感を薦めたのも、まだ余り古いことではないではないか。さて最後に、ナポーレオンがゲーテと会見したときのナポーレオンの驚愕を十分に深く理解してもらいたいものだ。——それは、数世紀の長い間「ドイツ精神」というものがどう考えられて来たかを暴露するからである。《ここに一人の男が！》とナポーレオンは言った。——それはこういう意味なのだ。「これこそは実に一人の男ではないか！　そして私はただ一個のドイツ人に会うものとばかり思っていたのに！」と。——

* フリードリヒ・ヴィルヘルム一世(一六八八—一七四〇)は偏固な性質のためその子との間に悲劇的な確執を生じたが、後には和解した。

** 一七九八—一八七四、フランスの歴史家で、民主主義的立場を取った。

*** フランスの女流文学者、スタール夫人(一七六六—一八一七)を指す。

二一〇

そういうわけだから、かりに未来の哲学者たちの像に何らかの特色が臆測されるとすれば、恐らく最後に示唆した意味で懐疑家ではあるまいかと思われるが、しかしこれでは哲学者たちの特質の幾分かを示したのみであって、――彼らそれ自身を示すものではない。彼らは同等の権利をもって批判家とも呼ばれてよいであろう。そして確かに実験の人間でもあるであろう。私はこうした名称を彼らに敢えて与えることによって、試験することと試験することの悦びをすでに明確に強調したわけである。このようなことができるのも、彼らが心身ともに批判家として、或る新しい、恐らくこれまでより以上に広く、恐らくこれまでより以上に危険な意味における実験に応じることを好むからであろうか。彼らはその認識の熱情をもって、果敢な苦しい試験を続けて、民主主義的世紀の柔弱な甘やかされた趣味が是認しうるものを越えて行かざるをえないのであろうか。――疑う余地のないことであるが、これらの来るべき人たちは、批判家を懐疑家から区別するあの真面目な、躊躇しがちな諸性質を些かでも欠いていてはならない。私の言おうとするのは、価値規準の確かさ、統一的な方法の意識的な行使、利巧な度胸、孤立性と責任能力なのだ。言うまでもなく、彼らは否を言い、また解剖する悦びを、また心臓から出血しようとも、なお確実に、かつ巧妙にメスを揮うことのできる一種の思慮深い残酷さを自分で自認している。彼らは人道的な人々が願っているよりも一層峻厳であろう(しかも恐らく、これは必ずしもただ自分に対してだけではないのだ)。彼らは自分たちに「気に入り」、また自分たちを「高め」たり「感激させ」たりするために、「真理」と関わり合うのではないであろう。――却って、ほかならぬ真理が感情に対してそんな悦楽をもたらすなどということは、彼らにはとても信じられないのだ。彼らは、これらの峻厳な精神たちは、誰かが彼らに向かって「あの思想は私を高める。どうしてそれが真理でないはずがあろうか」と言い、または「あの作品は私を惹きつける。どうしてそれが美しくないはずがあろうか」と問い、或いはまた「あの芸術家は私を偉大にする。どうして彼が偉大でないはずがあろうか」と訊ねるとき、彼らは微笑するであろう。――彼らは恐らく、すべてのこの種の夢想家的なもの、理想家的なもの、フェミニスト的なもの、雌雄同体的なものに対して微笑を洩らすばかりでなく、むしろ本当の嘔吐を催しているのだ。そして、彼らの秘密な心の閨房まで随行して行ける者も、「キリスト教的感情」を「古代的趣味」と、ましてや更に「近代的議会制度」と宥和させようという意図をそこに見いだすことは困難であろう(このような宥和は、頗る不安定な、従って頗る宥和的なわれわれの世紀にあっては哲学者においてすら現われていると言える)。批判的訓練と精神の事柄に関する純粋さと厳格さに導くあらゆる習慣とを、これらの未来の哲学者たちは単に自分に要求するだけではない。彼らはそうしたことを、彼ら一流の趣味のように見せびらかしさえもするであろうが、――それにも拘わらず、だからと言って彼らはなお批判家と呼ばれることを欲しない。今日では好んで「哲学それ自身が批判であり、批判的学問である――そして全くそれ以外の何ものでもない！」と宣言されるが、これは彼らには哲学に加えられた小さな侮辱とは決して思われない。哲学のこの評価は、フランスおよびドイツのすべての実証主義者の喝采を博しはするかもしれない(――そして、それはカントの心情と趣味にすらも阿る(おもね)ことができるであろう。彼の主著の表題を想い起こすがよい——)。それにも拘(かか)わらず、われわれの新しい哲学者はこう言うであろう。批判家は哲学者の道具であって、それ故にこそ、道具であるかぎり、まだまだそれ自身哲学者ではないのだ！　ケーニヒスベルクの偉大なシナ人(カントを指す)もまた単に一個の偉大な批判家にすぎなかったのだ、と。——

二一一

哲学的労働者や一般に科学的人間を哲学者と混同することを結局はやめるべきだ、と私は頑強に主張する。——ここでこそ厳(きび)しい態度で「各人に各自のものを」与え、前者には余りに多くを、後者には余りに少なくを与えないようにすべきだ。真の哲学者を教育するためには、彼自身も、その侍僕である哲学の科学的労働者が立ち停(ど)まり、——立ち停まらなければならないそのすべての段階にかつては立っていたということが必要であろう。彼は自ら恐らく批判家であり、懐疑家であり、独断家であり、歴史家であり、それに加えて詩人であり、蒐集家であり、旅行家であり、謎解きであり、道徳家であり、予見者であり、「自由な精神」であり、更に殆んどすべてのものであったのでなければならない。そうであったればこそ、人間的な価値と価値感情の領域を遍歴し、様々な眼と良心とをもって、高みからあらゆる遠くを、深みからあらゆる高みを、隅からあらゆる広さを眺めることができるようになったのである。しかし、これらすべては彼の任務の予備的条件にすぎない。この任務そのものはそれとは別のことを欲する。——それは、彼が価値を創造することを求めるのだ。カントおよびヘーゲルの高尚な模範に従うあの哲学的労働者たちは、何かしら或る大きな評価の事実を、――換言すれば、支配的になって当分の間「真理」と呼ばれている以前からの価値定立・価値創造の事実を――確定し、更にこれを強いて定式化しなくてはならない。この定式化は論理的なものの領域においても、政治的なもの（道徳的なもの）の領域においても、或いは芸術的なものの領域においても、それぞれ行なわれなくてはならない。これらの研究者たちにとっての責務は、すべてのこれまで起こった事柄や評価された事柄を概観しうるように、熟考しうるように、把握しうるように、取り扱いうるようにすること、すべての長いもの、そうだ、「時間」そのものをさえも短縮して、過去の全体を圧服することだ。これは一つの巨大な、かつ驚嘆すべき任務であって、この任務に就くということには確かにいかなる鋭敏な矜持(きんじ)も、いかなる頑強な意志も満足しうるであろう。しかし真の哲学者は命令者であり、かつ立法者である。彼らは「かくあるべし」と言う。彼らは始めて人間のどこへ？と何のために？とを規定し、その際にすべての哲学的労働者、すべての過去の圧服者の準備作業を意のままに利用する。――彼らは創造的な手をもって未来を摑み、そして存在するものと存在したもののすべてがその際に彼らにとって手段となり、道具となり、ハンマーとなる。彼らの「認識」は創造であり、彼らの創造は一つの立法であり、彼らの真理への意志は――力への意志である。――今日そういう哲学者たちが存在するだろうか。すでにそういう哲学者たちが存在したろうか。そういう哲学者たちが存在しなければならないであろうか。

二一二

私にはますますそう思われるのであるが、哲学者は明日と明後日の必然的な人間としていつも彼の今日と矛盾する状態にあったし、またあらざるをえなかった。彼の敵はいつの場合にも今日の理想であった。哲学者と呼ばれるこれらすべての非凡な人間の促成者たち、また自分自身を稀にしか智恵の愛好者と感じることなく、却ってむしろ不愉快な馬鹿者で危険な疑問符だと感じた者たちは、——これまで彼らの任務を、その厳しい、望みもしない、拒みがたい任務を、しかも結局はその任務の偉大さを、彼らの時代の良心に疚しさを感じるようになるということに見いだした。彼らはほかならぬその時代の徳の胸に生体解剖のメスを加えることによって、彼ら自身の秘密が何であるかを暴露した。それは人間の一つの新しい偉大さを知ること、人間を偉大にする一つの新しい前人未踏の道を知ることであった。彼らがいつも暴き出したのは、彼らの同時代人の道徳性の最も尊重された類型の下にどれほど多くの偽善・安易・怠慢・自棄が、どれほど多くの虚偽が隠されているかということ、どれほど多くの徳が生き残っているかということであった。いつの時にも彼らは言った。「われわれは、君たちが今日最も住み慣れにくいと思っているところへ出て行かなければならないのだ、」と。誰も彼もを片隅と「専門」へ呪縛しようとする「近代的理念」の世界に直面して、哲学者は——今日もし哲学者たちが存在しうるとすれば——人間の偉大さを、この「偉大」という概念をこそ人間の広汎さと多様さのうちに、多数の全体性のうちに置かざるをえないであろう。彼は更に価値と順位をすらも、その者がいかに多くのもの、多様なものを担い、身に引き受けるか、いかに広く自分の責任の範囲を拡げうるか、ということによって規定するであろう。今日では時代の趣味と時代の徳が意志を弱め、稀薄にする。意志の弱さほど時流に適ったものはない。従って、哲学者の理想においては、意志の強さ、長い決意に堪える鞏固さと能力こそが「偉大」という概念のうちに帰属しなければならない。頗る当然のことであるが、今とは逆の時代には、すなわち、十六世紀のように意志の勢力の堆積と我欲の粗暴極まる奔流や津波に悩んだ時代には、今とは逆の教説が、すなわち柔弱な、諦観的な、謙譲な、無私な人間性の教説や理想がふさわしいものであった。ソークラテースの時代には、疲れた本能の人間ばかりがいて、保守的なアテーナイ人たちは無為に日を送り――「幸福のため」とは言っていたが、実際の行ないは娯楽のためだった。しかも、それでいて常になお彼らの生活から見てとっくにもはや何らの権利も与えられないような古い美辞麗句を口にしていた。こうした人々の間にあって恐らくイロニーは魂の偉大のために必要であったろう。すなわち、あのソークラテースの悪意ある自信は、老医や賤民のように容赦なく自分の肉にも「貴族たち」の肉や心にと同じく切り入ったが、その眼差しは全く明らかに、「おれの前で佯るのはやめろ！　ここでは――われわれは平等なのだ！」と語っていた。今日では逆に、ヨーロッパではひとり畜群のみが名誉にありつき、名誉の分け前に与っており、「権利の平等」は余りにも容易に「無権利の平等」に変化しうるので、すべての稀有なもの、異他的なもの、特権的なもの、より高い人間、より高い魂、より高い義務、より高い責任、創造的な力の充実と支配者的な権力を共同に攻め取るために、私はこう言いたい。——今日では、高貴であること、独立自存であろうと欲すること、他者でありうること、孤立し、自己の拳（こぶし）で生きなければならないことが「偉大」という概念に属する、と。そして、哲学者は次のように提言するとき、彼自身の理想の一端を洩らすことになろう。「最も孤独な者、最も隠れた者、最も脱俗的な者、善悪の彼岸にあって自分の徳の主人であり、有り余る意志をもつ者こそ、最も偉大な者であるべきである。同様に、複雑であるとともに全体的であり、また広大であるとともに完全でありうること、これこそまさに偉大と呼ばるべきである。」そこで、もう一度問わなければならない。今日——偉大ということは可能であるか、と。

二一三

哲学者とは何であるか、それは学ぶに困難である。というのは、それは教えらるべくもないからである。それは経験から「知ら」れなければならない。——さもなければ、それを知らないことに対して誇りをもつべきである。しかし今日、世人がすべて自分では経験をもちえない物事について語ることは、哲学者および哲学的状況に関して最も多く、かつ最も甚だしいものがある。——このような事柄については、極めて少数の者だけが知り、また知ることを許されるのだ。そしてそれについての通俗的な意見は悉く誤っている。そこで例えば、《快速調（プレストー）》で走る大胆奔放な精神性と、一点の蹉跌（さてつ）をも犯さない弁証法的な厳密性と必然性は、真に哲学的に共存するものであるが、このことは大抵の思想家や学者たちには彼らの経験からは未知のものであり、それ故に、誰かがそれについて彼らに語るとしても、彼らにはそれは信じるに足りないのだ。彼らはあらゆる必然性を、窮迫として、苦痛をもって従わなければならないもの、強制されるものとして考える。そして思惟そのものは、彼らには何か緩慢なもの、逡巡するもの、殆ど一つの労苦とも言えるもの、またしばしば「貴族が汗を流すに値する」ほどのものと見なされる。――しかも何か軽快なもの、神的なもの、そして舞踏・陽気に極めて近似したものと見なされることは全然ないのだ！「思惟すること」と事柄を「真面目に取ること」・「重大に取ること」――これは彼にあって互いに同種のことである。そういう風にのみ彼らは思惟を「体験」して来たのである。芸術家はこの点で確かに一つの一層繊細な嗅覚をもっているかもしれない。彼らは何事をももはや「恣意的に」でなく、すべてを必然的に為すときにこそ、彼らの自由・繊細・全力・創造的な措置・処理・形成などの感情がその頂点に達することを、――要するに、必然性と「意志の自由」とがそのとき彼において一つであることを知りすぎるほどよく知っている。結局、魂の状態には一つの順位があり、それに相応して問題の順位がある。そして最高の問題は、自分の精神性の高さと力とによってそれらの問題を解決するように予定されていないのに、敢えてそれらに近づこうとするすべての者を無慈悲にも突き戻すのである。円転滑脱な万算段師や、或いは融通のきかない向こう見ずの機械論者や経験論者が、今日しばしば見られるように、その賤民的功名心に駆られてそれらの最高の問題に近づき、いわばこの「大内裏」に押し入ろうとしても、それが何になるというのだ！ しかし、そういう絨毯を賤しい土足で踏むことは決して許されてはならない。事物の根本法則によって、そのための配慮がすでになされている。これらの闖入者が扉に頭をぶつけて突き破ろうとも、扉は依然として閉ざされたままなのだ！ あらゆる高い世界に入るためには、そのように生れついていなければならない。もっと明瞭に言えば、そのように育成されているのでなければならない。――哲学に対する権利――この言葉を広い意味にとって――をもつのは、ただその人の素性によるのであって、ここでも決定的なものは祖先であり、「血統」である。多くの世代が哲学の成立のため準備をしているのでなければならない。哲学者が生じるには、幾世代にも亘る準備作業が必要である。哲学者のあらゆる徳はそれぞれ個別的に獲得され、養育され、遺伝され、体現されなければならない。そして、その思想の大胆で軽快で柔軟な歩みと進みばかりでなく、なお何よりもまず大きな責任を進んで引き受ける用意、支配者の眼で見下ろす眼差しの高さ、大衆とその義務や徳からの隔離感、神であると悪魔であるとに拘わりなく、誤解され誹謗されるものに対する親切な保護と弁護、――大きな正義に対する悦びと実行、命令する技術、意志の広さ、稀にしか驚嘆せず、稀にしか鑽仰せず、稀にしか愛しない緩やかな眼などがそれだ……

第七章　われわれの徳

二一四

われわれの徳だと？——恐らく、われわれもまたなおわれわれの徳をもっているであろう。当然のことながら、それはわれわれがそのためにわれわれの祖父たちを尊敬しながら、しかも些か敬遠するあの誠実で四角四面の徳ではない。明後日のヨーロッパ人であるわれわれ、二十世紀の初生児であるわれわれ、——すべての危険な好奇心、複雑多様さと佯装の術、精神と感覚とにおいて軟熟して甘美とも言うべき残忍性をもっているわれわれ、——そのわれわれが徳をもつべきだとすれば、恐らくは、われわれの最も内密で最も深実な傾向や、われわれの最も熱烈な要求と極めてよく一致するようになった徳だけをもつであろう。さあ、われわれはわれわれの迷宮のうちにそうした徳を探し求めようではないか！——知られる如く、この迷宮のうちで、あんなに多くの者が路に迷い、あれほど多くの者が全く行く方知れずになってしまったのだ。しかも、自分自身の徳を探し求めることより以上に立派なことがあろうか。これは殆んどすでに、自分自身の徳を信じることを意味するのではなかろうか。しかしこの「自分の徳を信じる」ということ——これは根本において、以前には自己の「疚しからぬ良心」と呼ばれたと同じもの、すなわち、われわれの祖父がその頭の背後に、またしばしばその悟性の背後に垂らしていたあの勿体らしく長長とした概念の辮髪ではなかろうか。してみれば、われわれが他の点ではいかに古風でなく、祖父のように敬われるに値しないと自分では思っていようとも、この一点においてわれわれはやはりあの祖父たちの孫たるにふさわしいのだ。われわれは疚しからぬ良心をもつ最後のヨーロッパ人なのだ。われわれもまた祖父たちの辮髪をぶらさげているのだ。――ああ！　それがまもなく、もうすでにまもなく――変ることを諸君が知ってくれたら！――

二一五

星辰の世界には時として二つの太陽があって、それらがただ一つの遊星の軌道を規定する。また或る場合には、それぞれ異なる色の太陽が、時には赤い光でもって、時には緑の光でもって、唯一の遊星を照らし、また更には、それらの光が同時にその遊星に当たって、それを多彩な色で溢れさせる。それと同じくわれわれ近代人も、われわれの「星空」の複雑な機構によって――様々な道徳によって規定されている。われわれの行為は、代わるがわる様々な色に輝く。それらの行為が一義的であることは稀である。――そして、われわれが多彩な行為をする場合は幾らでもある。

二一六

自分の敵を愛する？　これはよく知られているように思う。これは今日、大なり小なり、幾千となく行なわれている。それどころか、時としてはすでにそれ以上に高邁なこと、崇高なことさえ行なわれている。われわれは、愛するときに、しかも最もよく愛するときにこそ、軽蔑することを心得ているのだ。——しかもすべてこうしたことが無意識に、騒ぎ立てることも飾り立てることもなく、勿体ぶった言葉や道徳の極まり文句を口にすることを禁じるあの善意の羞恥と秘匿とをもって行なわれるのだ。態度としての道徳は——今日われわれの趣味に反する。これもまた一つの進歩である。あたかも、われわれの祖先にとってついに態度としての宗教が趣味に反するようになったのが彼らの進歩であったと同様に。もとより、宗教に対する敵意やヴォルテール流の辛辣な譏刺も(また以前に自由精神の身振り言葉に属した一切のものも)進歩に数え入れられる。われわれの良心のうちには音楽があり、われわれの精神のうちには舞踏があって、これにはすべての清教徒の連禱も、すべての道徳的な説教や愚直な沙汰も調子を合わせようがないのだ。

二一七

自分たちに道徳的分別や繊細な道徳的判別力があると信じられることに高い価値を置くような人々には用心するがよい。彼らは、一旦われわれの前で(或いは、われわれについて)失策をしたとなると、決してわれわれを赦してはくれない。——彼らはなお依然としてわれわれの「友人」である場合ですら、われわれの本能的な誹謗者となり毀傷者となることは避けがたい。——忘れっぽい人々は幸いである。彼らは自分の愚行をも「綺麗さっぱり」忘れてしまうからだ。

二一八

フランスの心理学者たちは——と言っても、今日それ以外のどこになお心理学者がいようか——、相も変らず《ブルジョアの愚劣さ》を散々に皮肉る楽しみになお飽くことを知らないが、いわばあたかも——もうやめよう。とにかく彼らはそれによって何かを暴露している。例えば、ルアンの立派な市民、フロベール*が見たり、聞いたり、味わったものも結局はそれ以外のものではなかった。——それは彼一流の自虐であり、洗煉された残忍さであった。ところで、目先を変えるために——退屈するだろうから——、私はもう一つの別の例を紹介してうんと喜んでいただこう。それというのは、すべての善良で肥満した正直な凡庸の精神がより高い精神とその任務に対して取るあの無意識の狡猾な態度である。すなわち、これはあの精妙な皮肉たっぷりのジェスイット的な狡猾さで、この中産階級が至上の瞬間において発揮する才覚や趣味よりも——それどころか、その犠牲となる者の才覚よりも、千倍も精妙である。——これはまたしても、「本能」がこれまで発見されたすべての種類の知性のうちで最も知性的なものだということの証明になる。要するに、君たち心理学者諸君よ、「例外者」と戦う「常例者」の哲学を研究したまえ。そこに諸君は一幕の芝居を、神々と神々の悪意に十分に適った一幕の芝居を観たまえ！　或いは、もっと明瞭に言えば、「善良な人間」について、《善意の人間》について、……諸君自身について生体解剖を行ないたまえ！

＊ 一八二一—八〇、外科医の子として生れ、後に文学に専念し、ルアン近郊の家に籠って生涯を文学に殉じた。

二一九

道徳的に判断し判定することは、精神的に限局された者たちがそうでない者たちに対して好んで行なう復讐であり、更に彼らが自然によって入念に配慮せられなかったことに対する一種の損害賠償でもあり、最後に才智を獲得して聴明になるための一つの好機である。——悪意は才智を得させるものだ。精神的な財物と特権を多分に与えられた者たちをも彼らと同等にするような尺度が存するということは、彼らにとって衷心から喜ばしいことである。——彼らは「神の前での万人の平等」のために戦い、しかも殆んどこの目的のためにのみ神に対する信仰を必要とすると言える。彼らのうちにこそ無神論の最強の反対者がいるのだ。彼らに向かって、「高い精神性は、全くただ道徳的なだけの人間のいかなる誠実や品位とも比較を絶する」という者があれば、彼らを狂乱させることになろう。——私はそんなことをしないように気をつけよう。却って、私は次のような命題でもって彼らに取り入ることにしたい。高い精神性それ自体は道徳的性質の最後の産物としてのみ成立する。この高い精神性は「単に道徳的なだけの」人間に帰せられるあのすべての状態の綜合であって、これらの状態は一つ一つ、長い訓育と練習によって、恐らく幾世代もの連鎖の全体のうちで獲得されたものである。この高い精神性は正義とあの好意ある厳(きび)しさの精神化されたものにほかならないが、この好意ある厳しさとは、世界における位階の秩序を、人間のうちにのみでなく、——事物そのもののうちにも保持するように委託されていることの自覚である、と。

二二〇

いまや「無関心な者」があれほど民衆の賞讃を受けているとき、恐らく多少の危険がないではないが、民衆が真に関心をもつのは何であるか、またおよそ一般人が根本的に深く心を悩ます物事は何であるかを意識しなければならない。一般人と言っても、それは教養人も、学者をさえも含めてのことであり、また全くの間違いでなければ、殆んど哲学者も含まれるのである。そうすると、次のような事実が出て来る。すなわち、人並み以上に繊細な贅沢に慣れた趣味をもつ者や、あらゆる高級な本性をもつ者が関心をもち魅力を感じるものの大部分は、平凡な人間には全く「関心がない」ように見えるという事実がそれだ。——それにも拘わらず、凡人はそうしたものに没頭しているのを見ると、それを《無関心》と呼び、そして「無関心に」振る舞うことがどうして可能なのかと不思議に思う。この民衆の驚嘆に更に一つの誘惑的で神秘的・彼岸的な表現を与えることを心得ていた哲学者たちがあった(——恐らくこれらの哲学者は高級な本性を経験によって知っていなかったからだろうか)。——そして、「無関心な」行為が、前提によっては一つの甚だ興味ある関心を惹く行為であるという、赤裸々な全く正当な真理を提示することを知らなかった。――「それでは愛は？」――何だって！　愛から出た行為でさえも「非利己的」であるというのか。だが、お前たち馬鹿者どもめ――！「また身を犠牲にする者は賞讃されるではないか？」だと。――しかし本当に犠牲を払った者は、自分がその代わりに何かを、――恐らく自分の何かの代わりに自分の何かを望み、また手に入れたことを知っている。――自分がここで犠牲にしたのは、あそこでそれ以上のものを得るためであり、恐らく一般にそれ以上のものであるため、或いは、自分を何とかして「それ以上の」ものと感じるためであることを知っている。しかし、こんなことは贅沢に慣れた精神が拘わることを好まない問答の領域だ。それだから、ここでは真理は答えなければならないものとなるともう欠伸を噛み殺さなければならない始末である。結局のところ、真理は女である。真理に暴力を加えるべきではない。

二二一

或る道学者流の杓子定規で細事に拘わる人が、自分は私利私欲のない人間を敬重し賞揚すると言ったことがある。しかし、これはその人間に私欲がないからではなく、むしろその人間が自分自身の損失を顧みず他人を利するという権利をもっているように見えるからである。それはともかく、問題は常に、自分が誰であり、他人は誰であるか、ということだ。例えば、命令するように定められ、造られているような者にあっては、自己否定や控え目な謙譲は徳ではなくして、むしろ徳の浪費であるだろう、と私には思われる。自分を無条件のものと見て、誰のためにでも向けられるあらゆる非利己的な道徳は、単に趣味に対して罪を犯すのみではない。それは怠慢の罪を煽動するものであり、むしろ博愛の仮面をつけた誘惑である。——そして、まさしく高級な者、稀有な者、特権的なものを誘惑し、毀傷するものにほかならない。何よりもまず位階の秩序の前に身を屈するように種々の道徳を強制しなければならない。種々の道徳の僭越を良心に還らせるようにしなければならない。——このようにして、「或る者にとって正しいことは他の者にとっても正しい」と言うことが不道徳であるということについて、ついに様々の道徳が相互に明らかに理解し合うまでにならなければならない。——このようなことを言ったのは、わが道学者流の小理屈屋で《お人好し》である。彼が様々の道徳をそのように道徳性に化そうと訓告したときに、彼が嘲笑されたのは至当であったろうか。しかし、そうした嘲笑者たちを自分の味方につけようと思うなら、余りに正しくありすぎてはならない。一粒の不正を加味することは、良き趣味に属することでさえある。

二二二

今日、同情が説教されるところでは、よく聞けば、もはやその他のいかなる宗教も説教されはしない。——心理学者は耳を欹てて聞くがよい。これらの説教者たちに(またすべての説教者たちに)固有なあらゆる虚栄とあらゆる喧騒を貫いて、彼は嗄れた、呻くような、本当の自己侮蔑の声を聞くであろう。これは、いまや一世紀にも亘って増大しつつあるヨーロッパのあの陰鬱化と醜悪化の一つの現われである（そしてその最初の徴候はすでに文書の上ではエピネ夫人*に宛てたガリアーニの考え深い書信のうちに記されている）。それがあの陰鬱化・醜悪化の原因ではないにしてもだ！「近代的理念」をかざす人間、この思い上がった猿は、自己自身に対する不満を抑えることができない。これは確実なことだ。彼は苦しんでいる。そこで彼の虚栄心は、彼がただ「共に苦しむ」ことを欲するのである。——

＊　一七二六—八三、フランス貴族出の女流作家、ルソー、ディドゥローらの保護者。

二二三

ヨーロッパの混血種族——かなりに醜悪な賤民——は、皆が皆、是非とも衣裳を必要とする。彼らは衣裳を蔵う納戸として歴史を必要とする。もとよりその際どの衣裳もうまく躰に合わないことに気がつく。——彼らは衣裳を取り換え引き換えする。十九世紀が様々な様式の仮装舞踏会を矢継ぎばやに偏愛し、変更した有様を見てみるがよい。更に、われわれには「何にも似合わない」というので絶望した瞬間のことを見てみるがよい——。浪漫派風に、または古典派風に、またはキリスト教風に、またはフィレンツェ風に、または《バロック風に》、或いは「国粋風に」装ってみても、どれも駄目であり、《様式においても技巧においても》「似合わない」のだ！　しかし精神は、わけても「歴史的精神」は、こうした絶望のうちにもなお自己に有利なものを見て取る。前代や外国の新奇な品が繰り返し試され、着換えられ、脱ぎ棄てられ、蔵い込まれ、そして何よりも研究される。――「衣裳」という《その点に関しては》、われわれの時代ほど研究した時代はない。私が言うのは、道徳・信条・芸術趣味および宗教のことであるが、これらの点ではかつていかなる時代にも見られなかったほどに準備が行き届いていて、大袈裟なカーニヴァルが催され、精神的な謝肉祭の哄笑や放逸が行なわれ、最高の愚劣とアリストファネース風の世界嘲笑の絶頂が極められようとしている。恐らくは、われわれはここにこそわれわれの発明の領域をお見いだすのであって、この領域においては、われわれといえどもなお独創的でありえ、いわば世界史の戯作者であり、神の道化師でありうるのだ。――恐らくは、今日のもので未来をもつものは他に何もないとしても、やはりわれわれの笑いこそはなお未来をもつのだ!

二二四

歴史的感覚(或いは、一民族・一社会・一個人がそれに従って生きて来た評価の位階秩序を速かに察知する能力、これらの評価の相互関係や、諸価値の権威の現実的な作用力の権威に対する関係を看取する「予見的本能」)、この歴史的感覚は、われわれヨーロッパ人がわれわれの特殊性として要求するところのものであって、ヨーロッパが階級や人種の民主主義的混淆によって陥った魅惑的で気違いじみた半野蛮状態の結果としてわれわれに現われたのである。――十九世紀が始めてこの感覚を、第六感として認めるようになる。過去のあらゆる形式や生活様式、以前には厳しく並存し、重層をなしていた諸文化が、あの混淆のおかげでわれわれ「近代的な魂」のうちへ流れ出る。われわれの本能はいまや四方八方へ逆行する。われわれ自身が一種の混沌である。――結局、そこで「精神」は、前に言ったように、自己に有利なものを見て取る。肉体と欲望におけるわれわれの半野蛮状態によって、われわれは到るところに向かって、高貴な時代が決してもたなかったような秘密の通路を、何よりも未完成の諸文化の迷宮への通路と、かつて地上に現存したかぎりのあらゆる半野蛮状態への通路をもつ。そして、人間の文化の最も多くの部分がこれまで半野蛮状態にほかならなかったかぎりにおいて、「歴史的感覚」とは殆んどすべてのものに対する感覚と本能、すべてのものに対する趣味と味覚である。これによって直ちにこの感覚が一つの高貴でない感覚であることが立証される。倒えば、われわれはホメーロスを再び味読する。恐らくわれわれがホメーロスを味わうことができるということは、われわれの最も幸福な優越点であろう。高貴な文化の人間は(例えば、ホメーロスの《空漠たる精神》を非難したサン・テヴルモン*のような十七世紀のフランス人たちや、更にその末裔(まつえい)であるヴォルテールなんかですらも)そう容易にホメーロスを消化することができず、またできなかった。――享受することなどは彼らには殆んどできなかった。彼らの食欲の極めて断乎とした然りと否、容易に嘔吐を催し、すべての異質的なものに関して躊躇(ちゅうちょ)しがちに自制し、活発な好奇心をもっているに拘(かか)わらず没趣味的なものを嫌悪し、また総じて新しい貪欲や、自分のものに対する不満や、他人のものに対する嘆美を白状することを好まないというあの高貴で自足的な文化のもつ特色、こうしたすべてのことのために、彼らは自分たちの所有となり、或いは自分たちの獲物(えもの)となることがありえないようなものならば、世界の最善の事物に対してすら好意を示さない。そこで、こうした人間にとっては、ほかならぬ歴史的感覚とその屈従的な賤民的好奇心より以上に不可解な感覚はない。シェークスピアについても事情は異ならない。この驚くべきスペイン風・ムーア風・ザクセン風の趣味綜合については、アイスキュロスと交情のあった古代アテーナイ人は半ば死ぬほど笑うか怒るかしたことであろう。しかしわれわれは、――まさにこの粗野な多彩さを、最も繊細なものと最も粗大なものと最も技巧的なものとのこの混乱をこそ、或る秘やかな信頼と誠意とをもって受け入れる。われわれはシェークスピアを、まさしくわれわれのために取っておかれた芸術の精髄として享受し、しかもその際、シェークスピアの芸術と趣味とがそこに生きていたイギリス賤民の厭わしい雰囲気と界隈に殆んど妨げられない。それはあたかもナポリの《キアヤ》**にいて、しかもどんなに賤民区の下水溝が悪臭を放っていようとも、われわれの感覚のすべてを開いて、魅せられながらいそいそとわれわれの道を歩いて行くのと同じである。われわれ「歴史的感覚」をもつ人間、われわれはこうした人間としてわれわれの徳をもっている。これは争わるべくもないことである。――われわれは寡欲で、無私で、謙遜で、勇敢で、克己心に充ち、献身の思いに溢れ、感謝の念に篤く、極めて忍耐強く、甚だしく親切である。――それにも拘わらず、われわれは恐らく非常に「趣味がある」とは言えないのだ。われわれは結局、自白することにしよう。われわれ「歴史的感覚」をもつ人間にとって理解し、感じ、味わい、愛するに最も困難なもの、われわれが根本的に偏見をもち、殆んど敵視するもの、それはまさしくあらゆる文化と芸術とにおける完璧なもの、最後の円熟を遂げたものであり、作品と人間とにおける真に高貴なもの、それらの滑らかな大海の面のように静穏な自足の瞬間であり、完成されたすべての事物が示す黄金色と冷たさである。恐らく歴史的感覚というわれわれの大きな徳は、良き趣味と、少なくとも最良の趣味と必然的に対立する。そしてわれわれは、ここかしこに時あって輝きを放つ人間の生の小さく短かい最高の僥倖と浄化をこそ、ただ拙く、ただ逡いながら、ただ無理にわれわれのうちに思い描いてみることができるのみである。それは、大いなる力が無節度と無制限の前に進んで立ち停まったあの瞬間と奇蹟——、突如として拘束と凝化とを蒙りつつも、なお顫えている地盤の上に確乎として立ち、自己を確立して、溢れるほどの微妙な悦びが味わわれたあの瞬間と奇蹟である。このような節度はわれわれには縁遠いものである。これをわれわれは自認しよう。われわれの欲情は、まさに無限なもの、莫大なものの欲情にほかならない。さながら鼻息も荒く疾駆する馬上の騎手のように、われわれは無限なものに向かう奔馬の手綱を手放そう。われわれ近代人、われわれ半野蛮人は——しかも最も甚だしく——危険のうちにあるときに始めてわれわれの至福のうちにあるのだ。

＊　一六一六—一七〇三、フランスの文学者・文芸評論家で懐疑的な自由思想家。

＊＊　ナポリの海岸沿いの繁華な大通りで、しかも近くには貧民窟があって不潔な空気が漂って来ることもある。

二二五

快楽主義であれ、厭世主義であれ、功利主義であれ、幸福主義であれ、快と苦、換言すれば、随伴的な状態や副次的な条件によって事物の価値を測るこれらすべての考え方は、前景だけを見る考え方で素朴性を脱するものではなく、これらに対しては、形成的な力と芸術家的な良心を自覚している者ならば誰でも、嘲笑なしには、更に同情なしには見下ろすことがないであろう。諸君自身に対する同情！　それはもとより、諸君が考えるような同情ではない。それは「社会的困窮」に対する同情、「社会」とその病疾者や敗残者に対する同情でもなく、われわれの周囲の地上にごろごろしている生れながらの悪徳者や癈疾者に対する同情でもない。それはまして「自由」と呼ばれる支配権を――狙う不平を呟く抑圧された叛乱的な奴隷階層に対する同情でもない。われわれの同情は一層高次の、一層遠目のきく同情である。――われわれが見るのは、人間がいかに小さくされるか、諸君が人間をいかに小さくするかなのだ！――それで、われわれがまさに諸君の同情を単純に尽くしがたい不安をもって見る瞬間がある。それは、われわれがこの同情に対して抵抗を感じる瞬間であり、――われわれが諸君の真面目さをいかなる浮薄よりも危険だと見る瞬間である。諸君は、できうべくんば――そしてこれほど馬鹿げた「できうべくんば」はないが――苦悩を除去しようとしている。それでは、われわれは？　思うに、実にわれわれは苦悩をかつてよりも一層高く、かつ一層酷くしたいと望んでいるのだ！　諸君の解するような無事安泰、

——それは無論、われわれの目標ではない。それはわれわれには終末だと思われるのだ。それは人間を直ちに笑うべきものとし、軽蔑すべきものとする状態であり、——人間の没落を望ましめるものなのだ！　苦悩の、大いなる苦悩の訓練、——ただこの訓練のみが人間のすべての高昇を創り出したということを諸君は知らないのか。魂の強さを育て上げる不幸のうちにおける魂のあの緊張、大いなる破滅の瞬間における魂の戦慄、不幸を担い、辛抱し、解釈し、利用し尽くすときの魂の創意と果敢、またかつて深底・秘密・仮面・精神・狡智・偉大によってのみ魂に贈られたもの、——それはこれらの苦悩のもとで、大いなる苦悩の訓練のもとで魂に贈られたのではないのか。人間のうちでは被造物と創造主とが合一している。人間のうちには素材・破片・過剰・粘土・汚物・背理・混沌がある。しかも人間のうちには更に創造者・形成者・鉄槌の峻酷・傍観者の神性および第七日(神の創造が終った後の安息日)がある。——諸君にはこの対立が分かるか。そして、諸君の同情は「人間のうちの被造物」に、すなわち、形成され、破砕され、鍛造され、引き裂かれ、灼熱され、精煉されなければならないものに、——必然的に苦悩せざるをえず、また苦悩すべきものに向けられるのだということが分かるか。ところで、われわれの同情、——それがすべての柔弱化と虚弱化のうちでも最悪のものである諸君の同情に対抗するときに、われわれの逆の同情が誰に向けられるかを諸君は理解しないのか。——従ってこれは同情に対する同情なのだ！——しかし、もう一度言うが、すべての快・苦の問題や同情の問題よりも一層高い問題が存する。そして、単にこの同情の問題にのみ帰趨するようなあらゆる哲学は素朴性を脱しえないのだ。——

二二六

われわれ不道徳者！——われわれに関係するこの世界、そこでわれわれが恐れたり愛したりしなければならないこの世界、微妙な命令と微妙な服従が行なわれている殆んど見ることも聞くこともできないこの世界、あらゆる点で取り扱いにくく、意地悪く、冷笑的で、情深い《殆んど》の世界、全くのところ、この世界こそは魯鈍な見物人や遠慮のない好奇心の侵入をうまく禦ぐようにできているのだ！　われわれは義務という網糸の肌着に厳しく絡み込まれていて、そこから脱け出ることができない。——そこでこそ、われわれ、このわれわれすらもが「義務の人間」なのだ！　もとより、時としてわれわれは確かにわれわれの「鎖」のうちで、われわれの「剣」の間で踊ることがある。同様にまた確かに、われわれはこのような状況のもとで歯ぎしりして、すべてわれわれの命運の秘やかな苛酷さに耐えがたい思いをすることもしばしばある。しかし、われわれは自分たちの欲することをしようと思う。無骨者や皮相をしか見ない手合いは、われわれに対して「これは義務をもたない人間どもだ」と言う。——われわれは常に無骨者や皮相の徒輩をわれわれの対抗者としてもつのだ！

二二七

篤実——、これがわれわれの徳、われわれ自由な精神の免れえない徳であるとすれば、いまや、われわれはすべての悪意と愛とを挙げてこの徳のために働き、われわれに残された唯一のわれわれの徳を「完成する」ことに努めて倦まないであろう。たといこの徳の輝きが鍍金された鉛色の嘲るような夕映えのように、この老い行きつつある文化とその鈍く陰鬱な真面目さの上に名残りを留めているにしてもだ！　それにも拘わらず、なおわれわれの篤実さがいつの日にか倦み疲れ、溜め息をつき、手足を伸ばし、われわれを苛酷にすぎると見なして、気持ちのよい悪徳のようにもっと楽に、もっと気易く、もっと柔弱にやって行きたいと思うであろうが、われわれは、われわれ最後のストア主義者は、依然として峻厳でいよう！　そして、われわれはこれを援助するために、われわれのうちにある悪魔性のみを、——無骨と偶然に対するわれわれの嘔吐、われわれの《禁じられたものに対する志向》、われわれの冒険心、われわれの利巧な贅沢に慣れた好奇心、貪婪に未来のすべての領域を求めて彷徨し熱狂するわれわれの最も精妙で最も秘匿的で最も精神的な力への意志と世界征服への意志などを送り届けよう。——われわれは、われわれの「悪魔」のすべてを挙げてわれわれの「神」の救援に赴こう！　恐らくは、このためにわれわれは誤解され間違えられるであろうが、それが何だというのだ！「彼らの篤実——それは彼らの悪魔性のことだ。そして全くそれ以上の何ものでもない」という者もあろう。——それが何だというのだ！そして、もしその者の言うことが正しいとしてもだ！　すべての神々はこれまでこのように聖化され改名された悪魔ではなかったのか。そして、われわれは結局、われわれ自身について何を知っているのか。また、われわれを導く精霊はどう呼ばれるのか(これは名称の問題だが)。更に、われわれはどれほど多くの精霊を蔵しているのか。われわれの篤実、われわれ自由な精神は、――篤実がわれわれの虚栄と華麗、われわれの限界、われわれの愚鈍とならないように心を配ろうではないか！　あらゆる徳は愚鈍になり、あらゆる愚鈍は徳になる傾向がある。「聖に近いまでの愚かさ」とロシアでは言われる。――われわれは、われわれが篤実からついには更に聖者になり、退屈な存在とならないように気をつけようではないか！　人生は、そのうちで――退屈するには百倍も短かすぎるではないか。そうでないためには、必ずや永世を信じなくてはなるまい

――――

二二八

すべての道徳哲学はこれまで退屈なもので、睡眠剤に属するものであったという私の発見を、――また、「徳」を最も酷(ひど)く害したのは、私の見るところでは、徳の弁護者たちのあの退屈さであったという私の発見を、大目に見てもらいたい。それによって私はまだ徳の一般的な功利性を看過しようとしたわけではないのだ。道徳について熟慮する人ができるだけ少ないということは、大したことである。――従って、道徳がいつかは無関心なものになるとすれば、それは非常に大したことだ！　しかし、御心配には及ばない！　これまで常にそうであったように、今日でもなお事情は変らない。道徳についての熟慮が危険に、憂うべき、誘惑的なものにされうるというこ

と、――この点に宿業が存しうるということについて分かっている（または分からせる）ような者を、私はヨーロッパにおいて一人も見ないのだ！　例えば、倦むことなく、それ以外に説くことを知らないイギリスの功利主義者たちを見るがよい。いかに彼らは無骨に、また敬重の念をもってベンサムの足跡をあちこちと追いまわしていることか（ホメーロスの譬喩で言えば、もっと明瞭だが）。それはあたかもベンサム自らがすでに尊敬すべきエルヴェシウス*の足跡を辿ったのと同じである（いや、このエルヴェシウスは、ガリアーニの言葉を借りれば、《この呑気な御老人》は、決して危険な人間ではなかったが――）。それは何ら新しい思想ではなく、古い思想を巧妙に変改したり襞づけしたわけでもなければ、まして以前の思想の本当の歴史でもない。それに少しばかりの悪意という酵母を捏ね入れて発酵させでもしないかぎり、全体としてはどうにもしようのない文献である。思うに、これらの道徳家のうちにも（もし彼らのものを読まなければならないとしたら、全く底意があって読むのでなければならない）、《キャント》と呼ばれるあの古いイギリス風の悪徳、すなわち道徳的偽善が忍び込んでおり、しかもそれが今度は科学性という新しい形式のもとに隠されている。またそこでは、以前の清教徒たちの種族が道徳を学問的に取り扱う際に常に当然のこととして忍受した良心の苛責を秘かに回避する方法をも講じてある。（道徳家というものは清教徒の反対物ではないのか。すなわち、道徳を疑わしいもの、疑問符を附せらるべきものとして、要するに、問題として取り扱う思想家ではないのか。道徳について云々することは――不道徳であるとは言えないのか。）結局、彼らはすべて、イギリス流の道徳を正当なものと認めようとする。それでこそ人類に、或いは「一般の福利」に、或いは「最大多数の幸福」に、いな！　イギリスの幸福に最もよく仕えることになるからである。彼らは全力を挙げて、イギリスの幸福を求める努力、私に言わせると《快適》と《時流》を追う努力（しかも、その窮極するところは議会に議席をもつことへの努力）が、同時にまた徳の正しい道でもある、ということを立証しようと欲する。いな、これまでこの世界に存在したかぎりの多くの徳は、まさしくこのような努力をこそ本質としたものである、ということをまで証拠立てようとするのだ。すべてこれらの鈍重な、良心に不安を感じている畜群動物ども（奴らは利己主義の問題を一般の福祉の問題として導こうと企てているが——）は、「一般の福祉」が何らの理想でも、何らの目標でも、何らかの理解しえられる概念でもなく、むしろ単に一つの吐瀉剤にすぎないということについて、知るところもなければ、嗅ぎつけることもない。——或る者にとって正当なことが、全くなお他の者にとって正当なことではありえないということ、一つの道徳を万人に対して要求するのはまさに高級な人間に対する侵害であるということ、要するに、人間と人間との間には一つの位階秩序があり、従って道徳と道徳との間にもそれが存するということについて、知りもせず嗅ぎつけもしないのだ。この功利主義的なイギリス人は、控え目な、根本的に凡庸な種類の人間なのだ。そして、すでに言ったように、そのかぎりにおいて彼らは退屈であり、彼らの功利性を十分に高く評価することはできない。彼らは更に激励せらるべきである。そこで、次のような詩でもって、いささかそれを試みた次第だ。

幸いあれ、健気なる荷車曳き諸君、
つねづね「長いほど結構」と言い、
頭も膝もいよいよこわばり、
感激もなく、洒落も飛ばさず、
いつも変らぬ凡庸さで、
《天才もなく、機智もなし！》

＊ 一七一五―七一、フランス啓蒙期の哲学者、功利主義的な道徳論を説いた。

二二九

「粗暴で残忍な野獣」に対するあれほどの恐怖、あれほどの恐怖の迷信――これを克服していることこそあのより人間的な時代の誇りをなすものなのに――、それが人間性を誇ってよいはずのあの後代においても残っている。それで明白な真理すらもが、あの粗暴な、ついには死滅させられた野獣を再び蘇らせるかのような観を呈するという理由から、申し合わせたように幾世紀にも亘って口にされないままになっている。他の人々はそういう真理を再び捉えて、それに「敬虔な考え方という乳」をたっぷり飲ませて、ついにもとの片隅に静かに忘れたように横たわらせるかもしれないが、私は些か口を滑らせて、そういう真理を洩らすことを敢えてしよう。――人々は残忍ということについて学び直し、眼を開かなくてはならない。例えば、悲劇に関して古今の哲学者たちによって育て上げられたようなあの図々しく厚手の過誤が得々として自信ありげに横行することのもはやないように、ついには堪忍の緒を切ることを学ばなくてはならない。われわれが「高次の文化」と呼ぶものは殆んどすべて、残忍の精神化と深刻化に基づいている。――これが私の命題である。あの「粗暴な野獣」は決して殺されてしまったのではない。それは生きており、栄えている。――それはただ――神化されただけなのだ。悲劇の悲痛な悦楽をなすものは残忍である。いわゆる悲劇的同情において、根本的にはついに形而上学の最も高く最も繊細な戦慄に至るまでのすべての崇高なものにおいてすら、快適の感じを惹き起こすものは、その甘美さをひとりそのうちに混入された残忍の要素から得ているのである。闘技場におけるローマ人、十字架の狂喜に酔うキリスト教徒、火刑や闘争を直視するスペイン人、悲劇へ押しかける今日の日本人、血なまぐさい革命に郷愁を感じるパリの場末の労働者、見せかけに『トリスタンとイゾルデ』を《我慢して》聞いているヴァーグナー狂の女たち、――これらすべての者たちが享受し、秘やかな熱情をもって飲み込もうと志しているもの、それは「残忍」という大魔女、キルケーの薬酒である。この場合もとより、残忍とは他人の苦悩を眺める際に生じるものだとのみ教えなければならなかった以前の愚鈍な心理学を追い払わなければならない。自分自身の苦悩、自分自らを苦しめるということにも夥しい、有り余るほどの享楽があるのだ。――そして、ただ人間が、フェニキア人や禁欲者におけるように、宗教的な意味での自己否定や自己毀傷を説き勧めたり、或いは一般に官能脱却や肉体離脱や悔恨や清教徒的な贖罪発作や良心の生体解剖やパスカル流の

《知性の犠牲》などを説きつけたりする場合、人間は秘かに自己の残忍によって誘われているのであり、自己自身に対して向けられた残忍のあの危険な戦慄によって突き進められているのである。最後に、次のようなことをもよく考えてみるがよい。認識者でさえも、精神の性向に逆らって、またしばしば自分の心情の願望に反してまでも認識しようと自分の精神を強いる際には、——すなわち、肯定し、愛し、崇めたいときに否を言うことを強いられる際には——、残忍の芸術家、かつ残忍の浄化者として働いているのだ。およそ深く根本的に突きつめるということがすでに、絶えず外見と表面へ向かおうとする精神の根本意志を暴圧することであり、それに苦痛を与えようとすることであって、あらゆる認識意欲のうちにはすでに一滴の残忍が含まれているわけだ。

二三〇

私がここで「精神の根本意志」について言ったことは、恐らく直ちには理解されないであろう。その説明を私に許してもらいたい。——人々が「精神」と呼ぶ命令的な或るものは、自分のうちでも自分の周囲に対しても支配者であろうと欲し、自分を支配者として感じようと欲する。それは多様から単純に向かう意志をもち、一緒に結び合わせ、拘束し、支配しようとし、また実際に支配的でもある意志をもっている。その要求と能力とはこの点で、生理学者たちが生き、成長し、増殖するもののすべてに認めるそれと同じである。異他を同化する精神の力は、新しいものを古いものと相似にし、多様を単純にし、全く矛盾するものを看過し、または押し除ける強い傾向のうちに現われる。同様にまた、精神は異他的なもの、「外界」のあらゆるものの特定の画線を勝手に強調したり、際立たせたり、適当に変造したりする。その際に精神の意図するところは、新しい「経験」を消化し、新しい事物を古い系列に編入すること、――従って成長することにある。更に明確に言えば、成長の感情、増大した力の感情にある。この同じ意志に、精神の一見して反対の衝動も奉仕する。無知を求め、勝手に閉じ籠もろうとする突然に勃発する決意とか、自己の窓の閉鎖とか、この或いはあの事物に対する内的な否定的発言とか、近寄ることの禁止とか、多くの知りうるものに対する一種の防禦状態とか、暗黒や閉ざされた地平に対する満足とか、無知に対する肯定と是認など、すべて同然である。これらすべては、精神の同化力の程度に応じて、具象的に言えば、精神の「消化力」の度合いに応じて、それぞれ必要なのである。――それで、実際「精神」は最もよく胃に似たものなのだ。同様に、時々欺かれようとする精神の意志もそうしたものであって、この意志は恐らく事情はしかじかなのではなく、しかじかのものと見なされているにすぎない、という勝手な予感をもっている。そこからすべての不確かなことや曖昧なことを好み、勝手に片隅の狭苦しいところに秘かに隠れることに自己満足を感じて欣喜し、物事を極端に近寄せたり、前景に引き出したり、拡大したり、縮小したり、摺らしたり、美化することに自己享楽して雀躍りする。つまり、すべてのこうした力の表出を勝手気ままにやることに自己享楽を見いだすのだ。最後に、他の精神を欺いたり、他の精神の前で自分を偽装しようとするあの精神のどうかと思われる熱心さも同じ類いのものである。これは創造し、形成し、変化しうる力のあの不断の圧迫と衝迫によるもので、精神はそこに自己の仮面の多様と老獪とを享しみ、そこに自己の安全感をも享しむ、――このプローテウス的技巧*によってこそ、精神は実に最もよく防衛され、隠蔽されているのだ！――仮象への、単純化への、仮面への、外装への、要するに表面へのこの意志に対して――表面はすべて一つの外装であるから――事物を深く、複雑に、根本的に考え、かつ考えようと欲する認識者のあの崇高な傾向は反対する。これは知的な良心と趣味の一種の残忍さであって、あらゆる果敢な思想家はこの残忍さを自分のうちに認めるであろう。もっともこれは、その思想家が当然のこととして自分自らに対する自分の眼を十分に長くかかって鍛え上げ、鋭くし、厳しい訓練に慣れ、更に厳しい言葉にも慣れている、と仮定した上のことである。彼は言うであろう、「私の精神の性向のうちには或る残忍なものがある」と。――有徳者や愛想のよい連中は彼にそれを諫止しようと努めるであろう！　事実、残忍という代わりに、「度はずれな篤実」とでも後から言われ、囁かれ、推奨されたのであったら――われわれの自由な、極めて自由な精神の耳にもっと優雅に響くことであろう。――そして恐らくは、われわれの――死後の評判も実際いつかはそのように響くのであろうか。――差し当たって――というのも、それまでにはまだ間があるから――われわれ自身は、そうした道徳的な美辞麗句で自分たちを飾り立てたいなどとは些かも思っていない。われわれの従来の仕事の全体が、このような趣味とその豊かな活気が嫌わせるのだ。そこには、篤実だの、真理への愛だの、智恵への愛だの、認識のための犠牲だの、誠実な者のヘロイズムだのといった美しい、きらきら光る、がちゃがちゃ鳴る、お祭り気分の言葉がある。——これらの言葉には、人の心の誇りを膨らませる何ものかがある。しかし、われわれ隠遁者でモルモット、このわれわれは久しい以前から隠遁者的な良心の秘奥で、自分にこう納得させて来た。このような立派な言葉の華麗さもまた無意識な人間の虚栄の古い虚偽の装飾、虚偽の襤褸、虚偽の金粉にほかならないし、更にこうした阿諛的な色彩や上塗りの下にも《自然的人間》という恐るべき原文が再び認められなければならない、と。すなわち、人間を自然へと翻訳し戻すこと、これまで《自然的人間》というあの永遠の原文の上に金釘流に書かれ、描かれた多くの虚妄な空想的な解釈や蛇足的な意味を克服すること、人間が今日すでに科学の訓練によって厳しく鍛えられて他の自然の前に立っているように、これからは人間の前に立たせるようにすること、怖れを知らないオイディプースの眼と塗りつぶされたオデュセウスの耳とをもって、古い形而上学の鳥差したちが余りにも長い間、「お前は〔自然〕より以上のものだ！ お前はより高いものだ！ お前は別の素性のものだ！」と人間に吹きかけて来たその呼び笛の曲調に耳を塞ぐこと、——これは奇妙で狂気じみた任務かもしれない、がしかし、それは一つの任務である。——誰がこのことを否定しようなどと思おうか！ 何故にわれわれはこの狂気じみた任務を選んだのか。或いは、別の問い方をするなら、「何故に一体、認識というものがあるのか。」——誰しもわれわれにそう尋ねるであろう。しかもわれわれは、そのように問い詰められても、われわれは、われわれ自身にすでに百度も同じく問いかけてみたけれども、われわれはよりよい答えを全く見いださなかったし、また見いだすこともないのだ……

＊ プローテウスはギリシア神話に現われる海神、人々に色々のことを教えるが、強制されなくては教えない。

二三一

学ぶということはわれわれを変化させる。それはすべての養分と同じことをする。養分もまた単に「維持する」だけではない。――これは生理学者の知る通りである。しかし、われわれの根柢には、全く「その下部には」、もとより或る教えられえないもの、花崗岩のような精神的宿命、予め定められ選び出された問いに対する予め定められた決断と解答とが存在する。あらゆる主要な問題にあっては、「私はそれである」という変えがたいものが発言する。例えば、男と女については一思想家は学び直すことができず、むしろただ学び尽くすことができるだけであり、――ただそれについて彼のうちに「確立して」いることを窮極まで発見し尽くすだけである。人々は時機を逸せず問題の或る解決を見いだし、それを全くわれわれに強く信じさせることがある。恐らく、それはその後は彼の「確信」と呼ばれるであろう。後になると――これらの確信のうちにただ自己認識への足跡を、われわれがそれであるところの問題への足跡を、――もっと正しく言えば、われわれがそれであるところの大愚への、われわれの精神的宿命の、全く「その下部に」ある教えられえないものへの足跡を見いだすだけである。――私がいましも私自身に対して取ったこの著しく慇懃な態度の故に、恐らく、「女自体」について若干の真理を吐露することを必ずや私に許していただけるであろう。もっとも、それがまさしくただ――私の真理であるにすぎないということをいまや前もって知っていて下さるとしてのことだが。——

二三二

女は自立したいと思う。そして、そのために「女自体」について男たちを啓蒙し始めている。——これこそはヨーロッパの一般的な醜悪化の最悪の進歩の一つである。思うに、女の科学性と自己暴露とのこの野暮な試みは、何とすべてのものを明るみに持ち出すことであろう！　女は羞恥を感じる理由を十分にもっている。女のうちにはあれほど多くの固陋さ、浅薄さ、教師臭さ、小生意気さ、くだらない放縦さ、くだらない思いあがりが潜んでいる。——女が子供たちの相手をしているのをよく見るがよい！　こうしたことは、これまで実際のところ男に対する恐れによって最もよく抑圧され制御されて来た。もしやがて「女における永遠に退屈なもの」——それがうんとあるのだ！——が、思い切って表へ出るようになったら、禍いなるかなだ！　もし女が優雅さ、戯れ、憂さ晴らし、気散じ、軽快な身のこなしなどといった賢さと技巧を、また快い情欲に対する細やかな心ばせを全く徹底的に、根本的に忘れ始めたら、まことに歎かわしい次第だ！　女聖アリストファネースに誓って言うが！　すでにいまや女の声が恐ろしいほど高まっている。女が最初に、かつ最後に男から欲しているものが何であるかは、医学的な明瞭さをもって差し迫って見られる。女がこのように科学的になりそうな気配が見えるというのは、最悪の趣味のものではなかろうか。これまでは幸いにも啓蒙は男の仕事であり、男の天分であった。——従って「水入らず」でやって来られた。結局のところ、女たちが「女」について書くものを見ると、女が自分自身について本当に啓蒙を欲しているのか——また欲しうるのかということについて、十分の不信を留保すべきであろう……。女は書くということで自分のための新しい装身具を求めているのでないとすれば、そうだ、女は自分に対して恐怖を搔き立てようとするのだ。——女はそれで恐らく支配を求めているのだ。しかし、女は真理を欲しない。女にとって真理など何であろう。真理ほど女にとって疎遠で、厭わしく、憎らしいものは何もない。——女の最大の技巧は虚言であり、女の最高の関心事は外見と美しさである。われわれは、われわれ男たちは告白しよう。われわれは女がもつほかならぬこの技術とこの本能をこそ尊重し愛するのだ。われわれ、そのわれわれは重苦しいから、女という生き物と附き合うことで心を軽くしたいのである。女たちの手、眼差し、優しい愚かさに接するとき、われわれの真剣さ、われわれの重苦しさや深刻さが殆んど馬鹿々々しいものに見えて来るのだ。最後に私は問おう。かつて女自らが女の頭に深さがあり、女の胸に正しさがあると認めたことがあろうか。そして、大体から見て、「女」はこれまで女自身によって最も多く軽蔑されたのであって、決して全くわれわれによってではなかった、というのが本当ではなかろうか。——われわれ男たちは、女が啓蒙によってこの上とも巻き添えを食うことのないようにと願う次第である。かつて教会は、《女は教会において黙っていよ！》と宣したが、それも女に対する男の心遣いであり、歓りであった。ナポーレオンが余りに能弁にすぎるドゥ・

スタール夫人*に《女は政治において黙っていよ！》とそれとなく言ったのも、女のためを思ったからであった。——そこで、今日では婦人がたに向かって《女は女について黙っていよ！》と呼びかける者こそは、真の女の味方なのだ、と私は思う。

* 一七六六—一八一七、フランスの有名な女流文学者、熱烈な自由思想家。特にドイツの浪漫主義をフランスに紹介し、フランスの文学および思想に重大な影響を与えた。

二三三

もし女がほかならぬロラン夫人*やドゥ・スタール夫人やジョルジュ・サンド氏**を引き合いに出して、それで幾らかでも「女自体」の有利な証拠にでもなったかのように思うなら、それは本能の腐敗を暴露するものだ、——それが悪趣味を暴露するものだということはなお度外視するとしてもだ。——男たちの間では、上記の者たちは三人の滑稽な女そのものと見られ、それ以上の何ものでもないのだ！ そして、それこそまさに解放と女性の自讃に対する最良の反証にほかならない。

* 一七五四—九三、フランスの文学愛好者で革新的な政治思想をもつ。ジャコバンとの抗争に敗れ、死刑に処せられた。

** 一八〇四—七六、フランスの有名な女流作家、理想主義に貫かれた楽天的な作品は影響するところが多大であった。「サンド氏」と言ったのは、その非女性的なのを皮肉ったもの。

二三四

台所における愚味(ぐまい)さ、料理人としての女、家族や主人の世話をする際の恐るべき無思慮ぶりはどうだ！　女は食事とは何を意味するかを心得ていない。しかも料理人であろうとするのだ！　もし女が考える生き物であるとしたら、実に、幾千年以来も料理人なのだから、最も偉大な生理学的事実を発見し、同じく医療の術をわがものとしたに違いあるまい！　下手(へた)くそな料理女たちのために、――台所における理性の完全な欠如のために、人間の発展は極めて長い間に亘(わた)って阻(はば)まれ、最もひどく害(そこな)われて来た。今日でさえなお殆んど少しもよくなっていない。――高級な令嬢たちに一言する次第である。

二三五

一つの文化全体、一つの社会全体が突如として結晶したような、気のきいた言い廻しや思いつきがあり、警句があり、小さい一握りの言葉があるものだ。ドゥ・ランベール夫人*がその息子に言ったあの偶然の言葉もそうである。《ねえ、お前、馬鹿げたことをするにしても、うんと楽しみになるのでなければ、決してしていけませんよ！》――ついでに言うが、これこそはかつて息子に向かって語られた最も母親らしく、最も賢明な言葉である。

＊一六四七―一七三三、パリ生れの名流夫人。

二三六

ダンテとゲーテが女について信じたこと、――ダンテは《彼女は上より見まもり、われそのうちにあり》と歌い、ゲーテはこれを「永遠の女性はわれらを引き上ぐ」（『ファウスト』第二部の最終句）と翻訳した。――あらゆるより高貴な女はこの信仰を阻止するであろうことを私は疑わない。彼女はまさに同じことを永遠の男性について信じるからである……

二三七

婦女七小訓

男がわれらに御い（はい）よるとき、いと永き無聊（ぶりょう）の時も逃げ行く！

＊　　＊　　＊

あわれ、寄る年波と学問とは、かよわき徳にも力を与う。

＊　　＊　　＊

黒き衣裳と沈黙は、いかなる女をも――慎（つつ）ましやかに装う。

＊　　＊　　＊

仕合わせなるとき、誰に感謝せんか。神に！　またわが仕立て屋に。

＊　＊

若き日は、花に飾られし洞窟。老いぬれば、竜の這い出ず。

＊　＊

気高き名、美わしの脚、加うるに男。おお、その男にしてわがものならましかば！

＊　＊

言葉は短かく、意味は深長に、——これぞ牡驢馬がための巧言！

＊　＊

婦人たちは男たちによって、これまでどこか高い処から彼らの許に迷い降りて来た鳥のように扱われて来た。何かしらより繊細なもの、より傷つき易いもの、より奔放なもの、より珍しいもの、より愛らしいもの、より情に溢れたものとして、——しかも飛び去らないように閉じ籠めておかなければならないものとして。

二三八

「男と女」という根本問題を捉え損い、ここにおける最も深刻な対立と永遠に敵対的な緊張の必然性とを否定すること、ここに恐らくは平等の権利、平等の教育、平等の要求と義務について夢みること、これは凡骨の典型的な一徴候である。そして、この危険な場所について浅薄さを

――本能における浅薄さを！――示した思想家は、一般に疑わしいものとして、というよりはむしろ正体を看破され、暴露されたものと見なされてよい。恐らく彼は、生の、更には未来の生のすべての根本問題に対して余りにも「目先がきかず」、深みへ掘り下げて行くことができないであろう。これに反して、その精神においても欲求においても深みをもち、更に峻厳苛酷でありうるし、また容易にそう取り違えられる深みをもっている男は、女について常にただ東洋的な考え方をしかしえない。――彼は女を占有物として、鍵をかけて閉じ籠めておくべき財産として、奉仕しうるように予め定められ、奉仕しうることによって自らを完成するものとして捉えざるをえない。――彼はこの点においてアジアの巨怪な理性に、アジアの本能の卓越性に立たざるをえない。それはかつて、アジアの最も優れた継承者であり門下生であったギリシア人がやったことと同様である。――周知のように、ギリシア人はホメーロスからペリクレースの時代まで、文化が繁栄し力が拡大するとともに、女に対しても一歩一歩と苛酷になり、要するに東洋的になった。このことがいかに必然的で、いかに論理的で、いかに人間的に望ましいことですらあったか、これについては自分でよく考えてみるがよい！

二三九

いかなる時代にも、弱き女性がわれわれの時代におけるほどの尊敬をもって男たちの側から遇されたことはない。――これは老人に対して不敬を示すことと全く同じく、民主主義的な傾向と根本趣味に属するものである。——この尊敬が直ちに再び濫用されるようになるのも、また何の不思議があろうか。より多くを欲し、要求することを覚え、ついにはあの敬意を表せられることを殆んどすでに侮辱的にさえ感じ、権利の争奪を、それどころか実に闘争をすら好むようになる。ともかくも、女は羞恥を失うのだ。しかし、われわれは直ちに附け加えておくが、女は趣味をも失うのだ。女は男を恐れることを忘れる。しかし「恐れることを忘れた」女は、その最も女らしい本能を放棄するものだ。男における恐怖を起こさせるものが、もっと明確に言えば、男のうちの男がもはや欲せられず、育成されなくなるとき、女が敢えてのさばり出るのは、当然至極のことだし、また十分に理解できることだ。理解しにくいのは、まさにそのことによって——女が堕落するということである。このことが今日では起こっている。われわれはこの点について瞞されてはならないのだ！　工業的精神が軍国的・貴族的精神に打ち勝ったところでは、いまや女は「店員」として経済的・法律的な独立性を求める。「店員としての女」という標語が形成されつつある近代社会の門戸に掲げられている。このようにして女が新しい権利を獲得し、「主人」になろうと努め、女の「進歩」をその旗幟に記している間に、恐るべき明瞭さをもってその逆の事態が実現されつつある。女は退歩しているのだ。フランス革命以来、ヨーロッパにおいて女の影響力は、その権利と要求の増大に比例して減少して来ている。そして「女性の解放」は、婦人自らによって（そして単に浅薄な頭の男によってのみでなく）要求され促進されるかぎり、最も女らしい本能の衰弱と鈍麻が増して来たことの一つの顕著な徴候としてそういう形を取って現われたものなのである。

この運動のうちには愚昧がある。それも殆んど男みたいな愚昧さで、育ちのよい女——それは常に賢い女であるが——ならば、心底から恥じるに違いないようなものである。そのために、どういう地盤に立てば最も確実に勝利を占めうるかということに対する嗅覚を失ってしまう。特有の武技を練習することを怠ってしまう。以前には躾けがあり、繊細で狡猾な謙虚さをもっていたのに、いまや男の前に出しゃばって、剰つさえ事によると「書物にまで」手を出しかねない。女のうちには隠された根本的に異なる理想があり、何かしら永遠にして必然的な女性があるという男の信仰に対して、有徳ぶった図々しさをもって反抗する。女は優しく、奇妙に野性的で、またしばしば好ましい家畜のように飼育され、世話され、保護され、大切にされなければならないものだということを、男に喋々と力説して廃めさせる。従来の社会秩序そのもののうちで女の地位がもっていたし、いまもなおもっている奴隷的・隷属的なもののすべてを憤激しながら無骨に探し集める(あたかも奴隷制度があらゆる高度の文化、あらゆる文化の向上の反証でこそあれ、条件ではないかのように)、——以上のすべてが、女の本能の破砕でなく、女らしさの棄却でないとしたら、果たして何だというのか。もとより、学識ある男性の頓馬たちのうちにも、愚鈍な婦人の味方や女を駄目にする連中がうんと存在する。これらの連中は女に勧めて、このように女らしさを脱却させ、ヨーロッパにおいて「男」が、ヨーロッパ的な「男らしさ」が病んでいる愚昧のすべてを真似させようとしている。——こうして女を「一般的教養」にまで、それどころか新聞を読んだり政治を論じたりするところまで引き下げようとしている。ここでもかしこでも婦人は自由精神や文学者にさえ仕立てられようとしている。あたかも敬虔さを欠く女が深みのある背神的な男にとって全く厭うべきものか笑うべきものであるかのようにだ。――殆んど到るところで女たちの神経を最も病的で最も危険なあらゆる種類の音楽(わがドイツの最近の音楽)でもって駄目にし、彼女たちを日ごとにヒステリーにし、力強い子供を生むという彼女たちの最初にして最後の天職を無能にして行く。彼女たちを総じて更に一層「教化し」、いわゆる「弱き女性」を教養によって強くしようとしている。あたかも、人間の「教化」と弱化――すなわち意志力の弱化・分裂・病化が常に互いに歩調を合わせて進んで来たという事実、また世界の最も強く、最も影響力の大きかった婦人(つい最近のところではナポーレオンの母)が男たちに対するその力とその優越とを得たのは、ほかならぬ彼女の意志力のためであって、――教師たちのおかげではなかった！という事実を、歴史があれほどまで切実に教えなかったかのようにだ。女について尊敬の念を起こさせ、また実にしばしば恐怖を起こさせるものは、その自然であり、これは男のそれよりも「より自然的」である。その真に猛獣のような狡猾な柔軟さ、その手袋で匿した虎の爪、その素朴な利己主義、その教化しがたさと内心の野性、その情欲と徳性との捉えがたさ・広さ・尾の長さなどがそうだ……　このように恐怖を起こさせるものに充ちているに拘わらず、この危険で美しい猫である「女」に同情を感じさせるものは、それがいかなる動物よりも苦しんでおり、傷つき易く、愛に飢え、幻滅すべく宣告されているように見えるからだ。恐怖と同情、この感情を抱いてこれまで男は女の前に立った。そしていつも狂喜させると同時に心を引き裂く悲劇のうちにすでに片足を踏み入れていた。――どうだって、それがもう終わりになったというのか。そして女の魅力の喪失が起こっているというのか。女の退屈化が徐々にやって来るというのか。おお、ヨーロッパよ！　ヨーロッパよ！　お前にとって常に最も魅惑的であったし、お前を幾度となく危険で脅かしたあの角のある動物を人々は知っているのだ！――お前の古い寓話がもう一度「歴史」になるかもしれない。――もう一度、巨怪な愚昧がお前を支配し、お前を拉し去るかもしれないのだ！　そして、その愚昧のもとにはいかなる神も隠れてはいない。いな！　隠れているのは、ただ一つの「理念」、一つの「近代的理念」だけだ！――

第八章　民族と祖国

二四〇

私はまたしても始めて——リーヒァルト・ヴァーグナーの『マイスタージンガー』の序曲を聴いた。それは華麗な、飾りすぎた、重々しい、末期の芸術であって、それを理解するにはいまもなお生命を保っている二世紀間の音楽を前提しなければならないという誇りをもっている。——こうした誇りが誤算でないということがドイツ人にとっての名誉なのだ！　ここに何という様々の体液と力が、何と様々の季節と風土とが混り合っていなかろうか！　それはわれわれには時として古代風に感じられ、時として異国風に思われ、渋く未熟であるような気がする。それは気までもあり、華美で因習的でもある。それは悪党じみたところも少なくないが、またしばしば粗野で荒削りなところがある。——それには熱情と勇気があり、また同時に余りに晩く熟れた果実のたるんだ鈍色の皮もある。それは幅広く満々と流れて行くが、突如として不可解に遂らう瞬間があって、これはいわば原因と結果との間に急に開ける間隙であり、われわれを夢でうなす重圧、殆んど悪魘のようなものである。——しかも、もうすぐ再びもとの快い流れが、極めて複雑な快い流れ、古くして新しい幸福の流れが洋々と広がって行く。それには芸術家それ自身の幸福が大いに含まれており、彼はそれを秘しようとしない。彼がここで用いている手段、新しく獲得された吟味し尽くされていない芸術的手法の堪能さについて彼は驚くほど幸福に関知していて、しかもそれをわれわれに洩らそうとしているかに見える。これを要するに、この作品には何らの美しさもなく、南方的なもの、南方の空の微妙な明朗さが少しもなく、何らの典雅さもなく、何らの舞踏もなく、論理への意志も殆んどない。おまけに一種の鈍重さがあって、これがなお強調されており、あたかもその芸術家がわれわれに向かって「それこそ自分の意図なのだ」と言おうとしているかの如くである。また、重苦しい衣裳、何か恣意的で野蛮なものや勿体らしいもの、学識と尊敬を気取った高価なレースの襞飾りがあり、言葉の最良の意味でも最悪の意味でもドイツ的なもの、ドイツ風に複雑なもの、不恰好なもの、汲み尽くしがたいものがある。更に、一種のドイツ的な力強さと充溢した魂があって、これは頽廃の《巧緻》のもとに身を隠すことに少しも恐れを抱かない。――そこでこそこの魂は恐らく始めて最も気持ちよく感じている。それは同時に若くして老い、熟れすぎて溢れるほどなお未来に富むドイツ魂の正真正銘の象徴である。この種の音楽は、私がドイツ人について考えているところのものを最もよく表現している。ドイツ人こそは一昨日と明後日との人間である。――彼らはなお今日をもたないのだ。

二四一

われわれ「良きヨーロッパ人」、そのわれわれもまた時々、心からの祖国主義、古い愛着と偏狭に落ち込み逆戻りすることがある、——私はいましがたその一つの見本を示した。——また時々、国民的な昂奮や愛国的な憂慮やそのほか様々な古風な感情の漲溢に駆られることがある。われわれよりも更に鈍重な精神の人々は、われわれにあっては数時間に限られ、数時間で終わってしまうことを、もっと長い時間をかけてやっと片づけるであろう。彼らが消化し「新陳代謝する」速さと力とに応じて、或る者は半年で済み、他の者は半生を費すであろう。全くのところ、われわれの急速に変って行くヨーロッパにおいても、このような祖国主義や郷土愛の隔世遺伝的な発作を克服して、再び理性へ、いわば「良きヨーロッパ精神」へ立ち帰るために、半世紀を要するような鈍感で逡らいがちな人種も考えられうるのである。ところで、このような可能性を考えて道草を食っているうちに、私は二人の年老いた「愛国者」の対話を直接に耳にすることになった。——彼らは二人とも相手の言葉がよく聞き取れなかったので、そのためますます大きな声で話した。「あいつは哲学について百姓か組合学生ぐらいのことは考えているし、知っている」——と一人が言った。「あいつにはまだ罪はない。しかし今日それが何だというのだ！　いまは大衆の時代だ。大衆は何よりも大衆的なものの前に腹這いになる。それは《政治において》も同じだ。大衆は新しいバベルの塔を築いてやり、何か巨大な帝国や強国を建ててやる政治家が大衆にとって「偉大」と呼ばれるのだ。——われわれのような比較的に慎重で控え目な人間が当分なお、行為や事柄に偉大さを与えるものは、ひとり偉大な思想だけである、という古い信仰を棄てないでいたところで、それが何になろうか。或る政治家がその国民を、生れつきその素質も準備もない

「大政治」を今後行なわれなければならないような状況に引き入れたことから、その国民は一つの新しく疑わしい凡庸を愛好するために、自分たちの旧来の堅実な徳性を犠牲にしなければならなくなった、と仮定せよ。――或る政治家がその国民を一般に「政治化」するように宣告したとしても、国民はこれまでより以上のよいことを行ないも考えもしていて、彼らの魂の底で、真に政治化する国民が抱く不安・空虚・騒々しい喧嘩地獄に対し用心深い嘔吐感を脱し切れなくなった、と仮定せよ。――そのような政治家がその国民の眠っていた激情や欲望を掻き起こし、彼らの従来の内気や傍観主義の愛好を落ち度となし、彼らの外国崇拝と秘やかな無限性を過失だと見なし、彼らの衷心からの傾向を貶しめ、彼らの良心を捩じ曲げ、彼らの精神を狭隘にし、彼らの趣味を「国粋的に」する、と仮定せよ。――どうであろう！　こうした、すべてのことをしたような政治家、彼の国民が未来永劫に亘って――その国民が未来をもつとしたら――その償いをしなければならないような政治家、このような政治家は「偉大」であろうか。」「疑う余地のないことだ！」と他の老愛国者は烈しく答えた。「偉大でなかったら、そんなことができたものではない！　そんなことをしようとするのは恐らく狂気の沙汰であったろう。しかし恐らく、すべての偉大なものは始めは狂気にすぎなかったのだ！」「言葉の悪用だ！」と話し相手は叫んだ。「強かったのだ！　強かったのだ！　強く、かつ狂気だったのだ！　偉大ではなかったのだ！」――こんな風に、自分たちの真理を面と向かって叫び合っていたとき、この老人たちは明らかに熱狂していた。しかし私は、幸いにも話し合いの外にいて、やがてこの強い者をも更に一層強い者が支配するに至るだろうと考えていた。そしてまた、一国民の精神的浅薄化に対しても、一つの補償が存するということを考えていた。すなわち、それは他国民の深化ということによるのである。——

二四二

さて、そこにいまやヨーロッパの特色が見いだされるものを「文明」とか「人間化」とか「進歩」と呼ぼう。賞讃するか非難するかは別として、それを簡単に政治的方式をもってヨーロッパの民主主義運動と名づけよう。こうした方式で示されるすべての道徳的・政治的な前景の背後には、いよいよ滔々たる流れとなって行く巨大な生理学的過程が遂行されている。——それはヨーロッパ人の近似化という過程であり、風土的・階級的に拘束された人種を成立させる諸条件からヨーロッパ人がますます解き離されて行くという現象であり、幾世紀にも亙って同じ要求をもって心身に刻みつけて来たそれぞれ特定の《環境》からヨーロッパ人がますます独立して行くという現象である。——このようにして、本質的に超国民的で遊牧的な種類の人間が徐々に出現しつつある。この種の人間は、生理学的に言って、その典型的な特色として《最大限の》適応術と適応力を有する。このようなヨーロッパ人の生成の過程は、大きな逆戻りのための《テンポ》が弛められるかもしれないが、しかし恐らくまさにそのために激しさと深さを獲得し、かつ増大するであろう。——いまなお荒れ狂っている「国民感情」の疾風怒濤も、同じくまさに現われつつある無政府主義もそれに属するものである。――この過程は恐らく、「近代的理念」の使徒であるその素朴な促進者や讃美者が夢にも予想しないような結果に赴くであろう。この新しい諸条件のもとでは、概して人間の平均化と凡庸化が招致され、――有用で、勤勉で、様々な役に立つ器用な畜群的人間が作り出されるが、――この同じ諸条件は、また最も危険で最も魅力的な性質の例外的な人間を作り出す源をなすのに最高度に適している。すなわち、一面ではあの適応力は常に変化する諸条件を十分に吟味して、一世代ごとに、殆んど十年ごとに新しい仕事を始め、強力な型の人間は全く生れえない。また、こうした未来のヨーロッパ人の全体的印象は、恐らく多様で、饒舌で、意志薄弱で、極度に器用な労働者になって、日々のパンを必要とすると同じく主人を、命令者を必要とするであろう。更に、このようにしてヨーロッパの民主化は最も綿密な意味での奴隷制度に予め誂え向きな型の人間を生み出すことになる。その反面、個々の例外的な場合においては、強い人間は恐らくいまだかつてなかったほど強く、豊かな出来栄えのものになるに違いない。――それというのも、彼の教育に先入見がなく、その訓練や技巧や仮面が法外に複雑であるからだ。私はこう言いたい。ヨーロッパの民主化は同時に僭主たち――この語をあらゆる意味に、最も精神的な意味にも解して――の育成に対する思いがけない準備である、と。

二四三

われわれの太陽がヘーラクレース星座*に向かって迅速な運動をなしつつある、ということを聞いて私は満足を感じる。そして望むらくは、この地上の人間もその点で太陽と同じであってほしい。しかもわれわれは、われわれ良きヨーロッパ人はその先頭に立とう！――

＊　ヘーラクレースはギリシア神話の有名な英雄。天上に登って不死となり、神として崇拝された。その名を帯びた星座は北天にあり、八月に南中する。

二四四

ドイツ人を「深い」という特色で呼ぶのが慣らわしとされた時代があった。新しいドイツ精神の最も成功した型の者が全く別の名誉を欲しがり、深さをもつすべてのものに恐らく「切れ味のよさ」がないことを歎いている現今では、かつてあの讃辞をもって自らを欺いていたのではないか、要するに、ドイツ的な深さとは根本において何か別なもの、もっと悪いものではないか、――しかも、ありがたいことに、それを脱却することに成功しようとしているものなのではないか、という疑いが殆んど時流的になり、愛国的となっている。そこで、われわれはドイツ的な深さについて学び直すことにしよう。そのためには、ドイツ魂に少しく生体解剖を行ないさえすればよいのだ。――ドイツ魂は何よりも複雑であり、様々の起源をもち、本当に築き上げられたものというよりは、むしろ組み合わされたものであり、重ね合わされたものである。これはこの魂の由来によるのである。「ああ！　おれの胸のうちには二つの魂が住んでいる！」と主張しようとする勇気のあるドイツ人は、真理を甚だしく捉え損い、より正しく言えば、多くの魂についての真理の背後に取り残されているのであろう。最も法外な人種の混合と接触から生じた民族として、恐らくアーリア以前の要素が優勢を占める民族として、あらゆる意味で「中間の民族」として、ドイツ人は他の諸民族にもまして捉えがたく、広汎で、矛盾に充ち、未知であり、測りがたく、驚くべき、また恐るべきものでさえある。――彼らは定義から滑り出るもので、そのためにもうフランス人を絶望させてしまう。彼らの間で「ドイツ的とは何か」という問いが決して絶滅しはしないということ、これがドイツ人の特色である。コッツェブー*は彼のドイツ人を十分によく知っていた。「われわれは認識された」とドイツ人は彼に向かって歓声を挙げた。――しかしサンドもまたドイツ人を知っていると信じていた。ジャン・パウル**は、激怒してフィヒテの虚偽の、しかも愛国的な阿諛と誇張に反対を宣したとき、自分のやったことの意味を知っていた。――しかしゲーテは、フィヒテのことに関してはジャン・パウルを正当と認めてはいたが、ドイツ人についてはパウルと異なる考えをもっていた。一体、ゲーテはドイツ人についてどう考えていたか。――しかし彼は自分の周囲の多くの事柄について決して明瞭に述べたことがなかったし、生涯に亘って怜悧な沈黙を守ることを心得ていた。――恐らくは、それ相当の理由があってのことであろう。ゲーテをして喜んで見上げさせたものは「自由戦争***」でもなく、またフランス革命でもなかったことは確かである。彼をしてそのファウストを、それどころか「人間」という問題全体を考え直させた事件は、ナポーレオンの出現であった。ゲーテの言葉のうちには、彼がまるで外国人であるかのように、ドイツ人が自分たちの誇りに数えているものについて焦だたしい峻酷さをもって否認しているものがある。あの有名なドイツ的情操を彼はかつて「他人および自分の弱点を寛容すること」と定義した。彼がそう言ったのは正しくなかったろうか。——ドイツ人を特色づけるに当たって、全く誤って見るということは滅多にない。ドイツ魂は色々な通路や行廊を内にもっている。そのうちには洞窟や、隠れ場や城牢もある。その無秩序さは秘密に充ちたものの魅力を多くもっている。ドイツ人は混沌に通じる間道に精通している。そして、いかなる事物も自らの譬喩を愛するが、ドイツ人も同じく雲を愛し、すべての不明瞭な、生成しつつある、仄かに明るい、湿った、覆い隠されたものを愛する。あらゆる種類の不確かなもの、形を成さないもの、推移するもの、生育するものを、ドイツ人は「深い」と感じる。ドイツ人そのものは存在しない。彼は生成する。彼は「発展する。」それ故に、「発展」ということこそ哲学的定式の大きな領域における真にドイツ的な発見であり投企である。——この支配的な概念は、ドイツ・ビールやドイツ音楽と手を組んで、全ヨーロッパをドイツ化しようと努めている。ドイツ魂の根柢にある矛盾的本性(それをヘーゲルは体系に構成し、リーヒァルト・ヴァーグナーはついに音楽に表現した)が呈示する謎の前に立って、外国人は呆然として心を惹かれる。「善意と奸悪」——こうした並存は、他のあらゆる民族の場合は矛盾であるが、残念ながらドイツにあってはしばしば正当と認められる。試みに、暫くの間シュヴァーベン人たちの間で暮してみるがよい！　ドイツの学者の鈍重さとその社交的無趣味は、神々でさえもすべて恐れを覚えたような内面的な綱渡りや軽妙な大胆さと驚くばかりによく手を繋いでいる。「ドイツ魂」を《眼前に》実証してみたいならば、ドイツの趣味、ドイツの芸術と風習を覗いてみるがよい。「趣味」に対する何と百姓臭い無頓着さが見られることか！ そこでは最も高貴なものと最も卑俗なものとが何と並び立っていることか！ この魂の家政全体は何と無秩序で、しかも豊かであることか！ ドイツ人はその魂を曳きずっている。彼は体験するすべてのものを曳きずって歩く。彼は自分に起こった出来事をうまく消化することができない。彼はそれを「片づける」ことが毛頭できない。ドイツ的な深さは、しばしば「消化」の困難と渋滞にすぎない。そして、すべての習慣病に罹っているもの、すべての消化不良患者が気楽さを好むように、ドイツ人は「率直」と「愚直」とを愛する。率直で愚直であるということは何と気楽なことであろう！ ——今日では恐らく、ドイツ人が心得ている最も危険で最も幸福な仮装は、ドイツ的篤実というこの親密さであり、親切さであり、隠し立てをしない性情である。これはドイツ人の本来のメフィストーフェレス的な技巧であって、これによってドイツ人は「もっと成功する」ことができるのだ！ ドイツ人は成り行きまかせで、その上、信実な青い虚なドイツ的眼差しで眺めている。——そこで、すぐさま外国は彼を彼の寝間着と取り違えるのだ！ ——私はこう言いたい。「ドイツ的な深さ」とは、たといそれがどんなものであろうと、全くわれわれの内輪では恐らく笑い流してよいものだろうか、と。——われわれはその外見と名声をこれからも大切にし、深みのある民族だというわれわれの旧来の評判を、余りに不当にプロイセン的な「切れ味」やベルリーン人の機智や洒落と引き換えに手放すことがないようにしよう。自分を深いとか、不器用だとか、善良だとか、篤実だとか、無分別だなどと思わせ、そういう風に通用させておくことは、一民族としては賢明なやり方であり、――それどころか――深みのあるやり方でさえあろうというものだ！　結局、自分の名声を重んずべきである。――《ドイツ》民族、つまり、だまし民族と呼ばれたのは宜なるかなだ。――

*　一七六一―一八一九、ドイツの劇作家、特に喜劇に見るべきものがある。

**　一七六三―一八二五、ドイツの浪漫派の詩人で作家、特に上流夫人に熱烈な愛読者を見いだした。

***　一八一三年から一五年に亘るナポーレオンに対するドイツの独立戦争。

二四五

「良き古き」時代は去った。それはモーツァルトのうちで歌い尽くされている。――われわれに対して彼の《ロココー風》がなお語りかけ、彼の「良き社交」、彼の優しい熱狂、シナ風のものや唐草模様に寄せる彼の子供のような悦び、彼の心情の叮重さ、優雅なもの・惚れ惚れしたもの・舞い踊るもの・涙ぐむほど幸いなものに対する彼の渇望、南方に対する彼の信仰が、何かしらわれわれのうちに残っているものになお訴えるということは、われわれの何という幸福であろう！ああ、いつの時にかはそれも過ぎ去ることであろう。――しかし、ベートホーフェンの理解と嘗味がそれよりも一層早く過ぎ去るであろうことを誰が疑いえよう！――ベートホーフェンは実に様式の推移と様式の破綻の最後の響きにすぎず、モーツァルトのように、幾世紀の長い間にも亘るヨーロッパの偉大な趣味の終わりの響きではなかった。ベートホーフェンは、絶えず破砕しつつある古い熟した魂と、絶えず到来しつつある未来の若きにすぎる魂との間の中間の出来事である。彼の音楽の上には、永遠の喪失と永遠の放恣な希望とのあの薄明が尾を曳いている。――これこそは、ヨーロッパがルソーとともに夢み、革命の自由の樹を廻って踊り、ついにナポーレオンの前に殆んど拝跪したとき、ヨーロッパが浴びたあの光なのだ。しかし、いまやほかならぬこの感情は何と速かに色褪せて行くことか！ この感情について知ることすら今日では何と困難になっていることか！ ――あのルソー、シラー、シェリ、バイロンなどの言葉は、われわれの耳に何とよそよそしく響くことか！ これらの人々においては、ベートホーフェンにおいて歌われることのできたあの同じヨーロッパの運命が共々に言葉への道を見いだしたのであったのに！――その後に現われたドイツの音楽は浪漫派に属するものであり、換言すれば、歴史的に見て、あの偉大な幕間劇、すなわちルソーからナポーレオンに、また民主主義の出現に至るヨーロッパのあの移り行きよりも、更に短かく、更に一時的な、更に浅薄な運動に属するものである。ヴェーバー*――だが、今日のわれわれに『魔弾の射手』や『オーベロン』(小魔王の名)が何だというのだ！ 或いは、マルシュナー**の『ハンス・ハイリング』や『吸血鬼』が何だというのだ！ 或いは、ヴァーグナーの『タンホイザー』ですら何だというのだ！ これらはなお忘れ去られた音楽でないにしても、響き熄んでしまった音楽である。その上、これら浪漫派の音楽の全体は十分に高貴でもなく、十分に音楽でもなかったので、劇場のうちや大衆の前より以外のところではその権利を保つことができなかった。それらは始めから第二流の音楽であって、本当の音楽家たちの間では殆んど顧みられなかった。あの静穏な巨匠、フェリクス・メンデルスゾーンは別であり、彼はそのより軽快で、より純粋で、より幸福な魂の故に急速に敬われ、同じく忽ちに忘れられた。それはドイツ音楽の美しいエピソードであった。ところが、ローベルト・シューマンはどうかと言えば、彼はむずかしく考え、また始めからむずかしく考えられてもいた。――それは一派を立てた最後の人である。――まさにこのシューマンの浪漫主義が克服されたということこそ、今日われわれの間で一つの幸福、一つの安堵、一つの解放と見なされないであろうか。シューマンは、彼の魂の「ザクセン的スイス」のうちに遁がれ、半ばヴェルター的で、半ばジャン・パウル的な天性をもっていたが、確かにベートホーフェン的ではなかった！　確かにバイロン的でもなかった！――彼のマンフレッド***的な音楽は不法といってよいほど失敗であり、誤解である。――シューマンは、根本において小さな趣味(すなわち、静かな抒情と感情の陶酔とを求める危険な、ドイツ人の間では二重に危険な傾向)であった彼の趣味をもって絶えず脇に引っ込んだり、おずおずと尻込みしたり、引き籠もったりしていて、全く無名の幸福や悲歎に耽る上品な柔弱漢であり、一種の少女であり、始めから《われに触るるなかれ》であった。このシューマンはすでに音楽におけるドイツ的な出来事のたった一つにすぎず、ベートホーフェンがそうであったように、更に広大な規模においてモーツァルトがそうであったように、もはや全くヨーロッパ的な出来事ではなかった。――彼とともにドイツ音楽は、ヨーロッパの魂に対する声を失って、一つの単なる祖国主義に堕するという最大の危険に脅かされることになった。

＊ 一七八六―一八二六、ドイツの歌劇作家、ヴァーグナーの初期の歌劇に影響を与えた。

＊＊ 一七九五―一八六一、ドイツの歌劇作者、作風はヴェーバーとヴァーグナーの中間を行く。

＊＊＊ 「マンフレッド」はバイロンの同名の詩劇の主人公。

二四六

――第三の耳をもつ者にとって、ドイツ語で書かれた書物は何という拷問であろう！ 彼はドイツ人の間で「書物」と呼ばれるあの曲調のない音響、舞踏のない韻律の緩やかに廻転している沼のほとりに立って、どんなにか不快を感じることであろう！ そして、おまけに書物を読むドイツ人ときたらどうだ！ 彼は何と無精に、何と嫌々ながら、何と拙劣に読むことであろう！ あらゆる良き文章のうちには技巧が、――その文章が理解されようとするや否や察知されるような技巧が潜んでいることを、どれだけのドイツ人が知っており、また知ろうと自ら求めていることであろうか！ 例えば、その文章の《テンポ》についての一つの誤解があるとすれば、もうその文章そのものは誤解されているのだ！ 韻律の上から決定的な綴字について疑いがもたれてはならないということ、余りにも厳密な均斉は破られるのが望ましく、その方が魅力的に感じられるということ、それぞれの《断音奏》や《自由奏》に対して根気よく鋭敏な耳を傾けるということ、母音や複母音の連続のうちに意味を推測し、それらの音の継起のうちにいかに細やかに、豊かに彩色されたり、彩色を変えられたりしうるかということ、書物を読むドイツ人のうちで、こうした義務や要求を認め、言葉のうちにあるあんなに多くの技巧や意図に耳を傾けるほど十分に好意的な者が誰かいようか。畢竟は、全く「それを聞く耳をもたない」のだ。それで、このようにして文体の最も強い対照も聞かれなくなるし、また最も微妙な芸術家気質も馬耳東風と聞き流されることになる。——これが、不器用に、また無造作に散文芸術の上の二人の巨匠が混同されるのに気づいたときの私の考えであった。そのうちの一人では、言葉が湿っぽい洞窟の天井から滴るように、ぽたりぽたりと冷たく滴り落ちていた。——彼はその洞ろな響きと反響を狙っているのだ。そして他の一人は、その言葉を撓やかな剣のように操りながら、顫える鋭い刃の危険な幸福を腕から足先まで感じている。咬みつき、風を切り、断ち切ろうとする鋭い刃の……

二四七

ドイツ語の文体がいかに音調や耳と関わることが少ないかは、ほかならぬわれわれの良き音楽家が拙い文章を書くという事実によって示されている。ドイツ人は声を出して読むこともせず、耳に聞こえるように読むこともしない。むしろただ眼で読むだけである。彼はその際、耳を抽斗に蔵い込んでいるのだ。古代人は読むときに、——かなり稀なことではあったが——自分自身に、しかも声高に朗読して聞かせた。誰かが低い声で読んでいると、それを怪しんで、秘かにその理由を尋ねた。高い声で読むということは、言い換えれば、音声のすべての増大・屈曲・急変とテンポの変化をもって読むということで、古代人の公開的な世界はこうしたことを喜んだ。当時では文章体の法則と会話体の法則とは同一であった。そしてこの法則は、一つには耳と喉頭の驚くべき発達と洗煉された要求とによるものであり、また一つには古代人の肺の強さと耐久性と力によるものであった。古代人の考えでは、一つの句切りとは何よりも一呼吸に纏められるかぎりの生理的全体であった。こうした句切りは、デモステネースやキケロに見られるように、二度の揚調と二度の抑調とをもちながら、しかもすべて一呼吸のうちに収まっていた。これは古代の人間にとって快いことであって、彼らはこの点における長所を、すなわち、こうした句切りをつけて演説することの稀有と困難を自分たち自身の修練からして評価することを知っていた。——われわれは、あらゆる意味で息切れがしているわれわれ近代人は、大きな句切りをこなす資格などは全くないのだ！ そうした古代人は、実に総じて語ることとそのことにかけては愛好家であり、従って玄人であり、従って批評家であった。——それ故に、彼らは彼らの演説家たちを異常な達人たるに到らしめた。あたかもそれは、前世紀において、すべてのイタリアの男女が歌うすべを心得ており、彼らの声楽が（またそれとともに旋律法の技巧も——）頂点に達したのと同様であった。ところがドイツにおいては（最近に一種の演壇上の雄弁が全くおずおずと不器用にその若い翼を羽ばたかせるようになるまで）もともとただ一種の公開的な、おおよそ芸術的らしい話し方があったにすぎない。説教壇からのものがそれであった。ドイツにおいては、一つの綴字、一つの言葉にどれだけの重みがあるか、一つの章句がどの程度に打ち、跳び、突き倒し、走り、走り去るかを知っていたのは、ひとり説教者だけであった。ひとり説教者のみがその耳に良心を、いな、しばしば十分にその良心の疚しさをもっていた。それには様々な理由があって、ドイツ人こそは話し方における有能さに乏しく、殆んどいつも遅ればせにその有能さに到達するという状態であったからだ。それ故にドイツの散文の傑作は、当然のことであるが、その最大の説教者の傑作である。つまり、聖書がこれまで最良のドイツ語の書物であった。ルターの聖書に比すれば、殆んど爾余のものはただ「文献」にすぎない。――それらはドイツに成長したものではなく、またそれ故に、聖書がそうであったように、ドイツ人の心のうちに根を下ろして成長したものでもなかったし、成長することもできないのである。

二四八

二種類の天才がある。一つは、何よりもまず産み出し、また産み出そうとする。そして他の一つは、受胎させられることを喜び、また生産することを好む。それと同様に、天才的な民族のうちにも、懐妊という女性的問題や、形成・成熟・完成という秘密の任務を課せられた民族がある。――例えば、ギリシア人はこの種の民族であったし、フランス人もまた同様である。――ところが、他の民族は受胎させて生命の新しい秩序の原因とならずにいられない。――ユダヤ人やローマ人、更に極めて謙遜にお尋ねするが、ドイツ人も同様ではなかろうか。――これらの民族は、未知の熱病に悩まされ、夢中になり、抗しがたく自らの内から駆り立てられて、他の種族を(「受胎させられる」ような種族を――)恋慕し、渇愛する。しかもその際、自らが産出力に充ち、従って「神の恩寵によって」いることを知っているすべてのものと同じく、支配欲に燃えている。このような二種の天才は、男と女のように互いに求め合う。しかもそれらはまた――男と女のように互いに誤解し合う。

二四九

いかなる民族もそれぞれ固有の偽善をもち、それを自らの徳と称する。自らの最善は知られず、――知られることもできない。

二五〇

ヨーロッパはユダヤ人に何を負うているか。それは様々で、善いものも悪いものもあるが、何よりも最善でまた同時に最悪な一つのものがある。すなわち、道徳における巨怪な様式、無限の要求、無限の意義をもつ恐怖と威厳、道徳的に疑わしいものの浪漫性と崇高性の全体がそれである。――従って、これこそはあの色彩の変化と生への誘惑の最も魅力的で、最も宿業的で、最も精選された部分であって、これらのものの残照のうちに今日われわれのヨーロッパ文化の空が、その夕空が燃え、――恐らくは燃え尽きようとしている。これに対して、われわれ傍観者であり哲学者であるもののうちの芸術家は、ユダヤ人に――感謝している。

二五一

国民的神経熱や政治的功名心に悩み、また悩みたいと欲している民族にとって——様々の暗雲や障害がその精神の上に翳ることがあっても、つまり衆愚化の小さな発作が起こることがあっても、大目に見てやらなければならない。例えば、今日のドイツ人には、時には反フランス的な愚味が見られ、時には反ユダヤ的な、時には反ポーランド的な、時にはキリスト教的・浪漫主義的な、時にはヴァーグナー的な、時にはチュートン的な、時にはプロイセン的な愚味(試みにジューベル*やトライチュケ**などといったあの憐れな歴史家たちと彼らの拘束された頭脳を見るがよい——)が見られ、またその他どう呼ばれようとも、こうしたドイツ精神と良心との小さな濛気が見られる。御容赦を願いたいが、私もまた、この伝染性のある土地に暫く敢えて滞在していた頃には、そのような病気に全く罹らないでいるわけにはゆかなかったし、すべての人々と同じく、私には何の関わりもない事柄について頭を悩ましかけたが、これこそは政治的な伝染病に罹った最初の徴候であった。例えば、ユダヤ人についてであるが、まあ聞いてもらいたい。——私はユダヤ人に対して好意的な考えを抱いていたようなドイツ人にいまだに会ったことがない。そして、本来のユダヤ人排斥はすべての用心深い人々や政治家たちの側から無条件に拒否されてはいるが、これらの用心や政策にしてもやはりそうした種類の感情そのものに反対しているのではなく、むしろ単にそうした感情の危険な行き過ぎを、特にこの行き過ぎた感情の悪趣味な破廉恥な表出に反対しているにすぎない。――この点について思い違いをしないようにしてもらいたい。ドイツには申し分なく多数のユダヤ人がいるということ、ドイツの胃、ドイツの血はこれだけの《量》のユダヤ人を始末するだけでも困難を感じる（そして、これからもなお長く困難を感じるだろう）ということ、――イタリア人、フランス人、イギリス人がより強い消化力によって遣り遂げたようにゆかないということ、――これはドイツ人の一般的本能が確言し明言していることであって、ドイツ人はこの本能に耳を傾け、この本能に従って行動しなければならない。「これ以上もはや新しいユダヤ人を入れるな！　そして殊に東方には（オーストリアにも）門戸を閉ざせ！」そうこの民族の本能は命じるが、これはこの民族の性質がなお弱く、不定で、より強い種族によって容易に抹殺され、容易に解体されるかもしれないからである。しかるにユダヤ人は、全く疑いの余地もなく、現今ヨーロッパに生存している種類のうちで最も強く、最も強靱な、最も純粋な種族である。彼らは、最悪の条件のもとでさえも（むしろ恵まれる条件のもとにおけるよりもよりよく）生き抜くすべを心得ているが、これは今日、好んで悪徳として烙印を捺されるあの何らかの徳によるのである。――それは何よりも、「近代的理念」の前に恥じるを要しない一つの果敢な信念のおかげによるものだ。彼らは変化すべきときには変化するが、ただしそれはあたかもロシア帝国が――余裕をもった、昨日から起こったのではない国として――その侵略を行なうのと同様である。――すなわち、「できるだけゆっくりと！」という原則に従うのである。ヨーロッパの未来をその良心にかけて案じるような思想家は、この未来について自分で企画を練る際には常に、列強の大きな角逐や闘争における差し当たり最も確実で最も蓋然性の高い因素として、ロシア人とともにユダヤ人を考慮するであろう。今日ヨーロッパにおいて「国民」（原意は「生れたもの」）と呼ばれ、もともと《生れたもの》というよりはむしろ《作られたもの》であるところのもの（それどころか、時として《虚構され描出されたもの》に混同されるほど似ているもの——）は、いつの場合にも或る生成しつつあるもの、若いもの、容易に推移しうるものであって、なお種族ではなく、ましてユダヤ人種のように《青銅よりも永遠な》（ローマの詩人、ホラーティウスの言葉）ものではない。こうした「国民」は、決して短気な競争や敵意に駆られないように十分に注意して然るべきであろう！　ユダヤ人がその気になるならば、——或いは、反ユダヤ主義者たちが欲しているかに見えるように、ユダヤ人をそうせずにいられないように強いるならば、——いますぐにもヨーロッパに優勢を占め、いな、全く言葉通りにヨーロッパを支配するようになりうるであろうことは確実である。彼らがそれを目差して努力したり計画したりしていないということも同様に確実である。当座のところ、彼らは却って、多少の厚かましさをもってしてでも、ヨーロッパのうちへ、ヨーロッパによって吸い込まれ、吸い上げられることを望み願っている。彼らは結局はどこかに定着し、許容され、是認されて、「永遠のユダヤ人」という流浪生活に終止符を打ちたいと熱望しているのだ。——それで、この動向と渇望（これは恐らくそれ自体すでにユダヤ的本能の軟弱化を示すものであろう）によく注意して、その意を迎えるようにすべきであろう。そのためには恐らく、この国の反ユダヤ主義の絶叫者どもを追放することが有益であり、正当であろう。もっとも、彼らを迎えるにしても、おおよそイギリスの貴族のするように、あらゆる用心と選択とをもってしなければならない。例えば、国境地方出の貴族将校のような新しいドイツ気質の最も強い、すでに堅固な鋳固められた型の者たちでも、何の懸念もなくユダヤ人の相手になりうるだろうということは明らかなところである。命令と服従との遺伝的な技術――この二つの点で上記の地方は今日では古典的であるが――に、金銭と忍耐との天才(そして何よりも、上記の場所では甚だしく欠けている知性――)が附け加えられ、育成せられえないものかどうかを見ることは、様々な興味を惹くことのように思う。けれどもここでは、私の陽気なドイツ癖と祝辞とを打ち切るのが適当であろう。私はすでに私の真面目な問題に、すなわち「ヨーロッパの問題」に、そして私の理解するところでは、ヨーロッパを支配すべき一つの新しい階級の育成という問題に触れているのだからだ。――

* 一八一七―九五、ドイツの歴史家、権力国家主義的な歴史家で政治家。

** 一八三四―九六、ドイツの国家主義的な歴史家、権力国家の思想を鼓吹し、ビスマルクの政策に貢献した。

二五二

このイギリス人――それは何ら哲学的な種族ではない。ベーコンは哲学的精神一般に対する攻撃を意味するし、ホブズ、ヒュームおよびロックは一世紀以上にも亘って「哲学者」という概念の低下と価値の減少を意味する。ヒュームに反抗してカントは立ち上がり、自己を際立たせた。イギリスロックについては、シェリングが「私はロックを軽蔑する」と言うことを敢えてした。イギリス風の機械論的な世界愚劣化との戦いにおいて、ヘーゲルとショーペンハウァーとは(ゲーテとともに)意見を一にしたが、この二人は哲学における敵視し合う天才兄弟であって、ドイツ精神の対立する両極を別々に目差して努力し、そしてその際まさに兄弟のみが互いに不法を仕かけるように互いに不法を仕かけ合った。——イギリスにおいて欠けており、また常に欠けていたもの、それをあの半ば俳優で、かつ修辞家であった悪趣味な頭脳混乱者カーライルは十分によく知っていた。彼は自分自身について知っていたこと、すなわち、カーライルのうちに欠けていたものを——精神性の真の力を、精神的な眼の真の深さを、要するに、哲学を——情熱的な渋面のもとに隠そうと努めた。キリスト教を固持するということがこうした非哲学的種族の特色である。この種族は「道徳化」と人道化へのキリスト教の訓練を必要とした。イギリス人はドイツ人よりも陰鬱で、官能的で、意志強固で、残虐である。——それ故にこそ、両者のうちでより卑俗であり、またドイツ人よりも敬虔なのだ。イギリス人はキリスト教をこそ更に一層必要とするのだ。人並み以上に繊細な鼻孔の持ち主にとっては、このイギリスのキリスト教さえなお《憂鬱》やアルコール過度という純粋にイギリス的な臭いを伴っているのを感じるが、これに対してキリスト教が治療薬として用いられるのは十分に理由のあることである。——すなわち、粗悪な毒を制するに精妙な毒をもってするわけだ。精妙な毒に侵されるということは、事実、愚鈍な民族にあってはすでに一つの進歩であり、精神化への一段階である。イギリス人の愚昧さと百姓臭い真面目さは、キリスト教の身振り言葉や祈りや讃美歌を唱うことによって更に十分に我慢しうるまでに仮装さもとにあり、近頃は再び「救世軍」として道徳的に唸ることを覚えたあの泥酔と放蕩三昧のあの家畜にとっては、実際のところ、懺悔の痙攣ぐらいが自ら到達しうる「人道主義」の比較的に最高の仕事であろう。この程度のことは認めてやって然るべきであろう。しかし更になお最も人道的なイギリス人に侮辱を加えるものは、譬喩をもって(また譬喩をもってでなく——)言えば、その音楽の欠如ということだ。彼の心身の動きのうちには拍子も踊りもない。それどころか、拍子や踊りに対する、要するに「音楽」に対する欲求すらもない。彼の話しているのを聞いてみるがよい。最も美しいイギリス婦人たちの歩きぶりを見るがよい。——この地上のどこの国にも、あれより美しい鳩や白鳥はいない。——最後に、彼女たちの歌うのを聞いてみたまえ！　だが、私は余りに多くを求めすぎるのだ——

二五三

凡庸な頭脳の者に最も適しているから、彼らにとって最もよく認識される真理がある。ただ凡庸な精神にだけ魅力と誘惑力をもつ真理がある。——尊敬すべき、しかし凡庸なイギリス人たち——私はダーヴィンとジョーン・スチュアート・ミルとハーバート・スペンサーを挙げる——の精神がヨーロッパの趣味の中央地帯において優勢を占め始めるようになって以来、いましも上の恐らくは不愉快な命題に突き当たることであろう。実際、一時的にこうした精神の者たちが支配することの有用であることを誰が疑いうるだろうか。全く高邁で離れて飛び翔る精神が多くの瑣末な通俗な事実を確認したり、蒐集したり、論結したりすることに特別に巧妙だなどと思うのは誤りであろう。——彼らは却って、例外として、もともと「常例」に対して好都合な地位を占めてはいない。結局、彼らは単に認識するより以上のことをしなければならない。——すなわち、或る新しい存在でなければならず、或る新しいものを意味し、新しい価値を提示しなければならないのだ！　知識と能力との間の裂け目は、恐らく人々が考えるより大きなものであり、無気味なものである。大規模な能力をもつもの、創造する者は、事によると無知な者でなければならないであろう。——しかも他面、ダーヴィン流の科学的発見には、或る種の狭さ、乾からびたもの、および勤勉な入念さが、要するに、何かイギリス的な或るものが不都合ではないであろう。——結局、イギリス人に関しては、彼らがすでに一度はその深い平俗性をもってヨーロッパ精神の全体的沈滞を惹き起こしたという事実を忘れてはならないのだ。「近代的理念」とか「十八世紀の理念」とか、或いはまた「フランス的理念」と呼ばれるもの——これに対してドイツ精神は深い嘔吐感をもって立ち上がったのだが、——これこそは従ってイギリスに起源をもつものであったのだ。これは疑う余地のないことである。フランス人はただこの理念の猿であり、俳優であり、更にその最良の兵卒であり、同じく残念ながらその最初の、かつ最も甚だしい犠牲であった。「近代的理念」という呪うべきイギリス心酔のために、結局《フランス精神》はあんなに稀薄になり憔悴して、この精神の十六世紀と十七世紀を、その深い情熱的な力を、その創意的な高貴性を想い起こしても、今日では殆んど信じられないくらいになっているのだ。しかし歴史的な正当性をもつ次の命題をしっかり嚙みしめて、現在の瞬間と外見に対して防禦しなければならない。すなわち、ヨーロッパの《貴族性》——感情の、趣味の、風習の、要するに、この言葉をあらゆる高い意味に取った場合の——は、フランスの作品であり発明であり、ヨーロッパの通俗性、近代的理念の賤民主義は、——イギリスのそれである。——

二五四

現今においてもなお、フランスはヨーロッパの最も精神的で最も洗煉された文化の中心地であり、趣味の最高学府である。しかし人々はこの「趣味のフランス」を見いだすことを知らなければならない。それに適した者は、うまく身を隠している。——それを体得して生きているような人々は少数であろう。その上、それは恐らく最も強い背骨をもった人々ではなく、或いは宿命論者・陰鬱家・病人であり、或いは柔弱にされた者、作為された者であって、こうした人々は身を隠そうとする名誉心を抱いている。彼らすべてに共通なものがあって、彼らは民主主義的《ブルジョア》の狂躁的な愚昧(ぐまい)や騒々しい弁才に対して耳を塞ぐ。事実、今日のところ前景に出て転(ころ)げ廻(まわ)っているのは衆愚化し粗野化したフランスである。——それは近頃、ヴィクトル・ユゴーの埋葬の際に、悪趣味と同時に自讃の本当の躁宴を挙行した。更にもう一つ彼らに共通なものがある。それは精神的なドイツ化を防ごうとする良き意志であり、——そしてこれに対するなお一層良き無能力だ！　恐らくいまやすでにショーペンハウァーは、こうした精神のフランスであるとともに、更に厭世主義のフランスでもあるこの国において、かつてドイツにおいてそうであったより以上に親しまれ馴染まれているであろう。すでに長い以前からパリの比較的に繊細な気むずかしい抒情詩人たちの血となり肉となってしまっているハインリヒ・ハイネや、今日テーヌ＊――すなわち現存の第一の歴史家――の姿において殆んど暴君的な影響を及ぼしているヘーゲルについては言わずもがなである。しかし、リーヒァルト・ヴァーグナーはどうかと言えば、フランス音楽が《近代精神》の現実的要求に応じて作られるようになるほど、ますますそれは「ヴァーグナー化」されるであろう。これは予言してもよい、――いまやすでに十分にそうなっているのだ！　それでもなお、自由意志によると否とによらず趣味がすべてドイツ化し賤民化しているに拘わらず、今日でもまだフランス人がその遺産および所有物として、またヨーロッパに対する古い文化的優越性の失われざる徴表として誇りをもって挙示しうるものが三つある。その一つは、芸術家的情熱をもちうる能力、「形式」に献身しうる能力であって、これに対しては《芸術のための芸術》、そのほか無数の言葉が案出されている。――このような能力はここ三世紀以来フランスにおいて欠けたことがなく、「少数者」に対する畏敬のおかげで再三に亘って文学上の一つの一種の室内楽を生むことを可能にし、これは爾余のヨーロッパの求めるところとなっている。――ヨーロッパに対するフランス人の卓越を根拠づけうる第二のものは、彼らの古い多様なモラリスト的文化である。このために、一般に新聞の群小《作家》や偶然の《パリの散策者たち》にすらも心理学的な敏感さや好奇心が見いだされるのであるが、こうしたものについて例えばドイツでは何の理解ももたれない（ましてそんな事実などはない！）。ドイツ人にはそれに必要な二・三世紀もの道徳的勉強が欠けていたが、上述のように、フランスはその労を惜しまなかった。それ故に、ドイツ人を「素朴」だというものは、ドイツ人の欠点を賞讃しているわけである（ドイツ人の交際の退屈さと全く無縁なものではないあの《心理学的な愉しみにおける》ドイツ人の無経験と無邪気に対立的なものとしては、――またこの微妙な戦慄のこの領域に対する真にフランス的な好奇心と発明的天分を最も見事に表現したものとしては、あの注目すべき先見的で先駆的な人間、アンリ・ベール（スタンダールの本名）を挙げるべきであろう。彼はナポーレオンのような《テンポ》をもって彼のヨーロッパを、ヨーロッパ人の魂の数世紀をこの魂の探出者かつ発見者として走り抜けた。――フランスの最後の偉大な心理学者であったこの驚嘆すべきエピキューリアンで疑問符的な人間に、何とかして追いついて、彼を悩まし魅了した謎の幾つかを後から解くためには二世代を要した――）。更に、フランスが優越性を要求しうる第三の根拠がある。フランス人の本質のうちには、北方と南方との半ば成功した綜合がある。これが彼らにイギリス人には決して理解されないような多くの事柄を理解させ、またその他の事柄をも行なわせるように命じるのだ。フランス人には週期的に南方に向いたり背いたりする気質があって、そのうちには時として彼らをプロヴァンスやリグリアの血が泡立ち溢れ、ぞっとするような灰色に塗りつぶされた北方と陽の当たらない概念の幽霊談や貧血症から護るのである。――われわれのドイツ的趣味の病気、その蔓延を防ぐためには、目下のところ大きな決意をもって鉄と血が、言うなれば「大政策」が処方されている（これは危険な療法で、私はその効果を待ちに待っているが、しかしいままでのところ、まだそれが望めないのだ――）。現今でもなおフランスでは、何らかの祖国主義に満足するには余りに広汎であって、北方にいて南方を愛し、南方にいて北方を愛することができるようなあの稀有（けう）な、滅多（めった）に満足しない人間に対する理解と歓待が用意されている。――これらの人間は、生れつきの内地人であり、「良きヨーロッパ」である。――彼らのためにビゼーは音楽を作ったが、この最後の天才は一つの新しい美と誘惑を見た。――彼は一片の音楽の南方を発見したのだ。

＊ 一八二八―九三、フランスの実証主義的評論家。

二五五

ドイツ音楽に対しては、色々と用心をすべきだと私は思う。かりに誰かが、私が南方を愛するように南方を愛し、しかもそれを最も精神的なものと最も官能的なものとにおける快癒の大きな試煉として、自主独立で自己を信頼する生存の上に拡がる太陽の光の充溢と浄化として愛するとせよ。そうすると、こうした人はドイツ音楽に対して何らかの警戒をすべきことを知るであろう。ドイツ音楽は、彼の趣味を堕落させることによって、彼の健康をも併せて破壊するからである。血統によるのでなく、むしろ信仰によるこうした南国人は、音楽の未来について夢みるときには、また音楽の北方からの解放についても夢みなければならない。そして、より深く、より力強く、恐らくより悪く、かつより秘密に充ちた音楽の序曲を、その耳に聞き取っていなければならない。それは超ドイツ的な音楽であって、碧く快い大洋や地中海の空の明るさを眺めても、すべてのドイツ音楽のように響きを失い、黄色っぽくなり、蒼ざめることはない。また、それは超ヨーロッパ的な音楽であって、沙漠の褐色の日没を前にしてもなお厳然として存在し、その魂は椰子の樹と類似していて、大きな、美しい、孤独な猛獣の間に親しく住みついて徘徊することができる。――善悪についてもはや何も知らないというところに、また恐らくは何かしら舟人の郷愁のようなもの、何かしら金色の影や優雅な繊弱さのようなものがその上をここかしこに流れ去るところにその最も稀有な魅力をもつような音楽を、私は思い浮かべることができよう。それは遙かに遠い彼方から、殆んど理解しにくいほどになった没落しつつある道徳的世界の色調が自ら遁がれて来るのを見るような芸術であり、またそういう遅れてやって来た逃亡者を迎え容れるに十分なほど親切で深い芸術である。――

二五六

国粋主義の妄想がヨーロッパ諸国民の間にもたらし、なおもたらしつつある病的な疎外によって、同様にまた、今日この妄想のおかげで表面に出て来て、自分たちが行なう相互分離政策が必然的に単に幕間的政策でしかありえないことに全く感づかない近視眼的で性急な政治家たちによって、――今日では全く述べ尽くしえない幾多の事柄によって、ヨーロッパが一つになろうと欲していることを言い表わす最も明瞭な徴候がいまや看過され、または勝手に欺瞞的に改釈されている。今世紀のすべてのより深く、より広い人間たちにあっては、上の新しい綜合への道を準備し、試みに未来のヨーロッパ人を予め見て取るということが、彼らの魂の秘密に充ちた仕事の真に全体的な方向であった。ただ、彼らが表面だけでは、或いは弱ったとき、例えば老齢期においてだけは、彼らは「祖国」に属した。――彼らが「愛国者」になったときは、ただ自分自身から遁がれて休息したにすぎなかった。私の考えているのは、ナポーレオン、ゲーテ、ベートホーフェン、スタンダール、ハインリヒ・ハイネ、ショーペンハウァーのような人間のことだ。私がこれらの人々に更にリーヒァルト・ヴァーグナーを附け加えても、悪く取らないでもらいたい。この人については、彼自身の誤解によって迷わされてはならない。――彼のような天才は自分自身を理解する権利をもっていることは滅多にない。もとより、いまやフランスにおいてリーヒァルト・ヴァーグナーを閉め出し、阻んでいる無作法な騒ぎに惑わされてならないのはなお更のことである。――そうであるに拘わらず、四十年代のフランス後期浪漫主義とリーヒァルト・ヴァーグナーとが極めて緊密に、極めて内面的に関係し合っているという事実は、依然として厳存する。この両者はその要求のあらゆる高さと深さにおいて類縁があり、根本的に類縁がある。彼らの多様で激烈な芸術によって外へ向かって、上へ向かって迫り、かつ憧れているもの、それがヨーロッパであり、一つのヨーロッパなのである。どこへか？ 一つの新しい光のうちへか？ 一つの新しい太陽の方へか？ しかし、これらの新しい言語表現法の巨匠が明瞭には言い表わしえなかったようなものを、誰が精確に言い表わしえようか。確かなのは、同じ疾風怒濤が彼らを苦しめたということ、彼らは同じ仕方で探求したということである。これらの最後の偉大な探求者たちはだ！　彼らは悉くその眼と耳に至るまで文学によって支配されていて、——世界文学的教養をもった第一級の芸術家であり——、その上、大抵は自ら作家であり、詩人であり、芸術と官能との媒介者にして交配者でもあった(ヴァーグナーは音楽家として画家のうちに、詩人として音楽家のうちに、芸術家一般としては俳優のうちに入れられる)。彼らは悉く「いかなる犠牲をも意としない」表現の狂信者であった。——私はヴァーグナーの最も親近者であるドラクロア*を挙げる——。彼らは悉く崇高なもの、また醜悪なものや凄惨なものの領域における偉大な発見者でもあり、更に効果における、展示における、飾り窓の技術における一層偉大な発見者でもあった。彼らは悉く彼らの天才を遠く越え出た才能の持ち主であった——。あくまでも名手であって、誘惑し、誘(おび)き寄せ、強制し、顚覆させるすべてのものに至る不気味な通路をもっていた。論理と直線に対する生れながらの敵であって、異他的なもの、異国的なもの、巨怪なもの、屈曲したもの、自己に矛盾するものに対する貪欲をもっていた。人間としては、意志のタンタロス**であり、成り上がりの賤民であって、生と創造において高貴な《テンポ》、すなわち《緩徐調(レントー)》を取りえないことを知っていた。——例えば、バルザックのことを考えてみるがよい——。彼らは奔放な労働者で、殆んど労働による自己破壊者であった。また風習における反抗者で擾乱者であり、均衡(きんこう)も享受も知らない野心家で貪欲家であった。結局、彼らは悉くキリスト教の十字架によって破砕し崩(くず)おれた(そしてこれは当然で正当なことであった。彼らのうちの誰が反キリスト者の哲学に至るほど十分に深く、かつ根源的であったろうか)。――全体として、彼らは大胆で果敢な、素晴らしい威力をもった、高く飛翔し、高く上へ曳きずり上げて行くような種類のより高い人間であって、彼らの世紀――そしてそれは大衆の世紀だ！――に「より高い人間」という概念を始めて教えなければならなかった……。ドイツのリーヒァルト・ヴァーグナー愛好者たちは、ヴァーグナーの芸術のうちに何か端的にドイツ的なものがあるかどうか、或いは、ほかならぬこの芸術の特徴は超ドイツ的な源泉と動因に由来するものでないかどうかについて、自分の胸に手をおいて考えてみるがよい。その際に軽視してならないのは、彼のような型の人間が作り上げられるためには、あのパリこそいかに不可欠のものであったかということである。最も決定的な時期にその本能の深みが彼をして渇望させたものはこのパリであった。また、彼の出現、彼が自らの使徒であったその在り方の全体が、フランス社会主義者たちの模範を前にしてのみ完成されえたものであるということも軽視されてはならない。恐らく、一段と精細な比較をしてみるならば、リーヒァルト・ヴァーグナーのドイツ的本性の名誉として、彼がすべてのことに亘って十九世紀のフランス人が為しえたより以上に強く、果敢に、峻酷に、高尚にそれを為しえたことが見いだされるであろう。――これは、われわれドイツ人がフランス人よりも一層野蛮に近いという事情によるものである――。のみならず恐らく、リーヒァルト・ヴァーグナーが創造した最も注目すべきものは、あのように末期的な全ラテン種族にとって単に今日にとってのみならず永久に近づきがたく、追感しがたく、模倣しがたいものであろう。例えば、ジークフリートの姿であるが、あの極めて自由な人間は、実際のところ遙かに、老衰し軟熟した文化民族の趣味にとっては余りにも自由で、余りにも強固で、余りにも快活で、余りにも健康で、余りにも反カトリック的であるであろう。その上、この反浪漫民族的なジークフリート、彼は浪漫主義に反する一つの罪でさえあるであろう。ところで、ヴァーグナーはその年老いて憂鬱な日々を迎えて、この罪を十分に免れた。——すなわち、そのとき彼は——その間に政策となった一つの趣味を予め看取して——彼に固有な宗教的激越さをもってローマへの道を、自ら行きはしなかったが、しかし説教し始めたのだ。——この最後の言葉のために私が誤解されないように、私は数行の力強い詩句を援用したい。この詩句は大して繊細でない耳にも、私の言おうと欲することを、——私が「晩年のヴァーグナー」と彼の『パルジーファル』[***]音楽に反対して言おうと欲することを洩らしてくれるであろう。

——これもなおドイツ的なりや——
この蒸し暑き絶叫はドイツの心胸より出でしや。
かつ、かくもおのれの肉を削り去るものはドイツの肉体なりや。
この牧師の両手の開きたるさま、
この香燻に匂う官能の刺激、
これもまたドイツ的なりや。

はた、この結滞、この卒倒、この蹌踉（そうろう）、
この不確かなる鐘声の響き、
これもまたドイツ的なりや。
この尼僧の秋波（しゅうは）、晩鐘の祈りの音、
この偽りの法悦の天国を越ゆる天国、
――これもなおドイツ的なりや――
篤（とく）と思え！　なんじらはなお門前に立つ。――
けだし、なんじらの聞くはローマ、――
言葉なきローマの信仰なるぞ！

---

* 一七九八―一八六二、フランスの浪漫派の画家。

** ギリシア神話の主神ゼウスの子。わが子を殺して神々の食膳に供した罪によって地獄に追われ、永劫の罰として酷い飢餓の苦を嘗めさせられた。

*** パルジーファルまたはパルツィーヴァルはドイツ中世の騎士。

第九章　高貴とは何か

二五七

「人間」という類型をあらゆる仕方で高めることが、これまで貴族社会の仕事であった。――そしてこのことはこれからも常に変らないであろう。このような社会は、人間と人間との間に位階秩序と価値差別の長い階梯があることを信じ、何らかの意味において奴隷制度を必要とする。身分の差別が骨身に浸み込み、支配階級が隷従者や道具を絶えず見下ろし、そして双方の間に服従と命令、抑圧と隔離が絶えず行なわれるということから生じるような「距たりの感じ」がなかったならば、あの別のより秘密に充ちた感じもまた全く生じえなかったであろう。すなわち、魂そのものの内部に常に新しく距たりを拡大しようとするあの熱望、常により高い、より稀な、より遙かな、より広い、より包括的な状態の形成は起こりえなかったであろう。要するに、これこそはまさに「人間」という類型を高めることであり、道徳的な定式を超道徳的な意味に用いて言えば、不断に続けられた「人間の自己克服」にほかならないのだ。もとより、貴族社会の(従って「人間」という類型をあのように高めるための前提の――)成立史については、いかなる人道主義的迷妄にも陥ってはならない。真理は冷酷である。われわれは、これまであらゆる高度の文化がどのようにして地上に始まったか、を容赦するところなく言おう！　なお自然のままの本性をもつ人間、およそ言葉の怖るべき意味における野蛮人、なお挫かれざる意志と権力欲を有している掠奪的人間が、より弱い、より都雅な、より平和な、恐らく商業か牧畜を営んでいた人種に、或いは、いましもその最後の生命力が精神と頽廃との輝かしい花火となって燃え尽きんとしていた古い軟熟した文化に襲いかかったのだ。貴族階級は当初には常に野蛮人階級であった。その優越性は最初は物的な力のうちにあったのではなく、むしろ心的な力のうちにあった。――彼らはより全き人間であったのだ(このことは、あらゆる段階において「より全き野獣」でもあった、というのと同じ意味である――)。

二五八

腐敗とは、本能の内部が無政府状態に脅かされるということの表現であり、「生」と呼ばれる情念の基礎が揺がされるということの表現である。腐敗は、それが現われる生の形態の相違に応じて、多少とも根本的に異なったものとなる。例えば、或る貴族制が、革命の当初におけるフランスのそれのように、崇高な嘔吐をもって自らの特権を抛棄し、自己自らをその道徳的感情の奔逸の犠牲に供してしまうならば、これこそは腐敗というものである。――これは本来、あの幾世紀も続いた腐敗の幕切れであったにすぎず、こうした腐敗のためにフランス貴族制は一歩一歩とその支配者的権能を手放して、王権の機能に(ついには全くその飾り物や装飾品に)堕したのであった。しかるに、立派な健全な貴族制の本質をなすものは、それが自らを機能(王権のそれであれ、共同体のそれであれ)としてではなく、むしろこれらのものの意味および最高の弁明として感じる、ということである。——それ故にまた、この貴族制のために不完全な人間、奴隷、道具にまで圧し落とされ、引き下げられざるをえない無数の人間の犠牲を良心の疚しさもなく甘受するということである。その根本信条はまさしく、社会は社会自らのために現存すべきではなく、むしろただ社会は選り抜きの種類の人間がその高次の任務へ、そして一般に高次の存在へ高められうるための下部構造であり、足場であるべきだ、ということでなければならない。このような種類の人間は、太陽を求めて伸びるジァヴァのあの蔓草にも比せられうる——それはシポ・マタドールと呼ばれる——。この植物はその蔓で長い間、しかも幾度も樫の樹に絡んでいるが、ついにはその樹に支えられながらも樹よりは高く遮るものなき光のうちへその樹冠を伸展し、自らの幸福を見せびらかしうるに至るのである。——

二五九

侵害・暴力・搾取を互いに抑制し、自己の意志と他人の意志とを同列に置く、——このことは、もしそのための諸条件が与えられているならば(すなわち、彼らの力量や価値規準が実際に相似しており、しかも彼らが同一の団体の内部に共に属しているならば)、或る大雑把な意味では個々人の間の良俗となりうる。しかしこの原理を更に広く取って、できうべくんば社会の根本原理としようとするや否や、それは直ちに生の否定への意志であり、解体と頽廃の原理であるというその正体を露わにするであろう。ここでは、その理由を徹底的に考えて、すべての感傷的な弱々しさを斥けなければならない。生そのものは本質上、他者や弱者をわがものにすることであり、侵害することであり、圧服することであり、抑圧・峻酷であり、自らの形式を他に押しつけることであり、摂取することであり、少なくとも、最も穏かに見ても搾取である。——しかし、何のために昔から誹謗の意図を刻印されているまさにこうした言葉を常に用いなければならないというのであろうか。先に仮定したように、その内部で個々人が平等に振る舞っている——これはあらゆる健全な貴族制において行なわれていることであるが——ようなあの団体にしても、それが生きている団体であって、死にかけている団体でない場合には、他の団体に対しては、自己の団体のうちで個々人が相互に差し控えているようなすべてのことを自ら行なわざるをえない。それは力への意志の化身でなければならないであろう。それは生長して周囲を摑み、自己に引きつけ、優勢を占めようと欲するであろう。——それも何らかの道徳性や不徳性からではなく、むしろそれが生きているからであり、また生はまさに力への意志であるからである。しかるに、ヨーロッパ人の一般的意識は、いかなる点においてよりもこの点において教えられることを嫌うのだ。いましも到るところで、科学的な仮面をすらつけて、「搾取的性格」がなくなるはずの社会の来るべき状態について熱狂的に云々されている。——これは私の耳には、有機的な諸機能を停止した生といったものの発明を約束することのように聞こえる。「搾取」とは頽廃した社会や不完全で原始的な社会に属するものではない。それは有機的な根本機能として、生あるものの本質に属する。それは生の意志そのものにほかならぬ本来の力への意志の一つの帰結である。——これが理論として革新的なものであるとしても、——現実としてはそれはすべての社会の根本事実なのだ。せめてこれを認めるほどに自己に対して正直であってもらいたいものだ！——

二六〇

これまで地上に支配して来た、或いはいまもなお支配している多くの精粗様々の道徳を遍歴して、私は或る特色が規則正しく互いに回帰し、互いに連結しているのを見いだした。その挙句、ついに私には二つの根本類型が窺われ、一つの根本的区別が極立って見えた。すなわち、主人道徳と奴隷道徳とが存在する。——私は直ちに附け加えて言うが、すべての高度の、また混合的な諸文化においては、この二つの道徳を調停しようとする試みも現われているし、更にしばしば両者の混淆や相互の誤解も見られるし、いな、時には双方が——同一の人間において、同一の魂の内部においてすら——頑固に並存していることもある。道徳的な価値区別は、一方において自らの被支配者に対する差別を快感をもって意識した支配的種族の間に生じ、——他方ではあらゆる程度の奴隷や隷従者の間において成立した。前の場合には、「よい」という概念を規定する者が支配者たちである以上、魂の高められた誇らしい状態こそが優越と位階決定をなすものと感じられる。高貴な人間は、こうした高められた誇らしい状態の反対を示すような者たちを自分たちから分離する。彼はこのような者どもを軽蔑する。この第一種の道徳にあっては、「よい」と「わるい」との対立は「高貴な」と「軽蔑すべき」というほどの意味であることは直ちに気づかれよう。――「善」と「悪」との対立は別の由来をもっている。卑怯な者、戦々兢々としている者、小心翼々たる者、目先の利益だけを考えている者は軽蔑される。同様に、眼界の狭い邪推深いもの、虐待に甘んじる犬みたいな人間、乞食じみた阿諛者、わけても嘘つき者は軽蔑せられる。――卑賤な奴らは嘘つきだ、というのがすべての貴族的人間の根本信条である。「われわれ真実な者」――古代ギリシアにおいて貴族たちは自らをこう呼んだ。道徳的な価値表示はどこでもまず始めには人間に対して附せられ、それから派生的に後になって行為に附せられるようになったことは明白である。それ故に、道徳史家が「何故に同情的行為は賞讃されたか」という問いから出発するならば、それはひどい失策だ。高貴な種類の人間は、自分を価値の決定者として感じる。この種の人間は自分を是認されることを必要とはしない。彼は「私にとって有害なものはそれ自体として有害である」と判断する。彼は総じて物事に始めて栄誉を与えるものであると自覚している。彼は価値創造的なのである。彼は自分において認めるすべてのものを尊重する。このような道徳は自己讃美である。前景に立つのは充実の感情、溢れるばかりの力の感情、高い緊張の幸福、贈り与えようと望む富の意識である。――高貴な人間といえども不幸な者を助けるが、しかしそれは同情からではない。殆んどそうではなくて、むしろ却って力の充溢から生れる或る衝迫からである。高貴な人間は自分のうちに強力者を認めて尊び、更に自分自らを統御しうる者を、語ることと黙ることを心得ている者を、悦びをもって自分に対して峻厳と苛酷を行なう者を、またすべての峻厳と苛酷に敬意を表する者を尊敬する。「ヴォータン*はわが胸に苛酷な心を置きたり」と古いスカンジナヴィアの《伝説》に言われている。これは誇らしいヴィーキング族**の魂から当然のこととして詠い出されたものである。この種の人間は、同情するように作られていないことをこそ誇りとしている。それ故に、この《伝説》の英雄は警告的に附け加えて言う、「若くしてすでに苛酷な心をもたざる者は、苛酷なること絶えてあるまじ」と。このように考える高貴な人々や勇敢な人々は、同情とか他人のための行為とか《無関心》のうちにこそ道徳的なものの徴を見るようなあの道徳からは最も遠く隔っている。自己自らに対する信念、自己自らに対する誇負、「無私」ということに対する根本的な敵意と厭味は、同感や「温情」に対する軽侮や警戒と全く同じように、決定的に高貴な道徳に属する。――力強い者たちとは、尊敬することを心得ている者たちである。これが彼らの技能であり、彼らの発明の領域である。老齢と由来に対する深い畏敬――一切の法はこの二重の畏敬の上に立っている――、祖先のためには有利な、子孫のためには不利な信仰と先入見は、有力者の道徳における典型的なものである。そしてその逆に、「近代的理念」を掲げる人々が殆んど本能的に「進歩」と「未来」とを信じ、老齢者に対する尊敬をますます欠きつつあるとすれば、このことだけでもすでに十分にこの「理念」の由来が高貴でないことを暴露している。しかるに、支配者の道徳は大抵、自分と同等な者に対してのみ義務を負うとか、下級の位階の者やすべての異他的なものに対しては随意に、すなわち「心の赴くままに」行動してよいし、いずれにせよ「善悪の彼岸」で振る舞ってよいというその原則の厳しさのために、現代の趣味にとって最も疎遠で苦痛なものである。——この点で同情やその類いのものが必要とされるわけであろう。長い間の感謝と長い間の復讐への能力と義務——この二つはただ自分と同等な者たちの内部においてのみ存しうる——。報復における精緻さ、友情の概念の洗煉、敵をもたざるをえない一種の必然性(いわば、嫉妬や闘争欲や傲慢の情念に対する放け口として、——根本においては、よき友でありえんがために)、——これらはすべて高貴な道徳の典型的な徴表である。

そしてこの道徳は、先に示唆したように、「近代的理念」の道徳ではなく、従って今日ではこれを追感することは困難であり、またこれを発掘し発見することも困難である。——道徳の第二の類型である奴隷道徳については事情は異なる。圧制された者、圧迫された者、忍苦するもの、自由のない者、自己自らに確信のない者、および疲労した者たちが道徳を云々するとすれば、何が彼らの道徳的評価の共通点となるであろうか。恐らくは、人間の全状況に対する厭世主義的な猜疑が表出され、多分は人間およびその状況に対する有罪が宣告されるであろう。奴隷の眼差しは、強力な者たちの徳に対して好意をもたない。彼は懐疑と不信をもつ。彼はそこで尊重されるすべての「よきもの」に対して敏感な不信をもつ。——彼はそこでの幸福はそれ自身、本物ではないと自分に説得しようとする。その逆に、忍苦する者にその生存を楽にするに役立つような特性が引き出され、照明を浴びせられる。ここでは同情が、親切な援助を厭わぬ手が、温情が、忍耐が、勤勉が、謙譲が、友誼が尊重せられることになる。——それというのも、これらのものはここでは、生存の圧迫を耐えるために最も有益な特性であり、殆んど唯一の手段だからである。奴隷道徳は本質的に功利道徳である。ここにあの「善」と「悪」という有名な対立を燃え上がらせる火床がある。——すなわち、力と危険性が悪に属するものと感じられる。或る種の怖ろしさ、軽侮の念が生じることを許さない巧みさと強さは悪であると感じられる。従って奴隷道徳によれば、「悪人」とは恐怖を攪き立てるものである。主人道徳によれば、恐怖を攪き立て、また攪き立てようとするものこそは、まさしく「善人」なのであり、「わるい」〔劣悪な〕人間は軽蔑すべきものとして感じられる。この対立がその尖端に達するのは、奴隷道徳の帰結に従って、ついにこの道徳における「善人」の上にすら一抹の軽蔑が——たとい軽く好意的なものであっても——吹きかけられるときである。奴隷的な考え方の内部における善人とは、とにかく危険でない人間でなくてはならないからである。この人間は善良な、欺され易い、恐らく些か愚鈍で、つまり《お人好し》なのである。奴隷道徳が優勢を占めるところではどこでも、言語は「善」と「愚」とを互いに近づけようとする傾向を示している。——究極の根本的区別はこうである。自由への渇望、幸福に対する本能、および自由感情の敏感さは、必然的に奴隷道徳と奴隷的徳性に属するが、それと同じく畏敬への、献身への技能と熱中とは、貴族的な考え方と評価の仕方に例外なく見られる徴候である。——ここからして直ちに、何故に情熱としての愛——これはわれわれヨーロッパ人の特異性である——が端的に高貴な由来をもつものでなければならないかが理解されうる。周知のように、その発明はプロヴァンスの騎士詩人たち、あの華麗で創意的な《悦ばしき学識》の人々に帰せられる。ヨーロッパは実に多くのものを、そして自己自らを彼らに負うているのだ。――

* オーディンとも言い、ゲルマン民族の最高神。

** 八世紀から十一世紀にかけて海賊として北欧海岸を荒らしたノルマン族。

二六一

高貴な人間にとって恐らく理解することが最も困難な事柄に属するものは虚栄である。他の種類の人間がそれを両手でしっかり捉えたと思う場合にも、彼はそれをなお拒もうと試みるであろう。彼にとって問題なのは、自分自身ではもっていない――また従ってそれに「値する」こともない――ような好評を自分に喚び起こそうとする人物、しかも後になってこの好評を自ら信じるようになる人物を思い浮かべることである。こうしたことは、彼にとって半ばは自分自身に極めて味気ない名誉にならないことのように思われ、また半ばは甚だ奇怪な不合理なことに思われる。そこで彼は虚栄を例外と見なそうと望んだり、虚栄について云々される大抵の場合にはそれに疑いを抱く。例えば、彼はこう言うであろう、「私は自分の価値を見誤っているかもしれないが、他方やはり自分の価値を自分の見積もったと全く同じように他人からも認められることを望んでいるかもしれない、――しかしこれは虚栄ではない(むしろ自惚れであり、或いは、より多くの場合には「謙譲」とか「謙遜」とも呼ばれるものだ)。」またはこうも言うであろう、「私は多くの理由から他人の好評を喜ぶかもしれない。恐らくそれは、私が彼らを尊敬し、愛し、他人のどんな喜びにも自ら喜ぶからであり、恐らくはまた彼らの好評が私自身の抱く好評を裏書きし、強化してくれるからであり、また恐らく他人の好評は、私がそれに値しない場合にすら、やはり私にとって有利であり、利益となる見込みがあるからだ、——しかしこれらはすべて虚栄ではない。」高貴な人間は強いられて始めて、特に歴史の助けを借りて始めて、次のように考えるに違いない。すなわち、大昔から、すべての何らかの仕方で従属的な社会層において、普通の人間はただ彼が通用したところのものであったに止まるのだ、と。——彼は価値を自分で見積もることに全く慣れていなかった。彼は彼の主人が自分に当てがった価値より以外のいかなる価値をも自分に与えることがなかった(価値を創造するのは本来の主人権である)。これは巨怪な隔世遺伝の結果として捉えられるかもしれないが、通常の人間は今日なお相変らずまず自分についての世評を期待し、またやがてはそれに本能的に屈服する。しかも、単に「よい」評判に対してのみでなく、わるい不当な評判に対しても全くそうである(例えば、信心深い婦人たちが彼女らの聴罪師から見習い、また一般に篤信のキリスト教徒が彼の教会から学ぶ自己評価や自己蔑視を考え合わせてみるがよい)。さて事実、物事の民主的秩序(およびその原因としての主人と奴隷との混血)が徐々に現われて来るにつれて、自分自身に自分から価値を附与して、自分について「よいと考える」根源的に高貴で稀有な衝迫は、いまや次第に活気づけられて拡大されて行くであろう。しかし、この衝迫はいつでも自己に反する一つのより古い、より広い、より根深く摂取される傾向をもっている。——そして「虚栄」という現象においては、このより古い傾向はより若い傾向を支配するのである。虚栄的な者は自分について耳にするあらゆる好評について喜ぶと同じく(それが自分に有益であるかどうかを全く考えもせずに、また同様にそれの真偽を全く無視して)、あらゆる悪評に心を悩ませる。彼はその双方に屈服し、自分のうちに突発して来るあの隷従という最も古い本能から、自分がその双方に屈伏していることを感じるからである。——これこそは虚栄的な者の血のうちにある「奴隷」であり、奴隷の狡猾さの残滓(ざんし)である。——そして例えば、いかに多くの「奴隷」がいまもなお女のうちに残存していることか! ——この奴隷が自分についての好評を誘(おび)き寄せようと努めるのだ。後になって直ちに、自分で呼び起こしたものでないかのようにこの好評の前に自ら跪(ひざまず)くのもまた同様にこの奴隷なのだ。——そこで、もう一度言っておこう。——虚栄は一つの隔世遺伝である。

二六二

一つの種族が発生し、一つの類型が固定し強くなるのは、本質的に同じ不利な諸条件との長い戦いのもとにおいてである。それとは逆に、飼育者の経験から知られるように、豊かすぎる栄養と、総じて過度の保護や世話を与えられる種族は、直ちに最も強い仕方で型の変化を起こし易く、奇異なものや怪異なもの(異形の背徳)に富んでいる。試みに、例えば古代ギリシアの《ポリス》やヴェネチアのような貴族制の共同体を見るがよい。——それらは、自発的な意志によるかどうかは別として、育成を目的とした施設であった。そこでは、自己の種性を貫き通そうと欲する人々が相互に、また自分自らを頼りにしていた。大体において、彼らは自分自身を貫き通さなければならず、さもなければ、絶滅させられるという恐るべき危険に陥るからである。ここでは、上のような変化を起こすに好都合なあの恩恵、あの過剰、あの保護が欠けている。種族は種族として自らを保持する必要がある。しかもそれは近隣や、蜂起し、またはまさに蜂起しようとしている被抑圧者たちとの不断の戦いのうちで、自己の峻酷さや、形式一般の固形性と単純性によって自己を貫き通し、存続させることができるようなものなのである。種々様々な経験は、彼らがすべての神々や人々に反抗してなお生存し、なお常に勝利を得て来たのは、主としてどのような特質のおかげであるかをこの種族に教えた。これらの特質を彼らは徳と呼び、これらの徳のみを彼らは大きく育て上げる。彼らはこれを厳しく実行する。いな、彼らは厳しさをこそ欲する。あらゆる貴族的道徳は、青少年の教育において、婦女に関する処置において、婚姻の風習において、老若の関係において、刑法（専ら変種者のみを眼中に置く）において容赦するところがない。——彼らは「正義」の名のもとにこの容赦なさそのものを徳に数え入れる。僅かではあるが極めて強い特色をもった一つの類型、厳格で戦士的で賢明寡黙で排他的で閉鎖的な人間の一つの類型（しかもそれでいて社交の魅力と《ニュアンス》に対する極めて繊細な感情をもった一つの類型）が、このようにして世代の交替を越えて確立されるのである。先に言ったように、常に同様な不都合な諸条件との不断の戦いは、一つの類型が固定し強くなることの原因である。しかるに、ついにいつかは幸運な状態が発生し、巨怪な緊張が弛緩する。恐らく近隣の種族の間に敵がもはやなくなり、生活のための資力が、まして生活を享楽するための資力が有り余るほどになる。一挙にして古い訓育の紐帯と拘束が切れる。それはもはや必要なものとも、生存の条件とも感じられなくなる。――それが存続しようとするならば、贅沢の一形式としてか、古風な趣味としてのほかないであろう。変質(より高いもの、より繊細なもの、より稀有なものへの)としてであれ、退化や畸形としてであれ、とにかく変質は突如として夥しく、しかも華やかに舞台に現われて来る。個人が敢えて個別的であろうとし、自己を目立たせようとする。歴史のこの転回点には、互いに並び合い、またしばしば入り混り絡み合って、一つの見事な、多様な、原始林にも似た繁茂と伸長の姿が示される。その生長の競い合いには一種の熱帯的なテンポが見られ、また巨怪な没落や自滅も現われる。これは、互いに「太陽と光とを求めて」格闘し、もはやこれまでの道徳からはいかなる限界をも、いかなる制御をも、いかなる保育をも取り出すことを知らないような、荒々しく互いに対向し合う、いわば爆発的な利己主義の所為である。この道徳それ自身こそは、実に力を巨怪なまでに蓄積し、まことに危殆に瀕するほどに弓を引きしぼって来た当のものなのである。――いまやこの道徳は「生き残り」のものとなったのだ。いましもより大きな、より多様な、より広汎な生が古い道徳を越えて生きるという、危険で不気味な時点に到達したのだ。そこに立って「個人」は、自己自らの立法を強いられ、自己自らの術策と狡智とによって自己保持・自己高揚・自己救済を計らざるをえない。必要なのは全く新しい「何のために」であり、全く新しい「何をもって」であり、もはやいかなる共通の方式も存しない。誤解と侮蔑とが互いに結び合い、頽落と腐敗と最高の欲求とが恐ろしいほど絡み合い、種族の天才が善と悪との充満したすべての角盃から涌き溢れ、なお汲み尽くされていない、なお疲れきっていない若い頽廃に特有な新しい魅力と面紗に充ちて春と秋とが宿業的に同時に存している。そこに、道徳の母である大きな危険が再び現われている。しかもこのたびは個人のうちに移し置かれ、隣人や友人のうちに、街に、自分の子供のうちに、自分の心胸のうちに、すべての最も固有な、最も秘密な願望と意志のうちに現われている。このような時代に登場して来る道徳哲学者たちは、いまや何を説教すべきであろうか。彼らは、この鋭い観察者であり傍観者である人々は、終末が速かに近づきつつあることを、彼らの周囲の一切が頽廃し、かつ頽廃させることを、救いがたい凡庸な人間の一種族のほかには明後日まで残るものが何もないことを発見するのだ。ひとり凡庸な者たちのみが存続し、繁殖して行く見込みがある。――彼らが未来の人間であり、唯一の生き残る者なのだ。「彼らの如くあれ！　凡庸となれ！」というのがいましもなお意味をもち、なお耳を傾けられる唯一無二の道徳である。――しかしこの道徳を、この凡庸の道徳を説教することは困難なことだ！――実にこの道徳は、自らが何であり、かつ何を欲するかを決して告白するわけには行くまい！　それは節度や品位や義務や隣人愛について説かなければならない。――それはイロニーを蔽い隠すことに困じ果てるであろう！――

二六三

位階に対する本能というものが存在するが、これはすべてのものにもまして、すでに一つの高い位階に属していることの徴候である。畏敬のニュアンスに対する悦びというものが存在するが、これは高貴な素性と習慣とを窺わしめるものである。或る魂の繊細さと善良さと高さは、第一の位階に属しているが、なお慄然たる権威により厚かましい扱い方や不作法から守られていないもの、――目立たず、見いだされず、誘惑的に、恐らくわざと包み隠され、仮装して、さながら生きた試金石のようにその道を行くもの――が傍を通り過ぎて行くとき、危険にも試煉にかけられる。魂を探究することをその任務とし、それに習熟している者は、或る魂の究極の価値、その魂が属している揺がしがたい生得の位階を確認するために、様々な形でほかならぬこの技法を利用するであろう。彼はその魂をそれの畏敬の本能を目途として試煉にかけるであろう。《差異は憎悪を生む》。大抵の卑俗な人物は、何か或る神聖な容器、何か或る閉ざされた匣から出た宝物、何か或る大きな運命の前兆を示した事物が持ち出されるとき、忽ちに汚水のように跳び上がる。しかも他面、心ならずも黙り込み、眼をうろうろさせ、すべての身振りをやめて、一つの魂が最も尊敬すべきものの近づきを感じていることを表わす。総じてこれまでヨーロッパにおいて聖書に対して畏敬を保持して来た仕方は、恐らくヨーロッパがキリスト教に負う風習の育成と醇化の最上のものであろう。このような深遠さと究極的重要さをもつ書物を守護するには、それを汲み尽くし解き尽くすに必要なあの幾千年間の持続を得るために、外部から来る専制的な権威を要する。もし大衆に(すべての種類の平板で軽跳な徒輩に)何にでも触れてはならないというあの感情が、その前に靴を脱ぎ、また不潔な手を遠ざけなくてはならないような神聖な体験があるというあの感情がついに育て上げらるべきだとすれば、それこそ多大な成功というものである。――これこそ殆んど彼らの人間性への最高の向上である。その逆に、いわゆる教養人、「近代的理念」の信奉者たちにおいて何よりも嘔吐を催させるものは、恐らく彼らの羞恥心の欠如、彼らがすべてのものに触れ、舐め、擦る眼と手の呑気な厚かましさであろう。そして、今日では民衆のうちに、それも下層の民衆のうちに、わけても農民のうちに、新聞を読む精神の娼婦仲間である教養人たちにおけるよりも、常にまだしも比較的に優れた趣味の高尚さと畏敬の調子が見いだされる、ということもありえよう。

二六四

或る人間の魂から、彼の祖先たちが最も好んで常に不断に行なって来た事柄を拭い去ることはできない。もっとも祖先たちは、或いは勤勉な節約家であって、事務机と金庫に附きっきりで、その欲求においては質素で町人風であり、その徳性においても謙虚であったかもしれない。或いは、朝から晩まで命令することを習いとして生活し、粗野な道楽を好み、またそれと並んで恐らく更により粗っぽい義務や責任を好んでいたかもしれない。或いは最後に、あらゆる妥協を恥とする峻厳で敏感な良心をもった人間として、全く自分たちの信仰――自分たちの「神」――に生きるために、いつかは家柄と財産の特権を犠牲にしたようなことがあったかもしれない。或る人間がその両親と先祖の特性や偏愛を体内に宿していないということは、全くありえないことである。たとい外観はその反対に見えようとも、確かにそうである。これは人種の問題である。かりに両親について若干のことが知られるとすれば、その子について推論を行なうことが許される。何らかの厭うべき不節制、何らかの陰険な嫉妬、或る不器用な自己是認――これらの三つが集まっていつの時代にも本来の賤民型を作り出して来たのであるが――、こうしたものは、腐敗した血と同じく、必ずやその子に伝わるものである。そして、最善の教育と教養の助けによって成し遂げうることは、ただこのような遺伝を誤魔化すことだけにほかならない。――そして、今日の教育と教養の望むところもこれ以外に何があろうか！ われわれの甚だしく民衆的な、賤民的とも言わるべき時代にあっては、「教育」と「教養」は本質的に誤魔化しの技術たらざるをえない。――すなわち、素性を、肉体と精神のうちに遺伝された賤民を誤魔化し去ろうというのだ。今日において何よりも誠実を説教し、その弟子たちに絶えず「真実であれ！ 自然であれ！ あるがままの自己を示せ！」と呼びかける教育者――こうした有徳にして真摯な頓馬でさえも、やがては《自然を掻き出さん》がためにホラティウスのあの《熊手》を手に取るようになるであろう。それにしても何の効果があろうか。「賤民」は《いつも走り戻って来る》。――

二六五

無邪気な人々の耳を不快にするという危険を冒して、私は言明する。利己主義は高貴な魂の本質に属する、と。私が利己主義というのは、「われわれがある」如き存在にとっては他の存在が本性上、臣従してその犠牲となるべきである、というあの揺がしがたい信念を指すのだ。高貴な魂は自らの利己主義というこの事実を何の疑問を抱くこともなく、またそこに峻酷・強制・恣意の感情をもつこともなしに、却ってそれが事物の根本法則のうちに基礎をもつものであるかのように解する。――これに対する名称を求めようとすれば、この魂はこう言うであろう。「それは正義そのものである」と。様々の事情のために、このような魂は始めは躊躇（ちゅうちょ）するが、自分と同等の資格を与えられた者が存在することを承認する。それはこの位階の問題について決着をつけるや否や、自分自らに接すると同じように確かな羞恥と細やかな畏敬をもって、これらの同等者や同格者たちと交渉する。――それはあたかも、すべての星辰が通暁している本有的な天体力学の法則に従うのと同様である。自分と同等なものとの交渉におけるこうした繊細さと自己制限、これがその利己主義に更に附け加わる一片である。――あらゆる星辰はこのような利己主義者なのだ。――高貴な魂は自分の同等者たちのうちに、またそれが彼に与える諸権利のうちに自分を畏敬する。それは、栄誉と権利の交換がすべての交渉の本質として、同じく事物の自然的な状態に属するものであることを疑わない。高貴な魂は、自分の根底に潜（ひそ）む情熱的で敏感な報復の本能から、自分の取るだけのものを他にも与える。「恩恵」という概念は《同等者の間では》何の意味も芳香も有しない。上からの贈り物をいわば自分の上に注がれるままにし、雨滴のように渇望して飲みほす一種の崇高な者もあるであろう。しかし高貴な魂は、このような技巧や身振りには一向に堪能ではない。その利己主義がこれを妨げる。すなわち、それはおよそ「上」を見上げることを好まず、――むしろ自分の前を、水平に、ゆっくりと見遥かすか、或いは見下ろす。――それは自分が高みに立っていることを知っているのだ。――

二六六

「真に高く尊敬することができるのは、自分を自分で求めない者のみである」――ゲーテに寄せたシュロサー*の助言。

＊一七三六―九九、ゲーテの友人であったドイツの哲学者、プラトーン、アリストテレースを翻訳した。

二六七

シナ人たちには、母親が必ずその子供たちに教える格言がある。曰く、《小心》(「お前の心を小さくせよ!」)。これは末期の文明に固有な根本傾向である。或る古代のギリシア人もまた今日のわれわれヨーロッパ人の上にまず自己矮小化を見いだすだろうことを私は疑わない。――これだけによってもすでにわれわれは彼の「趣味に反する」のだ。――

二六八

結局のところ、卑俗とは何であるか。——言葉は概念に対する音符である。しかるに概念は、しばしば反復され連結して現われる諸感覚や感覚群に対する多少とも確定的な表現記号である。互いに理解し合うためには、同じ言葉を用いるだけではなお十分でない。同じ種類の内的体験に対しても同じ言葉を用いなければならない。結局、互いに共通の経験をもたなければならない。それ故に、同じ言語を用いている場合にさえも、同一の民族に属する人間は違った民族に属する人々よりも一層よく互いに理解し合うのである。或いは却って、人間が長い間に亙って似通った諸条件(気候・土地・危険・要求・労働)のもとに共々に生活していたならば、そこから或る「自明の」ものが、すなわち一個の民族が成り立つ。すべての人々の魂のうちで、しばしば繰り返された同じ数の体験が、稀にしか現われない体験に対して優勢を占める。これによってお互いの理解が速かに、いよいよ速かになる。——言語の歴史は短縮過程の歴史である。——このように速かな理解が行なわれることによって、緊密に、いよいよ緊密に結ばれ合うことになる。危険性が大きくなるほど、緊急を要する事柄について速かに、しかも容易に意見の一致を見る必要がますます増大する。危険に際して互いに誤解しないということ、これこそは人間が交渉するために絶対に欠くことのできない点である。どのような友情や恋愛においてもこのような試煉が行なわれる。二人のうちの一人が同じ言葉を用いながらも他の者とは別なように感じ、考え、嗅ぎつけ、願い、恐れるということが明らかになるや否や、友情や恋愛は忽ちに断絶する。(「永遠の誤解」に対する恐れ、これこそは異性の人々にとって、官能や情愛に唆かされて性急に結びつくことをしばしば差し控えさせるあの恵み深い守護神である。――そしてショーペンハウァーのいう「種族の守護神」といったものではないのだ!――)或る魂の内部でどのような感覚群が最も速く目覚め、言葉を発し、命令を下すか、このことによってその魂の諸価値の全位階秩序が決定される。これが結局はその魂の財産目録を規定するのだ。或る人間の評価は、その魂の構造の或るものを露わにし、またその魂がどこにその生活条件、その本来の必迫を見ているかを窺わせる。ところで、この必迫のみが以前から類似の記号によって類似の要求、類似の体験を示唆しえたような人間を互いに接近させたものであるとすれば、そこからして一般に明らかになるのは、必迫を容易に伝達しうることが、換言すれば、窮極において月並みな平俗な体験こそが、人間をこれまで左右して来たすべての威力のうちで最も力強いものであったに違いない、ということである。より似通った、より通常な人々は常に有利な立場にいたし、またいまもそうである。選り抜きの人々、より洗煉された人々、より稀有な人々、より理解しがたい人々はともすれば孤立的であり、別々に存在しているから不慮の災厄に逢会し、繁殖することも滅多にない。この自然的な、余りにも自然的な、《似たものへの前進》を、類似なもの、通常のもの、月並みのもの、畜群的なものへの――卑俗なものへの!――人間の進展を遮るためには、巨怪な対抗力を喚び起こさなければならない。

二六九

或る心理学者——生れつきの、そうであることを免れがたい心理学者で魂の判読者——が選り抜きの事例や人間に眼を向ければ向けるほど、同情のために窒息するという彼の危険はますます増大する。彼は他の人間より以上に峻酷さと明朗さとを必要とする。より高い人間、異常な素質をもった魂が頽廃し、没落するということは通則だからである。このような通則を常に眼の前に見るということは怖るべきことである。この没落を発見した心理学者、より高い人間のこうした内的な「救いなさ」の全体、あらゆる意味におけるこうした永遠の「遅すぎた！」を、全歴史を通じてまず一度、そしてやがて殆んど常に繰り返して発見する心理学者の幾重もの拷問苦は、——恐らくいつかは、彼が憤激をもって自分自身の運命に逆らって自己破壊の試みをなし、——自分自ら「破滅させる」原因となるかもしれない。殆んどあらゆる心理学者において、日常的で几張面な人間との交際に対する裏切りの傾向や嗜好が認められる。この点に、彼が常に治療を要求していることが示され、彼が自分の洞察と切開、彼の「仕事」が彼の良心に負わせたものから脱れるための一種の逃亡と忘却を必要としていることが窺われる。自分の記憶に対する恐怖は彼に特有のものである。彼は他人の判断の前に容易に黙り込んでしまう。彼は自分が見たところで尊敬され、驚嘆され、愛され、聖化されるのを無感動な面持ちで聞いている。——或いは、彼は更に何らかの表立った意見が持ち出されると明確に同意を表して自分の沈黙を蔽い隠す。恐らく彼の状態の背理は、彼が大きな軽蔑と並んで大きな同情を覚えた場合にこそ、大衆や教養人や心酔者たちが彼らなりに大きな尊敬を覚えるというほどにまで恐るべきものとなる。——この尊敬は「偉人」や怪獣に対するものであるが、これらのもののためにこそ祖国や大地や人間の品位や自己自身を祝福し尊重して、それらを目差して青少年を指示し、教育するのだ。——そして、これまですべての大事件の際にはまさしく同じことが起こらなかったかどうかを誰が知ろう！すなわち、大衆は一つの神を崇敬したのだ、しかもその「神」は哀れな犠牲獣であったにすぎないのだ！その成果は常に最大の詐欺師であり、またその「作品」そのものが一つの成果であった。大政治家・征服者・発見者はその創造したもので変装して、正体を見極めがたいまでになっているのである。芸術家・哲学者の「作品」がそれを創造した者、創造したとされる者を始めて案出するのである。尊敬されるような「偉人」というのは、後から作り出されたけちな拙劣な虚構である。歴史的価値の世界には贋金造りが支配している。例えば、バイロン、ミュセ、ポー、レオパルディ、クライスト、ゴーゴリなど、これらの大詩人たち(もっと偉大な名前を挙げることは敢えてしないが、しかし私はそれらを考えているのだ)、——彼らがいましもそう考えられ、また恐らくそう考えられざるをえないところでは、刹那の人間であり、感激的で、官能的で、子供じみて、猜疑するにも信頼するにも軽率で唐突である。通常は何らかの裂け目が隠されているような魂をもち、しばしばその作品をもって内的な汚辱に対して復讐をし、しばしば飛翔することによって余りにも忠実な記憶を忘却しようと試み、しばしば泥濘のうちに迷い込んで殆んど惑溺し、その挙句は泥沼の周囲をさまよう鬼火のようになって自らを星とも佯る——そうなれば、民衆は彼らを恐らく理想家と呼ぶであろう——。しばしば長い間の嘔吐と戦い、繰り返し迷い戻る不信の幽霊と戦うが、この不信は彼らを冷たくし、《栄光》を焦れるようにさせ、陶酔した阿諛者たちの手から「自己への信仰」を貪り取るように強いる。——こうした大芸術家や総じてより高い人間は、彼らの正体をついに察知した者にとって何という拷問苦であろう！　彼らがまさに女——苦悩の世界において透視力をもち、また悲しいことには自分の力の遠く及ばないところへさえ助力や救援の手を伸ばしたがる女——から、あのように容易に無際限な献身的な同情のあの爆発を浴びせられるということは、いとも理解し易いところである。大衆、わけても崇拝する大衆はこの爆発を理解せず、様々な好奇的で独りよがりな解釈を積み重ねる。こうした同情は例外なく自分の力を見誤っている。愛は一切をなしうる、と女は信じたがる。——それは女の本来の迷信である。ああ、心情の本質を知る者は、最上で至深の愛でさえもいかに貧しく、頼りなく、自惚れで、不手際で、救うよりもむしろ毀すものであることを察知するのだ！——イエスの生涯についての神聖な寓話や粉飾のもとに、愛に関する知識の殉教の最も痛ましい事例の一つが隠されている、ということもありうべきことである。それは最も無垢で、かつ最も熱望的な心情の殉教であって、この心情はいかなる人間愛にもかつて満足せず、峻厳と、狂気と、自分に愛を拒む者たちに対する恐るべき爆発とをもって、愛すること、愛されることを、そしてそれ以外の何ものをも希求しなかった。それは愛において飽くことなく、足ることを知らなかった一人の哀れな者の歴史であかった。彼は自分を愛することを欲しない人々をそこへ送るために、地獄を案出しなければならなかった。――そして彼はついに、人間の愛について知るに及んで、全き愛そのもの、愛しうることそのことであるところの一つの神を案出せざるをえなかった。――この神は人間愛を憐れみたまう。人間愛は甚だしく惨めで、甚だしく無知だからだ！　このように感じ、こんな風に愛について知る者は――死を求める。――しかし、何故にこうした痛ましい事柄に身を委ねるのか。もしもそうする必要がないというのであれば――

二七〇

深い苦悩を味わった人間は――人間がどれほど深く苦悩しうるかということが殆んどその人間の位階秩序を規定する――誰しも精神的な誇負と嘔吐感とをもっている。彼は自分の苦悩のために最も怜悧で最も賢明な人々が知りうるよりもより多く知っているという恐るべき確信、「お前らは何も知らないのだ！」と言いうるような多くの遙かな驚くべき世界について熟知しており、かつてそこに「住みついて」いたという確信を抱いており、しかもこの確信によって全く浸潤せられ彩色せられている。――苦悩する者のこの精神的な暗黙の驕慢、選り抜きの認識者、「奥義を伝授された者」、殆んど犠牲に供せられた者のこうした誇負は、厚かましい同情的な手で触れられることから身を守り、またおよそ自分と苦痛を同じくしない者から身を護るために、あらゆる形式の仮装を必要とする。この深い苦悩は高貴にする。それは引き離す。最も手の込んだ仮装形式の一つはエピクーロス主義であって、これから後は苦悩を気軽に受け取って、すべての悲痛にして深刻なものに対して自らを防禦する物々しい趣味の勇敢さを見せかけることになる。明朗さのために誤解されるからといって、明朗さを用いる「明朗な人間」もいる。――彼らは誤解されることを欲するのだ。科学が快活な外見を与え、科学性が人間の浅薄なことを結論させるからといって、科学を利用する「科学的な人間」もいる。――彼らは誤った結論へ導くことを欲するのだ。自分たちが打ち挫かれ誇らかな癒やしがたい心情の持ち主であることを蔽い隠し否認したがる自由で不敵な精神の人間もいる（ハムレットのシニシズム、――ガリアーニの場合など）。そして時には、痴愚すらもが不幸な、余りにも知りすぎた知識に対する仮面である。――そこからして、「仮面に対して」畏敬をもち、心理学や好奇心を誤って用いることのないようにするには、より洗煉された人間性が必要である、ということが明らかになる。

二七一

二人の人間を最も深く引き離すもの、それは純潔に対する感覚と程度の差異である。どんなに健気に、また互いによく益し合ったところで何になろう。どんなに互いに好意をもち合ったところで何になろう。そんなことをしたところで、結局は――「お互いに鼻もちもならない！」ということになるのだ。純潔という最高の本能は、これに取り憑かれた者を一個の聖者として、最も奇異な、かつ最も危険な孤独化のうちに置くのである。――これが上に言う純潔の本能の最高の精神化である。沐浴の幸福における名状しがたい充実を共に知ることとか、魂と絶えず夜から朝へ、暗鬱や「憂愁」から明るみや輝きや深みや優雅さへ駆り立てる熱情や渇望といったようなもの、こうした傾向——それは高貴な傾向であるが——は際立たせると同様に、——また引き離しもする。聖者の同情とは、人間的なもの、余りに人間的なものの汚穢に対する同情である。そして、この同情さえも彼によって汚染として、汚穢として感じられるような度合いや高みがあるのだ……

二七二

高貴であることの徴。——われわれの義務を万人にとっての義務にまで引き下げようなどとは決して考えないこと。自己の責任を譲り渡そうと欲せず、頒かち合おうと欲しないこと。自己の特権とその行使を自己の義務のうちに数えること。

二七三

偉大なものに向かって努力する人間は、自分の進路で遭遇する者を誰でも手段と見なすか、または遅滞させ妨害するものと見なすか、——或いは一時的な休息用のベッドと見なす。同胞に対する彼に固有な気高い善意は、彼が自分の高みに達して支配するようになったとき始めて可能である。それまでは性急であって、常に喜劇を演じるように宣告されていることを意識している。

――戦いすらも一つの喜劇であり、あらゆる手段が目的を蔽い隠すが如くに蔽い隠すからである。彼には一切の交際が駄目になる。この種の人間は孤独ということを知っており、また孤独がどんなに甚だしい毒を含んでいるかを知っている。

二七四

待つ者の問題。――一つの問題の解決が内に眠っているようなより高い人間がなお適当な時に行動に移るためには、――言うなれば、「爆発」するためには、様々な僥倖や色々な不可測の事柄が必要である。そのようなことは普通には起こらない。そして地上のあらゆる片隅に坐して待っている者たちは、自分たちがどれほど待っているかを殆んど知らず、まして待っていることが無駄なのを知らない。時々は目覚ましが響き、行動に移る「許可」を与えるあの偶然がやって来るにしても、それは遅すぎる。――そのときには、じっと坐っていたために行動への最善の青春と力とはすでに使い果たされている。そして、いかに多くの人間が「蹶起した」ときにもうその四肢が麻痺し、その精神がすでに鈍重になりすぎているのを見いだして愕然とすることか！「余りにも遅すぎた」――と彼は自分に言い、自分を信じなくなり、もはや永久に役立たなくなってしまう。――天才の領域においては、「手のないラファエル」というのが、この言葉を最も広い意味に解するかぎり、恐らく例外ではなく、むしろ通例のことではあるまいか。――天才は恐らく決してそう稀有なものではない。しかし稀有なのは、《カイロス》、すなわち「適切な時」を――自由に左右するために、偶然の額髪（ひたいがみ）を捉えるために、必要とされる五百の手だ！

二七五

或る人間の高さを見ようと欲しない者は、それだけますます鋭くその人間のもつ下劣な点や前面に現われている点に眼を向ける。――そして、そうすることによって自分自身を暴露する。

二七六

いかなる種類の損傷や損失にあっても、下劣で粗悪な魂の方が高貴な魂よりも好都合である。高貴な魂の危険はより大きくなければならないし、ましてその生活条件が複雑であるために、それが災厄を蒙（こうむ）り、破滅するという公算も甚だ大きい。――蜥蜴（とかげ）みたいなものにあっては、失われた趾（あし）はまた生（は）えて来るが、人間の場合はそうは行かない。

二七七

――全く困ったものだ！――またしても古臭いことが！　家の建築を終わったときになって、建築を――始める前に必ず知っておかなければならなかったことを学び知ったことに計らずも気がつく。「余りにも遅すぎた！」という永遠の嘆き。――すべての出来上がった者の憂鬱だ！

……

二七八

——漂泊者よ、君は誰であるか。私は君が嘲りもなく、愛もなく、察知しがたい眼をもって君の道を行くのを見る。不満の思いであらゆる深底から再び光のうちへ現われる測深鉛のように、濡れて、悲しげにだ。——君はその深底で何を求めたのか。——嘆息もせぬ胸をもって、嘔吐を隠す唇をもって、ただゆっくりと摑もうとする手をもってだ。君は誰であるか、君は何を為したのか。ここで休息するがよい。ここは誰をでも客として厚遇する場所だ、——休息するがよい！そして君が誰であろうともだ。何がいま君の気に入るのか。何が君の休息に役立つのか。それを言ってみるがよい。私のもっているものを、私は君に提供しよう！——「休養のためにだと？休養のためにだと？おお、物好きな君よ、君はそこで何を言っているのだ！だが、私に与えてくれたまえ、私がお願いしたいのは——」「何なのか？何なのか？それを言いたまえ！」——「もう一つの仮面を！第二の仮面を！」——

二七九

深い悲哀を抱いている人間は、幸福であるときにその正体を暴露する。彼らは幸福を捉えるのに、まるで嫉妬からして、それを圧し潰し、窒息させるようなやり方をする。——ああ、彼らは幸福が自分たちから逃げ去ることを余りにもよく知っているのだ！

「いけない！ いけない！ 彼は——後戻りしているではないか。」その通りだ！ しかし君たちがそれを嘆くとき、彼を理解していないのだ。彼が後戻りするのは、偉大な飛躍をしようとする者が誰しもするのと同じことをしているのだ——

二八一

「私の言うことが信じられるだろうか。——しかし私は、私が信じられることを要求する。私は常に自分のことを、自分について悪くしか考えて来なかった。ただ全く稀な場合にだけ、しかも強いられてのみ、常に「事柄への」悦びもなしにそうしただけなのだ。「私」から離れ去る心構えで、いつも成果について信じることがなかった。それというのも、自己認識の可能性に対する抑えがたい不信のためであるが、この不信が私を導いて、理論家たちが承認する「直接的認識」という概念に対してすら一つの《形容矛盾》を感じさせるに至ったのだ。——この全事実が殆んど私の自分について知っている最も確かなことだ。自分について何か確定的なものを信じることに対する一種の反感が私のうちに存するに違いない。——この点に恐らく一つの謎が潜んでいるのではあるまいか。多分そうであろう。しかし幸いにも、それは私自身の歯に立つようなものではない。——恐らくそれは私の属する《種属》の何たるかを窺わせるものであろうか。——だが私には分からない。分からない方が私自身には望ましいほどなのだが。――」

二八二

「だが君に何が起こったのか。」「私には分からない」と彼は躊躇(ちゅうちょ)しながら言った。「恐らく私の食卓の上をハルプュイアイ*が飛んだのであろう。」――これは今日しばしば起こることだが、おとなしい控え目な遠慮がちの人間が突然に暴(あば)れ出し、皿を打ち毀(こわ)し、食卓を転覆させ、叫び立て、荒れ狂って、世間の人々に無礼をはたらく。――そしてついには恥じ入って、自分自身に憤怒しながら立ち去って行く。どこへか？　何のためにか？　離れたところで餓死するためにか？　自分の回想で窒息するためにか？――選(え)り好みをする高い魂の欲求をもちながらも、自分の食卓が用意され、自分の食事が準備されているのを稀にしか見いださない者にとっては、その危険はいつの時にも大きいであろう。しかも今日ではその危険は異常に大きい。騒々しい賤民的な時代に投げ込まれながら、この時代の人々と一つの皿から食べることを好まない。彼は飢渇のために、或いは、ついにやはりその食物に「手を出す」場合には、――突然の嘔吐のために、容易に死んでしまう。――われわれは多分すべて、われわれの就くべきでない食卓にすでに就いているのかもしれない。そして、われわれのうちの最も精神的な者たちは、食べさせることが最も困難であって、われわれの食事や食卓仲間について突然それを見抜いて幻滅を感じるときに起こるあの危険な《消化不良》を、あの食後の嘔吐を知っているのだ。

* ギリシア神話に現われる鳥身女面の怪物。

二八三

およそ賞讃しようとして、自分と一致しない場合にだけ常に賞讃するとすれば、それは一つの洗煉されていると同時に高貴な自己抑制である。——その他の場合には、実は自分自らを賞讃しているにすぎないというべきであって、これは良き趣味に反するものである。——もとより自己抑制というものは、絶えず誤解を招くに十分な誘因や動因を与えるものである。こうした趣味と道徳性についての本当の贅沢を許してもらうためには、精神の愚物どもの間に生活すべきではなく、却って誤解と失策さえもなおその微妙さのために娯しみとされるような人間のもとに生きなければならない。——さもなければ、手酷い罰を受けなければならないであろう！——「彼は私を称讃する。それ故に彼は私を是認しているのだ」——このような愚劣な推論は、われわれ隠遁者の半生を駄目にする。それはわれわれの隣人や交友関係のうちへ頓馬どもを持ち込むことになるからだ。

二八四

巨大な誇らかな放念をもって生きること、常に超然としていること——。自己の情念を、自己の賛否を意のままにもち、またもたないこと、暫くの間はそれらのもとに降りること、馬に跨るが如く、しばしば驢馬に乗るが如くそれらのものを駆ること。――すなわち、それらのものの痴愚をも情火をも利用することを知っていなくてはならない。自己の三百もの前景を、更に黒眼鏡をも保有すること。何人にもわれわれの眼のうちを、ましてわれわれの「奥底」を覗(のぞ)かせてはならない場合があるからだ。また慇懃(いんぎん)というあの狡猾で陽気な悪徳を仲間に選ぶこと。また勇気・洞察・共感・孤独という自己の四つの徳の主人であること。孤独はわれわれにあっては、純潔への崇高な傾向および衝迫として一つの徳であるからだ。この衝迫は、人間と人間との接触に際して――「社交において」――いかに避けがたく不純にならざるをえないかを察知する。あらゆる共同は、何らかの仕方で、どこかで、いつかは――「卑俗」にする。

二八五

最も偉大な出来事と思想――しかも最も偉大な思想は最も偉大な出来事である――が理解されるのは最も遅い。同時代の世代はそのような出来事を体験しない。――彼らはその傍を通り過ぎて生きて行く。そこでは星辰の世界に起こると同じようなことが起こる。最も遠い星の光は最も遅く人間に到達する。そして、その光が届かないうちは、かなたに――星が存在することを人間は否定する。「一個の精神が理解されるためには、いかに多くの世紀を要するか」――これはまた、精神にとっても星にとっても必要なような位階秩序と礼法をも創(つく)り出す一つの尺度である。――

二八六

「ここでは展望は開け、精神は高まる。」しかし、高所に立ち、展望も開けてさえ――下を見下ろすような逆の種類の人間がある。

二八七

――高貴とは何か。われわれにとって今日なお「高貴」という言葉は何を意味するか。始まりつつある賤民支配のこの重苦しく雲に覆われた空のもとに、すべてのものが不透明に鉛色になっているときに、高貴な人間を何によって露わにし、また何によって識別するのであるか。――高貴な人間であることを証拠立てるのは行為ではない。――行為は常に多義的であり、常に底を究めがたい。――それは「作品」でもない。今日では芸術家や学者たちの間において、高貴なものへ向かっていかに深い要求に駆り立てられているかを彼らの作品によって示しているような人々が十分に見いだされる。しかし、まさにこの高貴なものへの要求こそは、高貴な魂の要求とは根本的に異なるものであり、しかもまさしくその欠乏の雄弁にして危険な徴表である。ここで決定的であり、ここで位階秩序を確定するものは、一つの古い宗教上の方式を新しく、かつより深い意味において再び採用して言えば、作品ではなくして、信仰である。すなわち、高貴な魂が自己自らについてもつ何らかの根本確信である。求められもせず、見いだされもせず、恐らくはまた失われもしない或るものである。——高貴な魂は自己に対して畏敬をもつのだ。——

二八八

どのように身を捩じ向きを変えても、またどのように裏切りの眼を手で蔽っても（——あたかも手が裏切り者でないかのように！——）、不可避的に精神をもたずにいられない人間がいる。ついに常に顕わになるのは、彼らが隠している何かを、すなわち精神をもっているということである。少なくとも可能なかぎり長く欺き、自分を実際より以上に愚かしく見せることに成功する——これは通常の生活においてしばしば雨傘と同じく望ましいことだが——ため最も精巧な手段の一つは、すなわち感激ということである。もっとも、これはそれに属するもの、例えば徳を考慮に入れてのことである。というのは、このことを知っていたに違いないガリアーニの言うように——《徳は感激である》からだ。

二八九

隠遁者の著作のうちには、常に何かしら荒野の谺のようなもの、孤独の囁きと自分の周囲を物怖じしながら見廻す眼のようなものが聞かれる。彼の極めて強い言葉から、彼の叫びそのものから、なお一種の新しい、より危険な種類の沈黙が響き出る。年々歳々、そして昼も夜も、ひとり自分の魂とのみ対座して親しく係争し対話して来た者が、自分の洞窟——それは迷宮でもあれば、金坑でもありうる――のうちで穴熊か宝掘りか宝守りか竜になった者、――こういう者の概念そのものは、ついに或る固有の薄明の色調を帯び、深所と黴の臭いを放ち、傍を通り過ぎるあらゆる人々に冷たく吹きつける何か打ち明けがたいものと嫌悪すべきものをもっている。隠遁者は、かつて哲学者――哲学者は常にまず隠遁者であったとすれば――が自己の本来の究極の意見を著書のうちに表現した、とは信じない。自分のうちに秘めていることを隠すためにこそ書物が書かれるのではないか。――実に彼はこう疑うであろう。およそ哲学者は「究極的かつ本来的な」意見をもちうるか、彼にあってはあらゆる洞窟の背後になお一層深い洞窟が存し、存しなければならないのではないか、――皮相的なものを越えた一つのより広汎な未知の豊かな世界があり、あらゆる根拠の背後に、あらゆる「根拠づけ」の背後に一つの深淵があるのではないか、と。あらゆる哲学は一つの前景の哲学である――これが隠遁者の判断である。すなわち、「哲学者がここで立ち停まり、後を振り返り、周囲を見廻したということ、彼がここで更に一層深く掘り下げず、鋤を棄てたということには、何かしら恣意的なものがある、――これには何となく不信なものさえある」と。あらゆる哲学は更に一つの哲学を隠している。あらゆる意見もまた一つの隠れ場であり、あらゆる言葉もまた一つの仮面である。

二九〇

すべての深い思想家は、誤解されることよりも理解されることを恐れる。誤解されることに苦しむのは、恐らく彼の虚栄心であろう。しかるに理解されることに悩むのは、彼の心情であり、彼の共感であって、この共感は常に言う、「ああ、何故に君たちも私と同じようにあれほど重苦しい思いをしたがるのか」と。

二九一

複雑で、嘘つきで、技巧的で、不透明な動物である人間は、他の動物にとっては力によってよりも狡智と詭計によって不気味な存在であるが、この人間は自己の魂を何とかして単純なものとして享受するために、疚しからぬ良心というものを案出した。そしておよそ道徳は、総じて魂を眺める享しみが可能となるための大胆な長い間の欺瞞なのである。この観点からすれば、恐らく一般に信じられているよりも遙かに多くのものが「芸術」の概念のうちに入るであろう。

二九二

哲学者――それは絶えず異常な事柄を体験し、見聞し、猜疑し、希望し、夢想する人間である。彼は自分自身の思想によって、外からも、上や下からも、彼に特有な事件や電撃によっての如く打たれる。彼自身が恐らく電光を孕んでいる雷雨のようなものなのであろう。彼は宿業的な人間であって、彼をめぐって常に轟き、唸り、裂け、無気味な事柄が起こる。哲学者とは、ああ、しばしば自己から遁走し、しばしば自己に恐怖を抱く存在である――が、しかし余りにも好奇心が強いので、常に繰り返し「自己へ帰る。」——

二九三

「これは私の気に入っている。これを私は自分の物とし、それを守護し、そして誰に対しても防護する」と言う男、一つの事柄を為し、一つの決心を遂行し、一つの思想を忠実に保持し、一人の女を守り、厚顔な者を罰し倒すことのできる人、自分の怒りと自分の剣をもち、弱者も、苦悩者も、窮迫者も、禽獣さえも喜んで帰服し、おのずから帰従するような男、要するに、生れつき主人であるような男、——もしこのような男に同情をもつとしたら、そうだ！　この同情は価値をもつのだ！　だが、苦悩する者たちの同情なんか何になろう！　或いは、同情を説教する者たちの同情なんか何になろう！　今日ヨーロッパでは殆んど到るところに苦痛に対する病的な多感と敏感があり、同様に愁訴の厭うべき無節度が、宗教や哲学的な譫言(たわごと)を何か高級なものに飾り立てたがる柔弱化が見られる。——つまり、苦悩に対する型通りの礼拝が行なわれているのだ。——こうした夢想家仲間のうちで「同情」と命名されるものの女々しさが、言うなれば、常にまず眼に跳(と)び込んで来るのだ。——この最も新しい種類の悪趣味を力強く徹底的に追放しなくてはならない。そして私が最後に願うのは、それに対して《gai saber》という結構なお守りを——ドイツ人にはっきり分かるように言えば「悦(よろこ)ばしき学識」というお守りを胸と頸(くび)にかけることだ。

二九四

オリュンポス的な悪徳。――生粋(きっすい)のイギリス人としてすべての思索する人々の間に笑いに対する悪い陰口(かげぐち)を生み出そうとしたあの哲学者――「笑いは人間の本性に属する一つの悪い欠陥であろう」(ホブズ)――に逆(さか)らって、あらゆる思索する人間はこれを克服することに努力するであろう」――と言いたい。――私は敢(あ)えて、その笑いの順位に応じて哲学者の位階秩序さえも決定せられる、と言いたい。――その最上位に立つのは、黄金の哄笑を能(よ)くしうる人々だ。そして、神々もまた哲学する――私は多くの推論からすでにそう断ぜざるをえない――とすれば、神々もまたそこで超人間的な新しい仕方で笑うことを知っている、ということを私は疑わない。――しかも、すべての厳粛な事柄を犠牲にしてもだ！　神々は嘲笑を好む。神々は神聖な行事の際にすら笑いを止めえないように見える。

二九五

あの偉大な韜晦(とうかい)者のもつ心情の天才、誘惑者的な神で生れつきの良心の誘拐者、その声はあらゆる魂の冥府(めいふ)まで降りて行くことができ、彼の口にする一語、彼の投げる一瞥にも誘惑の顧慮と底意(そこい)がないものはない。彼が自分を見せかけるすべは至芸に属するが、――しかもそれは彼が何であるかを示すものではなくして、むしろ自分に従う者たちを強制して、いよいよ自分に近く殺到させ、ますます衷心から徹底的に自分に従わせるためなのである。——こうした心情の天才は、すべての声高いものや得意げなものを黙らせ、耳を傾けることを教え、粗雑な魂を滑かにして、彼らに一つの新しい渇望を、——深い天空が彼らの上に映し出されるように、鏡の如く静かに横たわっていようという渇望を味わわせる——。そうした心情の天才は、無作法で性急な手に逡うことを、もっと優しく手を伸ばすことを教える。それは、隠され忘れられた財宝を、善意と甘い精神性との滴りを濁った厚い氷の下にも探り当て、また多量の泥土と砂の牢獄のうちに長らく埋もれていた黄金の粒の一つ一つの所在を示す魔法の杖である。この心情の天才に触れることによって誰しもが一層豊かになって行くが、それも恵みを施されたり不意を襲われたりしてではなく、また未知の財物を恵まれたり負わされたりするのでなく、むしろ破開され、暖風に吹かれて探り出され、恐らくより不確かに、より柔かく脆く砕け易くなりつつ、しかしいまだ名のない希望に充ちて、新しい意志と潮流に充ちて、新しい不満と逆流に充ちて、以前よりもそれ自身において より豊かに、より新しくなって行くのだ。——だが、わが友らよ、私は何をしているのか。誰について諸君に語っているのか。私は諸君にその名前を挙げることをさえしなかったほどに、われを忘れていたのか。それとも、このように賞讃さるべきこの疑わしい精神と神が何者であるかを、諸君はすでに自ら察知したのではないか。というのは、幼少の時から常に出歩いて異郷にいた者が誰でも経験すると同じく、私もまた幾多の稀な危険がないでもない精神と道で出会い、わけてもいましがた言ったような精神と、しかも幾度となく出会った。これこそは取りも直さず神ディオニューソス*にほかならなかった。すなわち、あの偉大な両義的な誘惑者的な神、諸君も知る如く、私がかつて全く秘やかな畏敬をもって私の処女作(『悲劇の誕生』)を献げた神である。——(思うに、私がこの神に犠牲を献げた最後の者であったであろう。私が当時やったことを理解した者を、私は一人も見出さなかったからだ。)とかくするうちに、私はこの神の哲学について更に多くを、余りにも多くを学んだ。そして、先に言ったように、口から口へ伝授されたのだ。——私こそは神ディオニューソスの最後の使徒であり、奥義を伝授されたものである。従って私はついにいよいよ私の友である諸君に、私に許されているかぎりでこの哲学を少しばかり味わわせることを始めてもよいであろうか。それも当然、声をひそめてだ。ここで扱われるのは様々な内密なもの、新しいもの、見知らぬもの、不思議なもの、不気味なものだからである。ディオニューソスが哲学者であり、従って神々もまた哲学するということ、これがすでに私には新奇なことに思われ、油断のならぬことであり、恐らくほかならぬ哲学者たちの間に不信を喚び起こすことになるかもしれない。——わが友らよ、諸君の間では、これはすでに大して閊えることではない。もとより、それが余りに遅れて時を逸してしまえば別の話だ。私の洩れ聞くところでは、諸君は今日、神や神々を信じたがらないということだからだ。恐らくはまた、私の話を卒直に物語るには、諸君の耳の厳格な習慣に常に好ましくなるところまで進まなければならないのではあるまいか。確かに、上記の神はこのような対話に際しては遙かに先に進んでいたし、常に私よりずっと先んじていた……。全くのところ、この神に人間の慣習に従って美しい荘厳な華麗にして有徳な名称を附けることが許されるとすれば、私はその探究者で発見者としての勇気、その大胆な誠実と真実、その智恵への愛について、多くの讃辞を献げなければならないであろう。しかし、そうした神はこのような尊敬すべきぼろ飾りには何の関わりもない。この神は言うであろう。「こんなものはお前やお前たちのようなもののために取って置くことだ！　余は――余の裸を覆う理由など全くないのだ！」と。――察するところ、こうした種類の神や哲学者たちには、恐らく羞恥などはないのだろうか。――そこで或るときこの神はこう言った。「事情によっては余は人間を愛する」――そしてこの場合、彼は居合わせたアリアドネー**のことを暗に指したのだ。――「人間は余にとって、地上にその比類を見ないほど好ましく勇敢な工夫に富む動物だ。それはどのような迷宮に入り込んでもなおその道を見いだす。余は人間に好意をもつ。余はしばしば、人間を更に前進させ、いまよりもより強く、より悪く、より深くするようにと考えるのだ！」――「より強く、より悪く、より深く、ですって？」と私は驚いて訊ねた。この神は重ねて言った、「そうだ、より強く、より悪く、より深く、更により美しく」と。――そして、それに加えてこの誘惑者的な神は、穏かな、あたかも魅力あるお愛想を言ったかのように微笑を浮かべてにっこりした。ここで同時に見て取られるのは、この神は羞恥をもたないばかりではない、――ということだ。そしておよそ、若干の点においては神々も総じてわれわれ人間のもとで修業することができるのだろうと推測すべき十分の理由がある。われわれ人間は――より人間的であるのだ……

＊ 北方のトラキアおよび小アジアからギリシアに移入された主神で、生殖神、葡萄栽培の神、また酒神。陶

酔と熱狂を特徴とし、ニーチェが最も重視した神、バッコスとも呼ばれる。

** ギリシア神話でクレータ王ミノースの娘、ディオニューソスに愛され結婚したと伝えられるのでニーチェにとって愛の対象を象徴する。

二九六

ああ、お前たちはそもそも何であるか、私が書き記し描いて来た思想どもよ！　少し前までは、お前たちは私を嚏させ笑わせるほどになお多彩で、若く、また意地悪く、棘と秘やかな薬味に充ちていた。――そしていまはどうか。すでにお前たちはその新味を失い、しかもお前たちの幾つかは――私を恐れるのだが――早くも真理になろうとしている。それらはすでに何と不滅に、何と悲痛なほど正直に、何と退屈に見えることか！　しかも、かつてはこれと異なっていたろうか。われわれシナ筆をもつ官人、われわれ書き写しうる事物のみを永遠化する者、一体われわれは何事を描き写しうるのか。ああ、それは常にまさしく萎れようとして香気を失い始めているものだけなのだ！　ああ、常にただ退き去り疲れ果てた雷雨と黄ばんだ晩生りの感情だけなのだ！　ああ、常に飛び疲れ飛び迷って、いまや手で――われわれの手で引っ捉えうる鳥ばかりなのだ！　われわれが永遠化するのは、もはや長くは生きえず、飛びえないもの、疲れて脆くなった事物のみなのだ！　そこで、お前たち、私が書き記し描き出して来た思想どもよ、ただお前たちの午後のためにのみ私は色を、恐らく多くの色をもち、多くの多彩な色調と、五十の黄色と褐色と緑色と赤色をもっているのだ。——しかし、お前たちがお前たちの朝にどういう姿に見えたかを察知しうるものは誰もないのだ。お前たち、私の孤独の突如たる火花と奇蹟よ、お前たち、私の古い親密な——悪性の思想どもよ！

* *

高き山々より――後歌

＊ ＊ ＊ ＊ ＊ ＊ ＊

おお　生の真昼（まひる）よ！　荘厳なる時よ！
　おお　夏の日の花園（はなぞの）よ！
立ちて　窺（うかが）いて　待つ　心おちつかぬ幸福――
日ねもす　夜もすがら　われは友を待ちこがる、
友らよ、なんじらはいずこにありや？　来たれ！　いまぞその時！　その時は来たる！

氷河の灰色の　この日　薔薇もて飾られしは
　なんじらを待つためならずや？
小川もなんじらを求め、風も雲も憧（あこが）れに促され、
この日　高く蒼空に沸きあがり、
いと遙かなる彼方（かなた）より　なんじらの来たるを窺（うかが）う。

いと高きところに　なんじらがため　わが饗卓は備えられたり──
　誰ぞ　かくも星辰に近く
断崖の怖ろしく深きに住みなせる者は？
わが国──これにまさりて拡がれる国は　いずこにかある？
はた　わが蜜──そを味わいし者　誰かある？

──友らよ！　いま　なんじらは来たれり。あわれ　されど　われにあらざりしか、
　なんじらが望みしは？
なんじらは　逡い　驚く──ああ、むしろ怨むべきに！
このわれは──もはや　われにあらざるか？　手も　歩みも　顔も　変り果てしか？
さては　なんじらに友なりし　そのわれ──いまは　そのわれにあらざるか？

われは別人となりしか？　われ自らにも知られざる者と？
　われは　おのれを脱けいでしか？
あまりにしばしば　おのれを取りひしぎし相撲の果てに？
あまりにしばしば　おのが力に抗い

おのが勝利に傷つき阻まれしがために？

わが求めしは　嵐いときびしく吹くところにあらずや？
　わが住居せしところ、
そは住む者もなき　荒れはてし白熊の地、
人も神も　呪いも祈りも　忘れはてしか？
氷河をわたりゆく幽鬼となりしか？

なつかしき友らよ！　見よ！　いまなんじらの顔は蒼ざめ、
　愛と怖れに充てり！
いな、立ち去れ！　憤るなかれ！　ここは――なんじらの住みうるところにあらず、
ここ　いと遙かなる氷と巌との間は――
ここにあるものは猟夫、はた羚羊のごとくならざるをえず。

われは　性悪しき猟夫となりぬ！――見よ　わが弓の
　いかに嶮しく張り曲げられしかを！
いと強き者ならでは　かくは弓引くことなかりき――――

されど　禍いなるかな！　この矢の危きこと
いかなる矢にもまされり。――ここを去れ！　なんじら　恙(つつが)なからんがために！

去り行くか　なんじらは？――おお　心よ、よくは耐(た)えしぞ、
なれが希望を強く保ちて。
新たなる友らに　なれが扉を開け！
古きものは去らしめよ！　追憶は去らしめよ！
なんじ　かつて若かりしに、いまは――より若くこそあれ！

かつて　われらを結びしは　希望の一つの絆(きずな)――
ありし日に　愛がしるせし　色あせしかの文字を？
誰か　なお読まん　かの文字、
喩(たと)うれば　手に取るさえ厭わしき羊皮紙――
褐色に変りはて、さながら焦(こ)げたるに似て。

もはや　友にあらず、さわれ　何と呼ぶべきか？
友らの亡霊のみぞ残れる！

なお夜ごと　わが胸を敲(たた)き、窓を打ち、
われを見つめて　言う、「げにわれらは友なりしを？」と。
——おお　凋(しぼ)みたる言葉よ、かつては薔薇のごとく匂いしものを！

おお　おのれ自らを思い誤りし　若き日の憧(あこが)れよ！
　わが憧れて慕いしもの、
そはわれと血につながりて変り行くと思い違えしを、
老いぬれば　われを離(さか)りぬ。
ただ変り行く者のみ　なおもわが血につながる。

おお　生の真昼よ！　第二の青春よ！
　おお　夏の日の花園よ！
立ちて　窺いて　待つ　心おちつかぬ幸福！
日ねもす　夜もすがら　われは友を待ちこがる、
新たなる友らよ！　来たれ！　いまぞその時！　その時は来たる！

＊　　＊　　＊

この歌は終わりぬ、——憧れの甘き叫びは
　死に絶えて聞こえず。
魔術師のなせるわざか、友は時を違えず来たる。
真昼の友か——いな！　誰なるかを問うことなかれ——
一は二となりぬ、時　まさに真昼なりき……

いまぞ祝わん　一つに結ばれし勝利を信じ、
　祝祭のうちの祝祭を。
友ツァラトゥストラは来たりぬ、客人のうちの客人！
いましも　世界は笑い、怖ろしき帳は裂け、
光と闇の婚礼は始まりぬ……

* * * * * *

訳者あとがき

ここに訳出したニーチェの『善悪の彼岸』(Jenseits von Gut und Böse, 1885/86)は、以前から本文庫に収められている『道徳の系譜』(Zur Genealogie der Moral, 1887)と姉妹篇をなすものである。このことは、『道徳の系譜』の扉の裏に「最近に公にした『善悪の彼岸』を補説し解説するために」と書き添えられていることからも、すでに明らかであろう。この二つの著作の成立の動機、また両書がニーチェの著作系列において占める位置や意義などについては、『道徳の系譜』の巻末の「解説」のうちに一通りのことを述べておいた。ここに繰り返すことをしないから、就いて見られたい。

右の「解説」においても触れたことであるが、『善悪の彼岸』の最初の起稿は、『ツァラトゥストラ』の第四部が書かれていた時期(一八八四—八五年)に属する。一八八五年の六月にはすでに原稿が出来ていたことは「序言」の日附けから知られるが、ニーチェの謂わゆる「男爵ばりの遣り方で」——すなわち著者の自費で——印刷に附せられたのは翌八六年の夏である。このように、出版の運びになるまでにかなり長くかかったという事情は、本書の形態の上に実は好都合な結果をもたらした。ニーチェの散文の作品のうちで、これほど入念に彫琢され、慎重に構成されたものは他に類がない、と言えるからである。この『善悪の彼岸』はニーチェの最後の箴言書であり、あの示唆的で広い見通しを開く独自の文体の技法は、ここでその頂点に達していると見られてよいであろう。

すなわち、『善悪の彼岸』はニーチェの散文の著作のうちで芸術的に最も完成され、最も円熟した、そして最も包括的で纏まりのある作品である。アルフレド・ボイムラーに倣って言えば、ここでは思想が「語り出されている」だけでなく、「描き出されている。」様々の概念は単に抽象的にではなく、顔と姿とをもって極めて具象的に述べられている。しかも『ツァラトゥストラ』において「遠く」を見るように慣らされた眼は、この『善悪の彼岸』では最も「近く」を、身辺にあるものを、われわれの周囲を見るように強いられる。要するに、ここで眼を向けられるのは、われわれの時代における種々の基本的な、また具体的な問題であり、出来事である。

このことについて、ニーチェは「私自身に私の生涯を語り聞かせようとして」書き始めたという自伝的遺著『見よ、この人なり』(一八八八年稿、一九〇八年刊)のうちで、「この書はすべての本質的な点において近代性の批判である。近代の科学、近代の芸術、そして近代の政治さえも除外されていない」と述べている。この謂わば「貴　紳の学校」にとっては、近代性を特色づけるあらゆるもの、例えば「客観性」だの、「すべての悩める者への同情」だの、そのほか「歴史的感覚」だの、「科学性」などと呼ばれるものは、総じてニーチェの鋭い批判の鋒先を免れることができなかった。「この書は可能なかぎり近代的でない対立典型を、すなわち高貴な、然りを言う型の人間を指し示している。」

ニーチェの既成道徳に対する否認は、周知のように「力への意志——あらゆる価値の転倒の試み」という表現で定式化されるが、この謂わゆる「不道徳の立場」の帰結は、『善悪の彼岸』においては近代文化の諸相に即して展開せられる。本書はニーチェによる近代性一般に対する、しかも哲学の立場からの痛烈な批判と、未来の哲学の在り方に対する期望とを含んでいる。この意味で、本書はその傍題に示されているように、また「未来の哲学の序曲」である。

さて、ニーチェの「近代性の批判」において、まず着始とされるのは認識論的または科学論的問題であるが、やがて道徳的問題が更に深く近代の病弊の問題圏に導いて行く。しかも道徳上の成見に触れる以上は、当然その根にまで斧鉞を当てなければならない。ニーチェのこれまでの著作においても、勿論、近代の平俗化・平等化の運動に対する批判が見られたが、いまや民主主義的ヨーロッパの全体系は、「平等化」というキリスト教的・道徳的概念にその根柢をもつことが摘発せられる。民主主義の理想は、ニーチェによれば、畜群本能に帰着し、科学も結局はこの概念に結びついている。科学はあらゆる「位階秩序」を無みするからである。従って、本来の哲学の課題は、民主主義の運動に対する一つの反対運動を惹き起こすことでなくてはならない。この矮小の時代において、哲学者は人間の偉大の諸条件を問い求めることに迫られている。

「位階秩序」の問題は、『善悪の彼岸』における本来の問題であると見てよい。上昇的な健康な生を防護し、促進する規準が失われたとき、人間は畜群人間に堕する。人々は人間の内面だけを重視する偽りの理想主義に絶縁しなければならない。人間は肉体をもち、本能と衝動とを有する。これが決定的なものであって、人間に階級的な位置を指定する。二つの階層の間には「距たりの感じ」が存する。しかもこの概念は主観的・恣意的に個人から解釈さるべきものではなく、人間に客観的に与えられた社会的・歴史的な差別に関係する。ニーチェはこの「位階秩序」の問題を世界の本質への恐るべき洞察として感じ取ったのであった。それは長い無意識的な準備の後に、いまやその全き威力をもってニーチェの前に立ち現われた。「ここに新しい問題がある。私は梯子を知っている。そして——私はその段のどれにも乗ったのだ。」

しかしニーチェは、彼と同じような深刻かつ痛切な経験をしなかったあらゆる人々に、この問題について共に語り、共に批判することのできる権利を許容しなかった。「これは私の判断である。従って私は、それを印刷に附するからといって、まだ何人にもそれらを自分の判断として口にする権利を与えはしない。私はそれらをいささかも公共の共有財産とは思わない。そして私は、それらに手を出す者の指を叩こうと思う。『万人のための平等の権利』の時代に不愉快に響くもの、それは位階の秩序である。」

『善悪の彼岸』の最後の章は、恐らく、ニーチェが現に支配的である道徳に置き換えようとする原則の最も周到で、かつ最も直截な表明であろう。しかも、それは同時にニーチェの精神そのものへの最も深い洞察を与える。上述のように、『善悪の彼岸』は「貴紳の学校」とも呼ばれた。「高貴とは何か」という問いは、ニーチェの念頭を常に離れなかったところのものであるが、この問いがここでは多種多様な観点のもとに取り扱われている。高貴な種類の人間は、自己を価値規定的なものとして感じ、他から是認されることを必要としない。「高貴性」の理想は、いまやニーチェの思想の魂核として示される。この根本感情は彼の思想のあらゆる方向を導いて行く目途のように思われる。そしてニーチェのこの貴族主義を、これまで現われた貴族主義から区別するものは、それが社会の福祉のための手段として考えられていないということである。それは却って自己目的である。貴族的人間を育成することが一般に社会が存続することの弁明であって、決してその逆ではない。そして、「高貴性」という価値範疇は生のうちに常に力強く働いているに拘わらず、これまで倫理学において知られなかったも同然であるが、しかしニーチェにとってそれは他のいかなる価値にも完全に還元されえない一つの内的価値、一つの根源的な価値単位であった。「高貴性はニーチェの教えた理想と、彼の天性の現実との出合った点であり、謂わば彼の人格的存在の頂点である」(ジンメル)。要するに、「高貴性」という概念においても、人々は単に或る種の主観的趣味といったようなものを考えてはならない。却って、ここで問題とされているのは人間の一つの本質規定なのである。

因みに、ニーチェは「高貴な魂は自己に対して畏敬をもつ」と言う。この「畏敬」という概念を導きの糸として、ニーチェの全実践哲学、わけてもその教育思想は展開せられる。「畏敬」こそはまたあらゆる教育の槓杆である。

「位階秩序」や「高貴性」の概念とともに、この『善悪の彼岸』において言及せられた「主人道徳」と「奴隷道徳」という対概念もまた、ニーチェの最も有名な周知の概念に属する。この両概念を区別した箇所（本書、第九章二六〇節）は、言うまでもなく『道徳の系譜』の前奏である。この「主人道徳」と「奴隷道徳」の区別においても、問題とされているのは個人の主観的な心術や態度の区別ではなく、むしろ文化、乃至は価値の間の客観的な区別であり、対立である。この対立は、謂わば世界史的に解せらるべきものであって、決して個人的・心理的に見らるべきではない。ニーチェは一つの種族がただ主人のみから成り、他の種族がただ奴隷のみから成るなどと主張するわけではなく、却って二つの価値体系の区別を性格づけようとするのである。簡約して言えば、「主人道徳」に対応するのは「畏敬」の価値体系であり、「奴隷道徳」に対応するのは「平等」の価値体系である。そして、前者は例えばギリシアにおいて、後者は近代の民主主義的ヨーロッパにおいて典型的に現われている、とニーチェは見ている。

なお、『善悪の彼岸』の内容に見られるもう一つの主要な点は、ニーチェの教育思想と並んで、その政治思想が以前の著作におけるよりも一層顕著に示されているということであろう。ニーチェは「国粋主義の狂乱」に強く反対し、愛国心という「幕間政策」に欺かれることなく、却って「ヨーロッパが一つになる」という「新しい綜合」を認識すること——この課題を始めて明確に定式化して打ち出した。「良きヨーロッパ」の理念がそれにほかならない。

『善悪の彼岸』には、「高き山々より」と題した「後歌」が附載されている。友を待ち憧れる感動的な詩である。——本書の原稿が書かれた前年の一八八四年の夏に、ニーチェはスイスのシルス・マリーアで若い貴族、ハインリヒ・フォン・シュタイン（一八五七—八七、ヴァーグナー家の家庭教師（一八七九年）をしたが、後にハレ大学講師（八一年）、またベルリーン大学講師（八四年）となった）の訪問を受けた。ニーチェの妹、エリーザベト・フェルスター＝ニーチェの記述によると、この貴公子はかねてから兄ニーチェの最も美しい希望の一つであった。ニーチェはすでに手酷い幻滅を味わっていたに拘わらず、やはり弟子に憧れていたので、やがてはこのシュタインからよき弟子の一人を得るだろうと信じた。殊に当時、多くの高貴なものとともに自分の美しい感情までが傷つけられるのを感じていたニーチェにとって、シュタインは自分が弟子として夢みていた者の理想を、内面的にも外面的にも示している少数の一人であるように思われた。ニーチェが始めてシュタインのことを耳にしたのは一八七七年から七八年にかけての冬の頃であったが、二人の個人的な交渉が始まったのは八二年の秋からで、翌八三年から八四年までの間に数回の文通をした。そして八四年の夏になって、ついに直接の面識ができた。この年の八月に、シュタインは数日の滞在予定でシルス・マリーアに来たが、自然を眺めることには殆んど無関心で、専らニーチェを眺めることに没頭し、誰に向かっても「私はエンガディーンの風光のために来たのではない」と言ったとのことである。シュタインの滞在は僅か三日間であった。シュタインが到着した日にはニーチェは頭痛に悩まされ、翌日の夕方にも再発したため、八月二十八日に至って始めて会うことができた。陽光に充ちた素晴らしい一日のこの会談について二人の心にどれほど美しい想い出が残ったかは、ニーチェが九月二十日附でペーター・ガストに、「シュタインの訪問は影響を残している。……私自身も彼の傍では、あのフィロクテーテースが島でネオプトレモスの訪問を受けた時のような気持ちになった……」(フィロクテーテースはトロイア遠征のギリシア軍に加わり、蛇に嚙まれてレムノス島に取り残されたが、オデュセウスとネオプトレモスが島に赴いてトロイアに伴い、フィロクテーテースはヘーラクレースの弓矢でトロイア王パリスを射殺した。ニーチェの言葉はこの故事に擬したものである)と書き送っていることからも窺われるし、一方またシュタインも当日の日記に、「ニーチェは会戦の後の英雄のように輝かしく快活に私のところに現われた」と書き込んでいる。——そして、ニーチェはこの貴公子から寄せられた敬愛に対する応酬として、一篇の美しい詩を贈った。それがこの「後歌」である。

この邂逅のその後の経過は晩年のニーチェにとって宿命的とも言えるものであった。ハインリヒ・フォン・シュタインはやがてニーチェの期待を裏切ることになった。というのは、シュタインは元来、ニーチェをバイロイトに連れ戻すためにシルス・マリーアに派遣されたのであったが、彼はニーチェの非凡な人格に魅了されて、この用件を殆んど忘れてしまったのであった。しかし当初の深い印象が幾らか薄れた頃に、彼はニーチェ訪問の本来の目的に想い到り、愚かしくもニーチェに対してリーヒァルト・ヴァーグナー辞典に協力してもらいたいという申し出をして来た。思想家・哲学者および文体家としての後期のヴァーグナーがニーチェを殆んど絶望に陥れたことを知っている者は、誰しもシュタインのこの申し入れに一種の悲劇的諧謔を感じるであろう。シュタインがヴァーグナーの魔圏を脱して自分の許に来るだろうという希望、シュタインにおいて愛する弟子と、自分が非常に必要とした支柱を見いだしたという希望を断念しなければならないことは、ニーチェにとって深い苦痛であった。このことはニーチェの備忘録に書き込まれた文章から明らかである。のみならず、この痛ましい体験によって、ニーチェのバイロイトに対する、延いてはドイツに対する関係はまさに決定的な影響を受けた。ニーチェはこのドイツにおいてもはや直接的に作用しうる可能性が存しないことを思い知らされなければならなかった。それにも拘わらず、いな、それだけにニーチェは自分の心に最も適った人物であるシュタインにかけた希望を諦めかねたらしい。彼はシュタインの夭逝を非常な損失の一つと感じ、これについて次のように書いている。「フォン・シュタイン博士の死は私を極度に悲しませた。私は数日間、われを失ったようであった。私はドイツにおいて真に喜びを感じるような人間を殆んどもっていない。大抵の人間を私は極めて忍耐強い動物として我慢しているのだ。しかしシュタインの場合はそうではなかった。」

「後歌」の最後の二つの節は、ハインリヒ・フォン・シュタインに対する幻滅の体験の後に附け加えられたもので、友ツァラトゥストラの到来が高らかに歌い上げられている。

私が『道徳の系譜』を訳出して、本文庫の一冊として公にしたのは、すでに三十年近く前のことである。当時、私は続いてこの『善悪の彼岸』の訳出をも意図し、すぐにもその仕事に取りかかるつもりであった。共に高橋穣先生の御勧奨によるものである。

しかるに、先生は昨年五月、ついに永逝せられた。私はせめて故先生の一周忌までに宿約を果たしたいと思い立ち、昨年の夏の間に郷里の山房で一応の訳稿を草したが、その後、読み合わせなどの仕事が思うように捗らず、先頃になってようやく成稿した。

三十年に垂んとする怠慢を自ら深く怩じつつ、この訳書を故先生の霊前に捧げて、今更ながらその学恩に謝したい念いである。

昭和四十四年八月　軽井沢、上埜氏別墅、離山荘において

木場深定

（追記）本書については、これまでに数種の邦訳が出版せられている。参照してそれぞれから教えられるところが多かったことは言うまでもない。

善悪の彼岸　ニーチェ著

1970年4月16日　第1刷発行
1998年10月5日　第36刷発行

訳　者　木場深定

発行者　大塚信一

発行所　株式会社　岩波書店
〒101-8002 東京都千代田区一ツ橋 2-5-5

電　話　案内 03-5210-4000　営業部 03-5210-4111
文庫編集部 03-5210-4051

印刷・理想社　カバー・精興社　製本・桂川製本

ISBN4-00-336395-7　　Printed in Japan

読書子に寄す

――岩波文庫発刊に際して――

岩波茂雄

真理は万人によって求められることを自ら欲し、芸術は万人によって愛されることを自ら望む。かつては民を愚昧ならしめるために学芸が最も狭き堂宇に閉鎖されたことがあった。今や知識と美とを特権階級の独占より奪い返すことはつねに進取的なる民衆の切実なる要求である。岩波文庫はこの要求に応じそれに励まされて生まれた。それは生命ある不朽の書を少数者の書斎と研究室とより解放して街頭にくまなく立たしめ民衆に伍せしめるであろう。近時大量生産予約出版の流行を見る。その広告宣伝の狂態はしばらくおくも、後代にのこすと誇称する全集がその編集に万全の用意をなしたるか。千古の典籍の翻訳企図に敬虔の態度を欠かざりしか。さらに分売を許さず読者を繋縛して数十冊を強うるがごとき、はたしてその揚言する学芸解放のゆえんなりや。吾人は天下の名士の声に和してこれを推挙するに躊躇するものである。このときにあたって、岩波書店は自己の責務のいよいよ重大なるを思い、従来の方針の徹底を期するため、すでに十数年以前より志して来た計画を慎重審議この際断然実行することにした。吾人は範をかのレクラム文庫にとり、古今東西にわたって文芸・哲学・社会科学・自然科学等種類のいかんを問わず、いやしくも万人の必読すべき真に古典的価値ある書をきわめて簡易なる形式において逐次刊行し、あらゆる人間に須要なる生活向上の資料、生活批判の原理を提供せんと欲する。この文庫は予約出版の方法を排したるがゆえに、読者は自己の欲する時に自己の欲する書物を各個に自由に選択することができる。携帯に便にして価格の低きを最主とするがゆえに、外観を顧みざるも内容に至っては厳選最も力を尽くし、従来の岩波出版物の特色をますます発揮せしめようとする。この計画たるや世間の一時の投機的なるものと異なり、永遠の事業として吾人は微力を傾倒し、あらゆる犠牲を忍んで今後永久に継続発展せしめ、もって文庫の使命を遺憾なく果たさしめることを期する。芸術を愛し知識を求むる士の自ら進んでこの挙に参加し、希望と忠言とを寄せられることは吾人の熱望するところである。その性質上経済的には最も困難多きこの事業にあえて当たらんとする吾人の志を諒として、その達成のため世の読書子とのうるわしき共同を期待する。

昭和二年七月

《哲学・教育》

ソクラテスの弁明 クリトン　プラトン 久保勉訳
ゴルギアス　プラトン 加来彰俊訳
饗宴　プラトン 久保勉訳
テアイテトス　プラトン 田中美知太郎訳
パイドロス　プラトン 藤沢令夫訳
メノン　プラトン 藤沢令夫訳
国家 全二冊　プラトン 藤沢令夫訳
プロタゴラス　プラトン 藤沢令夫訳
パイドン ―魂の不死について　プラトン 岩田靖夫訳
アリストテレス ニコマコス倫理学 全二冊　高田三郎訳
アリストテレス 形而上学 全二冊　出隆訳
アリストテレス 政治学　山本光雄訳
アリストテレス 弁論術　戸塚七郎訳
人さまざま　テオプラストス 森進一訳
エピクロス ―教説と手紙　出隆 岩崎允胤訳

アリストテレース 詩学 ホラーティウス 詩論　松本仁助 岡道男訳
人生の短さについて 他二篇　セネカ 茂手木元蔵訳
怒りについて 他一篇　セネカ 茂手木元蔵訳
似て非なる友について 他三篇　プルタルコス 柳沼重剛訳
エジプト神イシスとオシリスの伝説について　プルタルコス 柳沼重剛訳
自省録　マルクス・アウレーリウス 神谷美恵子訳
善なるもの一なるもの　プロチノス 田中美知太郎訳
ギリシア哲学者列伝 全三冊　ディオゲネス・ラエルティオス 加来彰俊訳
無限、宇宙および諸世界について　ブルーノ 清水純一訳
ノヴム・オルガヌム（新機関）　ベーコン 桂寿一訳
方法序説　デカルト 谷川多佳子訳
哲学原理　デカルト 桂寿一訳
精神指導の規則　デカルト 野田又夫訳
スピノザ エチカ（倫理学） 全二冊　畠中尚志訳
知性改善論　スピノザ 畠中尚志訳
スピノザ 国家論　畠中尚志訳

デカルトの哲学原理　スピノザ 畠中尚志訳
エミール 全三冊　ルソー 今野一雄訳
人間不平等起原論　ルソー 本田・平岡訳
社会契約論　ルソー 桑原・前川訳
ルソー 告白 全三冊　桑原武夫訳
孤独な散歩者の夢想　ルソー 今野一雄訳
道徳形而上学原論　カント 篠田英雄訳
啓蒙とは何か 他四篇　カント 篠田英雄訳
純粋理性批判 全三冊　カント 篠田英雄訳
カント 実践理性批判　波多野・宮本 篠田訳
判断力批判 全二冊　カント 篠田英雄訳
永遠平和のために　カント 宇都宮芳明訳
シュライエルマッハー 独白　木場深定訳
小論理学 全二冊　ヘーゲル 松村一人訳
歴史哲学講義 全二冊　ヘーゲル 長谷川宏訳
哲学入門　ヘーゲル 武市健人訳

哲学史序論 —哲学と哲学史 ヘーゲル 武市健人訳
学問論 シェリング 勝田守一訳
人間の教育 全二冊 フレーベル 荒井武訳
自殺について 他四篇 ショウペンハウエル 斎藤信治訳
読書について 他二篇 ショウペンハウエル 斎藤忍随訳
知性について 他四篇 ショウペンハウエル 細谷貞雄訳
ドイツ古典哲学の本質 ハイネ 伊東勉訳
唯心論と唯物論 フォイエルバッハ 船山信一訳
キリスト教の本質 全二冊 フォイエルバッハ 船山信一訳
現代の批判 他一篇 キルケゴール 桝田啓三郎訳
死に至る病 キェルケゴール 斎藤信治訳
西洋哲学史 全二冊 シュヴェーグラー 谷川・松村訳
幸福論 全三冊 ヒルティ 草間・大和訳
眠られぬ夜のために 全二冊 ヒルティ 草間・大和訳
宗教的経験の諸相 全二冊 W・ジェイムズ 桝田啓三郎訳
悲劇の誕生 ニーチェ 秋山英夫訳

ツァラトゥストラはこう言った 全二冊 ニーチェ 氷上英廣訳
善悪の彼岸 ニーチェ 木場深定訳
道徳の系譜 ニーチェ 木場深定訳
この人を見よ ニーチェ 手塚富雄訳
笑い ベルクソン 林達夫訳
創造的進化 ベルクソン 真方敬道訳
道徳と宗教の二源泉 ベルクソン 平山高次訳
アラン幸福論 神谷幹夫訳
我と汝・対話 マルティン・ブーバー 植田重雄訳
日本の弓術 オイゲン・ヘリゲル 柴田治三郎訳
存在と時間 全三冊 ハイデガー 桑木務訳
暴力批判論 他十篇 —ベンヤミンの仕事1 ヴァルター・ベンヤミン 野村修編訳
ボードレール 他五篇 —ベンヤミンの仕事2 ヴァルター・ベンヤミン 野村修編訳
シンボル形式の哲学 全四冊 カッシーラー 木田・生松・村岡訳
人間 —シンボルを操るもの カッシーラー 宮城音弥訳
隠者の夕暮 シュタンツだより ペスタロッチー 長田新訳

学校と社会 デューイ 宮原誠一訳
哲学の改造 デューイ 清水幾太郎・礼子訳
ラッセル幸福論 安藤貞雄訳
ラッセル結婚論 安藤貞雄訳
プラトン入門 R・S・ブラック 内山勝利訳
ソクラテス以前以後 F・M・コーンフォード 山田道夫訳
ロドリゲス日本語小文典 全二冊 池上岑夫訳

《東洋思想》

論語 金谷治訳注
易経 全二冊 高田真治 後藤基巳訳
大学・中庸 金谷治訳注
孟子 全二冊 小林勝人訳注
荘子 全四冊 金谷治訳注
孫子 金谷治訳注
韓非子 全四冊 金谷治訳注
史記列伝 全五冊 小川・今鷹 福島訳

ジュリアス・シーザー	シェイクスピア 中野好夫訳
ヴェニスの商人	シェイクスピア 中野好夫訳
オセロウ	シェイクスピア 菅泰男訳
リア王	シェイクスピア 斎藤勇訳
マクベス	シェイクスピア 木下順二訳
ソネット集	シェイクスピア 高松雄一訳
失楽園 全二冊	ミルトン 平井正穂訳
ロビンソン・クルーソー 全二冊	デフォー 平井正穂訳
ガリヴァー旅行記	スウィフト 平井正穂訳
トム・ジョウンズ 全四冊	フィールディング 朱牟田夏雄訳
ワーズワース詩集	田部重治選訳
アイヴァンホー 全二冊	スコット 菊池武一訳
高慢と偏見 全二冊	ジェーン・オースティン 富田彬訳
ディケンズ短篇集	小池滋 石塚裕子訳
オリヴァ・ツウィスト 全二冊	ディケンズ 本多季子訳
ジェイン・エア 全二冊	シャーロット・ブロンテ 遠藤寿子訳
嵐が丘 全二冊	エミリ・ブロンテ 阿部知二訳
サイラス・マーナー	G・エリオット 土井治訳
白衣の女 全三冊	ウィルキー・コリンズ 中島賢二訳
夢の女・恐怖のベッド 他六篇	ウィルキー・コリンズ 中島賢二訳
テス 全二冊	ハーディ 井上・石田訳
日蔭者ヂュード 全二冊	ハーディ 大沢衛訳
ラ・プラタの博物学者	ハドソン 岩田良吉訳
はるかな国 とおい昔	ハドソン 寿岳しづ訳
宝島	スティーヴンスン 阿部知二訳
ジーキル博士とハイド氏	スティーヴンスン 海保眞夫訳
バラントレーの若殿	スティーヴンスン 海保眞夫訳
心 —日本の内面生活の暗示と影響	ラフカディオ・ハーン 平井呈一訳
怪談 —不思議なことの物語と研究	ラフカディオ・ハーン 平井呈一訳
ドリアン・グレイの画像	ワイルド 西村孝次訳
サロメ	ワイルド 福田恆存訳
ヘンリ・ライクロフトの私記	ギッシング 平井正穂訳
ギッシング短篇集	小池滋編訳
人と超人	バーナド・ショー 市川又彦訳
闇の奥	コンラッド 中野好夫訳
キプリング短篇集	橋本槇矩編訳
イエイツ詩抄	山宮允訳
タイム・マシン 他九篇	H・G・ウエルズ 橋本槇矩訳
モロー博士の島 他九篇	H・G・ウエルズ 橋本・鈴木訳
解放された世界	H・G・ウェルズ 浜野輝訳
サキ傑作集	河田智雄訳
月と六ペンス	モーム 阿部知二訳
読書案内	モーム 西川正身訳
世界の十大小説 全二冊	モーム 西川正身訳
フォースター評論集	小野寺健編訳
幸福・園遊会 他十七篇 マンスフィールド短篇集	崎山正毅 伊澤龍雄訳
文芸批評論	T・S・エリオット 矢本貞幹訳
カタロニア讃歌	ジョージ・オーウェル 都築忠七訳

アイルランド —歴史と風土　オフェイロン　橋本槙矩訳
イギリス名詩選　平井正穂編
イギリス民話集　河野一郎編訳

《アメリカ文学》

フランクリン自伝　松本慎一・西川正身訳
ギリシア・ローマ神話　ブルフィンチ　野上弥生子訳
中世騎士物語　ブルフィンチ　野上弥生子訳
アルハンブラ物語 全二冊　アーヴィング　平沼孝之訳
ホーソーン短篇小説集　坂下昇編訳
完訳 緋文字　ホーソーン　八木敏雄訳
黒猫・モルグ街の殺人事件 他五篇　ポオ　中野好夫訳
対訳 ポー詩集 —アメリカ詩人選(1)　加島祥造編
森の生活(ウォールデン) 全二冊　H・D・ソロー　飯田実訳
市民の反抗 他五篇　H・D・ソロー　飯田実訳
草の葉 全三冊　ホイットマン　酒本雅之訳
対訳 ホイットマン詩集 —アメリカ詩人選(2)　木島始編

白鯨 全三冊　メルヴィル　阿部知二訳
幽霊船 他一篇　メルヴィル　坂下昇訳
ビリー・バッド　メルヴィル　坂下昇訳
ハックルベリー・フィンの冒険 全二冊　マーク・トウェイン　西田実訳
王子と乞食　マーク・トウェイン　村岡花子訳
不思議な少年　マーク・トウェイン　中野好夫訳
人間とは何か　マーク・トウェイン　中野好夫訳
新編 悪魔の辞典　ビアス　西川正身編訳
ある婦人の肖像 全三冊　ヘンリー・ジェイムズ　行方昭夫訳
アスパンの恋文　ヘンリー・ジェイムズ　行方昭夫訳
オー・ヘンリー傑作選　大津栄一郎訳
荒野の呼び声　ジャック・ロンドン　海保眞夫訳
楡の木陰の欲望　オニール　井上宗次訳
シスター・キャリー 全二冊　ドライサー　村山淳彦訳
大地 全四冊　パール・バック　小野寺健訳
フィッツジェラルド短篇集　佐伯泰樹編訳

日はまた昇る　ヘミングウェイ　谷口陸男訳
武器よさらば 全二冊　ヘミングウェイ　谷口陸男訳
ヘミングウェイ短篇集 全二冊　谷口陸男編訳
アメリカ名詩選　亀井俊介・川本皓嗣編

《南北欧文学その他》

ダンテ 神曲 全三冊　山川丙三郎訳
ペトラルカ ルネサンス書簡集　近藤恒一編訳
ルネッサンス巷談集　フランコ・サケッティ　杉浦明平訳
わが秘密　ペトラルカ　近藤恒一訳
抜目のない未亡人　ゴルドーニ　平川祐弘訳
カルヴィーノ イタリア民話集 全二冊　河島英昭編訳
むずかしい愛　カルヴィーノ　和田忠彦訳
エル・シードの歌　長南実訳
エスピノーサ スペイン民話集　三原幸久編訳
ドン・キホーテ 正続全六冊　セルバンテス　永田・高橋訳
フエンテス短篇集 アウラ・純な魂 他四篇　木村榮一訳

春秋左氏伝 全三冊　小倉芳彦訳
千字文　小川環樹・木田章義注解
意識と本質 —精神的東洋を求めて　井筒俊彦
カウティリヤ実利論 —古代インドの帝王学 全二冊　上村勝彦訳

《経済・社会》

諸国民の富 全五冊　アダム・スミス　大内・松川訳
経済学における諸定義　マルサス　玉野井芳郎訳
経済学および課税の原理 全二冊　リカードウ　羽鳥・吉澤訳
戦争論 全三冊　クラウゼヴィッツ　篠田英雄訳
自由論　J・S・ミル　塩尻・木村訳
経済学・哲学草稿　マルクス　城塚・田中訳
共産党宣言　マルクス エンゲルス　大内・向坂訳
賃労働と資本　マルクス　長谷部文雄訳
賃銀 価格および利潤　マルクス　長谷部文雄訳
マルクス資本論 全九冊　エンゲルス編　向坂逸郎訳
空想より科学へ　エンゲルス　大内兵衛訳
帝国主義　レーニン　宇高基輔訳
ローザ・ルクセンブルクの手紙　ルイーゼ・カウツキー編　川口・松井訳
文学と革命 全二冊　トロツキイ　桑野隆訳
シュムペーター経済発展の理論 全二冊　東畑・中山　塩野谷訳
価値と資本 全二冊　ヒックス　安井・熊谷訳
社会学的方法の規準　デュルケム　宮島喬訳
プロテスタンティズムの倫理と資本主義の精神　マックス・ヴェーバー　大塚久雄訳
職業としての学問　マックス・ヴェーバー　尾高邦雄訳
職業としての政治　マックス・ヴェーバー　脇圭平訳
社会学の根本概念　マックス・ヴェーバー　清水幾太郎訳
古代ユダヤ教 全三冊　マックス・ヴェーバー　内田芳明訳

《別冊》

増補フランス文学案内　渡辺一夫・鈴木力衛
増補ドイツ文学案内　手塚富雄・神品芳夫
ギリシア・ローマ古典文学案内　高津春繁・斎藤忍随
世界文学のすすめ　大岡・奥本・川村・小池・沼野編
読書のすすめ　岩波文庫編集部編
ことばの花束 —岩波文庫の名句365　岩波文庫編集部編
ことばの贈物 —岩波文庫の名句365　岩波文庫編集部編
ことばの饗宴 —読者が選んだ岩波文庫の名句365　岩波文庫編集部編
愛のことば —岩波文庫から　岩波文庫編集部編
ポケットアンソロジー恋愛について　中村真一郎編
原文対照古典のことば —岩波文庫から　岩波文庫編集部編
岩波文庫解説総目録 —1927〜1996 全三冊　岩波文庫編集部編

《東洋文学》

陶淵明全集 全二冊　松枝茂夫・和田武司訳注
李白詩選　松浦友久編訳
杜甫詩選　黒川洋一編
蘇東坡詩選　小川環樹・山本和義選訳
唐詩選 全三冊　前野直彬注解
中国名詩選 全三冊　松枝茂夫編
唐宋伝奇集 全二冊　今村与志雄訳
完訳 三国志 全八冊　小川環樹・金田純一郎訳
西遊記 全十冊　小野忍・中野美代子訳
金瓶梅 全十冊　小野忍・千田九一訳
聊斎志異 全二冊　蒲松齢　立間祥介編訳
菜根譚　今井宇三郎訳注
阿Q正伝・狂人日記 他十二篇　魯迅　竹内好訳
朝花夕拾（ちょうかせきしゅう）　魯迅　松枝茂夫訳
魯迅評論集　竹内好編訳
家 全二冊　巴金　飯塚朗訳
中国民話集　飯倉照平編訳
リグ・ヴェーダ讃歌　辻直四郎訳
アタルヴァ・ヴェーダ讃歌 ―古代インドの呪法　辻直四郎訳
ヒトーパデーシャ ―処世の教え　金倉円照・北川秀則訳
マハーバーラタ ナラ王物語　鎧淳訳
バガヴァッド・ギーター　上村勝彦訳
タゴール詩集 ―ギーターンジャリ　渡辺照宏訳
アイヌ神謡集　知里幸恵編訳

《ギリシア・ラテン文学》

ホメロス イリアス 全二冊　松平千秋訳
ホメロス オデュッセイア 全二冊　松平千秋訳
四つのギリシャ神話 ―『ホメーロス讃歌』より　逸身喜一郎・片山英男訳
イソップ寓話集　山本光雄訳
アイスキュロス 縛られたプロメーテウス　呉茂一訳
アンティゴネー　ソポクレース　呉茂一訳
ソポクレス オイディプス王　藤沢令夫訳
ヘシオドス 神統記　廣川洋一訳
アポロドーロス ギリシア神話　高津春繁訳
黄金のろば 全二冊　アプレイウス　呉・国原訳
オウィディウス 変身物語 全二冊　中村善也訳
サテュリコン ―古代ローマの諷刺小説　ペトロニウス　国原吉之助訳
ギリシア・ローマ神話　ブルフィンチ　野上弥生子訳
ギリシア・ローマ古典文学案内　高津春繁・斎藤忍随

《イギリス文学》

中世イギリス英雄叙事詩 ベーオウルフ　忍足欣四郎訳
完訳カンタベリー物語 全三冊　チョーサー　桝井迪夫訳
ユートピア　トマス・モア　平井正穂訳
ロミオとジューリエット　シェイクスピア　平井正穂訳
ハムレット　シェイクスピア　市河・松浦訳
十二夜　シェイクスピア　小津次郎訳
お気に召すまま　シェイクスピア　阿部知二訳

岩波文庫の最新刊

河野一郎編訳
対訳 英米童謡集
「マザーグース」を中心に、C・ロセッティ、R・スティヴンソンら、日本人にもなじみ深い英米童謡の世界を原文対照で楽しむ一冊。
〔赤二八五-一〕 本体六六〇円

ハウフ／池田香代子訳
メルヒェン集 盗賊の森の一夜
その夜シュペッサルトの森の旅籠に泊まりあわせた男たちは、盗賊に寝首をかかれぬよう眠気醒ましのお話をかわりばんこに始める。
〔赤四六七-一〕 本体六〇〇円

藤木九三
屋上登攀者
ヨーロッパ・アルプスから通勤の車窓から眺める山なみまで、関西の登山家・新聞記者藤木九三の悠々たる山談議。（解説＝池内紀）
〔緑一五六-一〕 本体五〇〇円

マックス・ヴェーバー／富永・立野訳／折原補訳
社会科学と社会政策にかかわる認識の「客観性」
認識理想としての「価値自由」と方法概念としての「理念型」を定式化した記念碑的論文。旧版「社会科学方法論」の補訳新版。
〔白二〇九-二〕 本体六六〇円

……今月の重版再開……

シュヴァイツェル／波木居齊二訳
イエスの生涯
―メシアと受難の秘密―
〔青八一二-二〕 本体四六〇円

F・ヴェデキント／岩淵達治訳
地霊・パンドラの箱
〔赤四二九-一〕 本体六〇〇円

武田泰淳／川西政明編
評論集 滅亡について 他三十篇
〔緑一三四-一〕 本体六六〇円

定価は表示価格に消費税が加算されます　1998. 8.

岩波文庫の最新刊

山内久明編
対訳ワーズワス詩集
―イギリス詩人選(3)―
「茨」「ティンターン修道院」「序曲」(抜粋)などイギリス・ロマン派の代表詩人ワーズワス(一七七〇―一八五〇)の精髄を原文で楽しむ。
〔赤二一八-二〕 本体五〇〇円

薄田泣菫
艸木虫魚
時におおらかに、時に辛辣に、人の世のいとなみを活写し、身辺の動植物との交流を語る、枯淡と洒脱のエッセイ集。(解説＝杉本秀太郎)
〔緑三一-三〕 本体六〇〇円

尾崎一雄／高橋英夫編
暢気眼鏡・虫のいろいろ(他十三篇)
出世作「暢気眼鏡」以下のユーモア貧乏小説から老年の心境小説まで、尾崎一雄の作品には一貫して洒脱で爽やかな明るさがある。
〔緑一五七-一〕 本体六〇〇円

犬丸義一校訂
職工事情(上)
工場労働者問題が注目されはじめた明治三十年代前半の工場労働事情の調査報告書。上巻には、繊維産業の職工事情を収録。(全三冊)
〔青N一〇〇-一〕 本体七〇〇円

ベルクソン／河野与一訳
思想と動くもの
ベルクソン哲学の思想的骨格を窺わせる「哲学入門」「変化の知覚」。思索の記録ともいうべき緒論を含む八編を収める。(解説＝木田元)
〔青六四五-四〕 本体八〇〇円

今月の重版再開

ラクロ／伊吹武彦訳
危険な関係 上・下
本体各六〇〇円
〔赤五二三-一・二〕

ラファイエット夫人／生島遼一訳
クレーヴの奥方 他二篇
本体六〇〇円
〔赤五一五-一〕

フローベール／生島遼一訳
感情教育 上・下
本体七六〇・七〇〇円
〔赤五三八-三・四〕

定価は表示価格に消費税が加算されます
1998. 9.